福祉サービスの準市場化

――保育・介護・支援費制度の比較から――

佐橋 克彦 著

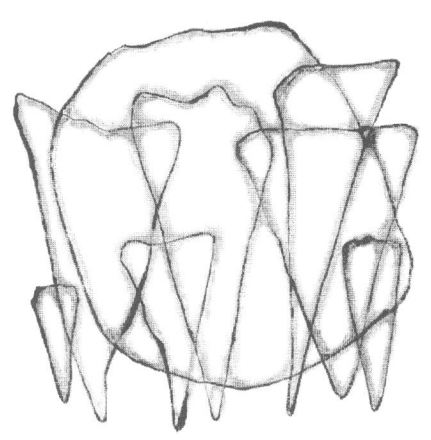

ミネルヴァ書房

福祉サービスの準市場化
―― 保育・介護・支援費制度の比較から ――

目　次

序　章　構造改革と「準市場」……………………………………………… 1
　　第1節　準市場の枠組みと分析対象………………………………………… 2
　　第2節　本書の展開と概要…………………………………………………… 7

第1章　わが国における社会福祉の展開と特徴………………………… 13
　　第1節　わが国の社会福祉の展開区分……………………………………… 14
　　第2節　揺籃期（終戦直後～1950年代）における展開…………………… 16
　　第3節　余力・応急的拡充期（1960年代～石油危機以前）における展開…… 20
　　第4節　圧縮期（石油危機以後～1980年代）における展開……………… 25
　　第5節　構造改革期（1990年代以降）における展開……………………… 41
　　第6節　国家型福祉から市場型福祉へ……………………………………… 60

第2章　イギリス国民保健サービスおよびコミュニティケア改革における「市場化」と準市場の原理……………………………… 63
　　第1節　イギリス国民保健サービス（NHS）・コミュニティケア改革の背景とその概要………………………………………………………… 64
　　第2節　準市場の原理………………………………………………………… 72
　　第3節　準市場化にかかわる諸問題………………………………………… 83

第3章　わが国の福祉サービスにみる準市場化の共通性と差異性…… 99
　　第1節　保育サービスの準市場化…………………………………………… 100
　　第2節　介護サービスの準市場化…………………………………………… 117
　　第3節　障害者福祉サービスの準市場化…………………………………… 144
　　第4節　成功条件における共通性と差異性………………………………… 164
　　第5節　評価基準からみた共通性と差異性………………………………… 175

第4章　福祉サービスの準市場化と福祉実践…………………………… 185
　　第1節　提供者の多様化と行動原理………………………………………… 186

第2節　福祉サービスの準市場化と福祉実践の変容……………………… *196*

第5章　福祉サービスの脱市場化……………………………………………… *209*
　　　第1節　構造改革期における福祉サービスの概念と特徴………………… *210*
　　　第2節　福祉サービスの脱市場化…………………………………………… *229*
　　　　　　──福祉サービスから「社会福祉サービス」へ

終　章　「社会福祉サービス」の構築にむけて……………………………… *245*

あとがき　*251*

索　引　*254*

序　章
構造改革と「準市場」

第1節　準市場の枠組みと分析対象

　本書の目的の第一は，わが国における福祉サービスの市場化を，いわゆる「準市場」の枠組みから考察し，その限界を指摘することである。第二に，その限界を福祉サービスの「脱市場化」作業を通じて「社会福祉サービス」への構築を試みるものである。

　わが国の社会保障・社会福祉は第二次世界大戦終結以後，本格的な展開をみる。終戦直後には国家責任を基礎においた貧困対策からはじまり，高度経済成長期には社会保障体制の整備，各種福祉施策の充実が図られてきた。しかし，石油危機以降，わが国は低成長時代へと移行し，新保守主義路線下での「福祉見直し」が進められてきた。

　そして，今や「失われた20年」とまで呼ばれるバブル経済崩壊以後のわが国では，いわゆる「構造改革」が進行中である。1990年代半ば以来の「構造改革」は，規制緩和を主要な手段として，低迷する経済情勢と，少子高齢化に代表されるような急速な社会構造の変化に対応しようとしている。なかでも，国民生活に直結する社会保障・社会福祉の領域における社会保障構造改革，社会福祉基礎構造改革は，従来までのその枠組みを大きく変化させることになった。

　すなわち，戦後以降から低成長期に至る従前の軌跡をみるとき，程度の差こそあれ，国家による福祉が前提とされてきた。それゆえ，石油危機以後において給付水準の引き下げや補助金の削減がなされても，枠組みそのものには手がつけられることはなかった。しかし，1990年代には少子化の進行とともに「超高齢化社会」の到来が叫ばれ，さらにバブル経済の崩壊に始まる未曾有の不況とあいまって，わが国経済社会の「構造」を見直す必要性が強調されることになった。

　1995年の財政構造改革では規制緩和と自己責任，市場原理の活用が強調され，同年の「社会保障体制の再構築」（以下「95年勧告」）（社会保障制度審議会）においても，国民の相互扶助への移行が唱えられた。しかし，これは「構造改革」

序　章　構造改革と「準市場」

の前奏曲に過ぎなかった。1996年の「社会保障構造改革の方向（中間まとめ）」では，財政悪化の深刻化や社会経済の成熟化をもって社会保障のあり方を問い直すとし，「基本的には自らの生活を自らの責任で維持し，生活に必要なサービスについても自己の責任と負担において選択」を求め，サービスと自己責任の関係に言及した。そのうえで，医療給付の合理化，保険料の見直し，利用者の自己責任に基づく選択，負担の公平化が社会保障の今後の課題とされた。

このような観点から，社会保障・社会福祉の分野で「構造改革」が展開された。1997年の保育制度改革と介護保険法の制定，そして2000年の社会福祉法と支援費制度の成立は，まさに契約制への移行を中心とする「構造改革」であった。

その背景には措置制度に対する種々の批判があった。例えば，一律的・画一的なサービス提供体制であること，あるいは対象者・利用者の請求権や選択権が欠如していること，また，事業者の透明性と効率性が欠如していたこと，などである。

以上のような問題点を克服するために，「市場原理をその手段として活用[1]」する契約制・利用制へと転換されたのであった。契約を通じた利用者による選択，提供者間での競争，透明性の確保によって，サービスの質は向上し，利用者の満足度は高まり，事業も効率化できる[2]とされた。こうして福祉サービスにおける市場原理の導入は，いわば「三方一両得」のものとして取り扱われるようになり，市場化を正当化する論理となった。

しかし，ここでいう福祉サービスの「市場化」は，買い手と売り手が対峙する「場」を創出するものであり，そこで供給されるサービスの量，種類，範囲，価格に関しては，一般的市場とは異なる枠組みを持っている。一連の構造改革においては，行政の役割が条件整備主体，運営主体へとシフトした。サービスの提供者は，利用権を持つ者から選択されなければ収入を得られず，その確保へ向けた競争を始めることになった。こうして，利用を希望する者は，提供を希望する者と対峙することになった。

このように需給双方に対する一定の公的規制を行いつつ，サービスの取引そ

のものに着目した提供体制の市場化は「準市場」(Quasi-Market) の枠組みから分析が可能である。これはイギリスのルグランとバートレット (LeGrand, J. & Bartlett, W.) らによって体系化されたものである。

彼らは準市場の成功には，市場構造の転換，情報の非対称性の緩和・防止，取引費用と不確実性への備え，動機づけを持つこと，クリームスキミング（いいとこどり）を防止すること，の五点が必要であるとした。この理由は効率性と応答性と選択性を，不公平が助長されずに達成されることを目的としているためである[3]。

さらに，上記のような成功条件をクリアした場合，次のような準市場が形成されることになるという。すなわち，第一に生産性効率の向上がもたらされ，利用者に対して量・質ともに優れたサービスの提供が可能になるとされる[4]。第二に応答性が向上するという。多様な提供主体が存在し，なおかつ動機づけとしてサービス提供者の利潤追求と購入者または利用者の福祉追求の緊張関係が生じる準市場においては，購入者や利用者のニーズへの応答が求められることになる。また，購入費用の公的保障を前提とするため，一定の採算が見込め，種々のサービスが登場する可能性が高まるという。これはサービスの質の一部となるだけでなく，その水準を決定する要素にもなるとされる[5]。第三に利用者の選択性が向上するという。提供者に対する選択性の向上と提供者の多様化との間には相関性があることから[6]，これにはサービスの選択と提供者の選択とが含まれる。第四は公平性が確保されることである。公定価格の設定，低所得者に対する費用負担の無料化・減免策が講じられることで，所得や支払能力，性別や人種に関係なくニーズに対応したサービスが利用できるようになるとされる[7]。また，サービス提供側からすれば利用者を選別する必要に乏しく，その提供時に利用者を差別する危険性も低下する。このように，公平性を確保するためには，個人の資源に対する要求と，そのサービスの利用が一致できるように発展させていくことが必要であるとされる[8]。

つまり，準市場は，サービス供給体制における効率性，応答性，選択性，公平性の向上を目的として，市場構造を転換し，情報の非対称性を緩和・排除し，

サービス提供の安定性やリスクシェアリングとしての取引費用の確保を必要とする。さらに公平性を確保するためにクリームスキミングの防止が求められることになっている。

　このような観点から，本書で取り扱う分析対象は，保育サービス，介護サービス，障害者福祉サービスである。分析においては第一に領域ごとの特徴を整理し，第二にそれらの枠組みの共通性と差異性を抽出する。第三にわが国における福祉サービスの市場化の枠組みの特徴を明らかにする。具体的にはサービスの対象者やニーズ決定の方法や提供体制，給付と負担の関係などについて整理する。また，このような制度面での改革が福祉実践にどのような影響を与えているかについてもみていく。

　なお，わが国では「在宅福祉サービス」というように，対人援助活動に対して「サービス」という語が全く使用されていなかったわけではないが，介護保険制度においては，「介護サービス」，あるいは「介護サービス事業者」というように，対人援助活動を「サービス」とし，「社会福祉事業法」の改正によって成立した「社会福祉法」においても，「福祉サービス」という語が法律上でも用いられるようになった。

　しかしながら，この「サービス」は，特定の対象者に福祉的視点に基づいた何らかの役務の提供，すなわち単なる対人援助そのものを示しているわけではないように思われる。

　わが国の対人援助における「サービス」という表現の源流をたどれば，1970年代の「在宅福祉サービス」が，いわゆる「ニーズ論」と絡めて論じられたところに逢着する。しかし，現在のその位置づけは，契約化・利用化という流れの中で，サービスの利用へと至る「過程」を意味しているように思われる。

　そこで本書では，構造改革期における「福祉サービス」の意味を「福祉のサービス化」という視点で捉え，さらにその課題を指摘する。そのうえで「社会福祉サービス」の構築を目標に，以下の諸点を検討する。

　第一に，公共の論理が経済の論理に取り込まれていくという，規制の質的変化が象徴する公的部門の役割の変質，第二に，ケアマネジメントの導入による

管理主義化の進行が「ケア」や「サービス」にもたらす矛盾について考察する。第三に，市場メカニズムへの過度の信頼がもたらす問題点を，第四に主体的とされる「消費者」の位置づけについて論じる。

構造改革路線における「社会」の政策的位置づけは，「独立した『個』を基盤とした自由経済に徹する(9)」社会であり，「『個』の自由と自己責任を基本的な行動原理とする(10)」社会が想定されている。この「個」を，福祉サービスの消費者として考えた場合，それに過大な期待を課すことは適切とはいえない。

これらを踏まえて，わが国における福祉サービスの脱市場化への可能性を模索する。それまで明らかにしてきた問題点を緩和・軽減し，あるいは解決に向かわしめるためにはどのような方法が可能かを提案する。

その第一は，規制主体における問題点の緩和である。中央政府と地方政府の政府間関係は，わが国において中央集権的なものであることはよく知られている。特に，地方自治体での施策展開の裁量性が通知や通達によって制限されているだけでなく，補助金の分配による財源統制も強力に行われている。福祉サービスにおける地方自治の確立は，ナショナル・ミニマムとローカル・オプティマムの関係を問い直すことでもある。したがって，分権化の必要性を提起する。

第二に，提供体制における問題点の緩和である。現在のサービス提供者における競争は，質よりもむしろ量のほうに重点が置かれている。サービスの質に関する競争が行われることが望ましいという認識のもと，その促進にはどのような方策が考えられるかについて検討する。

第三に，購入者における問題点の緩和を検討する。福祉サービスの利用者を消費者とする位置づけの限界性に着目して，「消費者」の機能的側面を減殺させずに，新たな利用者像の措定を目指して検討する。

これらの三者の変化によって，わが国における準市場の再構成が可能となろう。つまり，三者のそれぞれの関係に「緊張関係」と「協働・参加」を導入し，「社会」という文脈から合意形成を可能にする「社会福祉サービス」の構築の可能性を見出したい。

(1) 厚生省社会・援護局企画課監修『社会福祉の基礎構造改革を考える　検討会報告・資料集』中央法規出版，1998年，3頁。
(2) 社会福祉法等研究会『速報　社会福祉の増進のための社会福祉事業法等の一部を改正する等の法律・新旧対照条文・関係資料』中央法規出版，2000年，399〜400頁。
(3) LeGrand, J. & Bartlett, W., *Quasi-Markets and Social Policy*, Macmillan, UK, 1991, p.19.
(4) *Ibid.*, p.15.
(5) *Ibid.*, p.16.
(6) *Ibid.*, p.17.
(7) *Ibid.*, p.19.
(8) *Ibid.*
(9) 経済企画庁総合計画局監修『「経済社会のあるべき姿と経済新生の政策方針」50のキーワード』国政情報センター出版局，1999年，監修文。
(10) 同上書，8頁。

第2節　本書の展開と概要

本書の展開および概要は下記の通りである。

第1章「わが国における社会福祉の展開と特徴」では，以下を述べる。

わが国の社会福祉は第二次世界大戦終結後から本格的展開をみるが，時代背景による特徴がみられる。これらの展開過程を提供体制や公私関係に焦点を当てて整理し，各時代の連続性と相対的独自性を明らかにし，1990年代以降における「市場」の浮上背景や経緯を把握する。さらに，構造改革期に焦点を絞り込んで，「市場化」をキーワードとした社会福祉の展開を，現段階における到達点として位置づける。

まず，第1節で展開区分に関する規定を行い，第2節「揺籃期（終戦直後〜1950年代）における展開」で，その特徴を整理する。第3節「余力・応急的拡充期（1960年代〜石油危機以前）における展開」では，高度経済成長を背景としたその特徴を整理する。第4節「圧縮期（石油危機以後〜1980年代）における展開」では，社会的背景，経済的背景，政治的背景を踏まえつつ，その特徴を論じる。第5節「構造改革期（1990年代以降）における展開」では，財政構造改

革や「規制改革」に注目しながら，その変化を述べ，第6節「国家型福祉から市場型福祉へ」で，わが国の社会福祉の到達点を明らかにする。

第2章「イギリス国民保健サービスおよびコミュニティケア改革における『市場化』と準市場の原理」では，イギリスがわが国に先行して市場化を進行させた背景や経緯について整理する。次にルグランとバートレットらにより体系化された準市場の原理を概観し，さらにそれらが抱える課題を整理する。

第1節「イギリス国民保健サービス（NHS）・コミュニティケア改革の背景とその概要」では，イギリスにおける市場化の背景を整理し，NHS・コミュニティケア改革の概要を述べる。第2節「準市場の原理」では，ルグランらによる先行研究を整理し，あわせてNHS・コミュニティケア改革における実態を概観する。さらに第3節「準市場化にかかわる諸問題」では，ルグランら自身による課題の整理および他の先行研究から準市場の抱える課題をみる。

第3章「わが国の福祉サービスにみる準市場化の共通性と差異性」では，準市場の原理を分析ツールとして，わが国の福祉サービスの諸領域における市場化の進展状況をみる。わが国でも福祉サービスの市場化は，一定の公的規制を残しつつ，市場メカニズムを活用するという方法を用いている。これは購入者と提供者を分離し，一定の行政介入を必要とする準市場の原理と一致する点が多く，その適用が可能である。

分析対象は三領域であり，その第一は保育サービスである。第二は介護サービスである。第三は障害者福祉サービスである。これらの領域は，構造改革期以降に，従来の措置制度から契約制度へとサービスの利用方式が変更されたものである。しかしながら，それぞれには異なる特徴がみられる。本章ではこれらの分析を通じて，わが国における福祉サービスの準市場化の特徴を描く。また，各領域間における共通性と差異性も抽出する。

具体的な展開として，第1節「保育サービスの準市場化」を論じる。同様に，第2節「介護サービスの準市場化」を，第3節「障害者福祉サービスの準市場化」を論じる。そのうえで，第4節「成功条件における共通性と差異性」で，制度運営上の特徴，選択と競争をめぐる特徴，ニーズ区分の意味や必要性に注

目して，わが国福祉サービスにおける準市場形成の成功条件に関する共通性と差異性を明らかにする。第5節「評価基準からみた共通性と差異性」では，負担と給付のあり方，制度の対象とそれに対する「福祉」の位置づけを中心に領域間の共通性と差異性を抽出する。

第4章「福祉サービスの準市場化と福祉実践」では，上述のような制度的変化が福祉実践に与える影響について考察する。福祉サービスの準市場化は利用者の位置づけと同時に提供者の位置づけも変化させることになった。すなわち，措置から契約へという変化は，「顧客」や「経営」という視点を援助関係に持ち込むことになった。

そこで，これらの視点が具体的な実践過程の中でどのように反映され，いかなる課題を惹起しているのかを論じる。まず，第1節「提供者の多様化と行動原理」では，準市場を構成する多様な提供者の行動原理を整理する。行政（公的部門），社会福祉法人，民間非営利組織，民間営利組織における本質的な行動原理を確認し，その特徴を整理する。第2節「福祉サービスの準市場化と福祉実践の変容」では，第一にサービス提供組織に与える影響について整理する。事業者や施設が「利用者」をどのように位置づけ，前節でみた行動原理を変容させ，影響を受けているかについて述べる。第二に，実践主体に及ぼされる影響を整理する。つまり，ここでは福祉実践が組織の一員として行われる側面と，援助者として行われる側面とに注目して述べる。

第5章「福祉サービスの脱市場化」では，今までみてきた制度面と実践面での変化を踏まえて，「社会福祉サービス」の必要性を提言する。

構造改革期における福祉サービスは，ニーズに着目したうえで，その程度を「区分」し，対応するサービスの効率的提供を狙いとする点に特徴があり，人間生活の商品化をも拡大した。そして，そのような制度設計には，必然的に「市場」そのものが持つ本質的な問題性が埋め込まれることになった。また，その一方で，構造改革期以前におけるわが国の福祉サービスの提供体制が，いわゆる「国家福祉」に比重を置くものであり，一方で限界が存在していたことは否めない。

したがって，本章では第一に，市場の持つ本質的な問題性を構造改革期における福祉サービスの特徴にひきつけて検討し，第二に，福祉サービスの脱市場化へ向けた構想を提示する。

そこで，第1節「構造改革期における福祉サービスの概念と特徴」を論じ，第2節「福祉サービスの脱市場化」では，福祉サービスの準市場化がもたらす諸問題への対抗戦略を，「社会福祉サービス」というモデルで提案する。

終章では，わが国社会福祉の展開を振り返り，構造改革期におけるその帰結を明らかにする。

わが国の社会福祉の展開を振り返るとき，その存立構造には一定の緊張感があった。しかし，現在におけるその揺らぎはいかなる事態を惹起しているのかを述べる。加えて，その進行を食い止める役割を担う「社会福祉サービス」の構築に必要な方法と課題について述べる。福祉サービスの市場化は，そのものが内包する本質的な問題性と，派生的に生じる限界性を持つように思われる。

市場が生活のあらゆる局面に浸透し，個人主義が進行した結果，福祉が分断的個の問題として捉えられるようになった点に，21世紀における「構造改革」の問題がある。第5章ではそれへの対抗策を構築するために福祉実践の本質を検討し，「脱市場化」の必要性を訴える。本章ではこの両者を結合させるアイディアを提示し，結びとしたい。

なお，本書における「福祉サービス」の概念は，「社会福祉法」での規定よりも厳密な意味で用いる。

社会福祉法第2条では，第一種社会福祉事業と第二種社会福祉事業を規定し，第5条において，それらの事業を経営する者が「多様な福祉サービス」を提供することと定めている。つまり，同法における「福祉サービス」の概念は，「社会福祉事業」の同義語に近く，広範である。一方，欧米に目を転じてみると，児童，高齢者，障害者など，社会的なケア（social care）が求められる人たちに対して，地方自治体やボランタリー組織，民間営利部門等が提供するサービスとして，パーソナル・ソーシャル・サービス（personal social services）が，社会サービス（social services）の一つとして位置づけられている。[1]

イギリスにおけるその領域は、公的扶助、障害者福祉サービス、児童福祉サービス、国民保健・コミュニティケアサービスなどにわたる[2]。

わが国では「パーソナル・ソーシャル・サービス」は「対人福祉サービス」と翻訳されがちであるが、星野信也によれば、それは誤訳だという[3]。彼はその目的を「個別でパーソナルなニーズに対応」するものとしたうえで、「個別福祉サービス」と訳出している[4]。つまり、サービスの対象（すなわち一般的意味での「人」）ではなく、対象者のニーズと個別性に着目しているのである。市川一宏はより詳細に、「社会福祉の中で、生活上の困難な問題に直面する個人、家族および集団に対し、それぞれの対面的な関わりを通して、個別具体的に提供されるサービス」と定義している[5]。ここでは対面性と個別性には触れられているが、その重要性が不明確である。あるいは高澤武司は、現象面に着目して「介護、保育、ホームヘルプ、施設利用など、肉眼で見えて手にすることができる（tangible）具体的便益」を、今日における「福祉サービス」として位置づけている[6]。

しかし、本書では、上記に挙げた「個別福祉サービス」や「福祉サービス」の概念に加えて、直接的・個別的な援助を必要十分条件として強調されるものを「福祉サービス」と規定する。

(1) Moore, S., *Social Welfare Alive! (2nd ed.)*, Stanley Thrones, UK, 1998, p.166.
(2) この他に、Criminal Justice Act, Carers Act などが含まれている。*Ibid.*, pp. 167-168 を参照。
(3) 星野信也『「選別的普遍主義」の可能性』海声社、2000年、156頁。
(4) 同上書、285頁。
(5) 京極高宣監修『現代福祉学レキシコン（第2版）』雄山閣、1998年、163頁。ここでは personal social services に、「対人福祉サービス」の訳語を当てている。
(6) 高澤武司『現代福祉システム論 最適化の条件を求めて』有斐閣、2000年、24頁。

第1章
わが国における社会福祉の展開と特徴

第1節　わが国の社会福祉の展開区分

1990年代半ば以降におけるわが国の「構造改革」の特徴は，市場原理の活用を通じた提供体制の大幅な変革にあった。このような動向はそれまでの軌跡に比して明確に異なる。本節では先行研究を踏まえながら，わが国の社会福祉の展開区分を整理し，次節以降の区分を提示する。

先行研究において，戦後日本の社会福祉の動向を段階的に整理したものの中には以下がある。

宮田和明は，1970年代後半から90年代を「福祉見直し論―日本型福祉社会論―臨調行革路線―80年代の制度改革」という軸と，「『福祉見直し』から制度改革へ―『高齢社会対策』の本格化―社会保障制度の再構築」といった軸を交差させ，そこに社会福祉の動向をあてはめて位置づけている[1]。

また相澤與一は，戦後の社会保障の問題を歴史的に三段階に区分している[2]。彼は第一段階を広範囲の失業と窮乏が存在していた時期として，敗戦から1950年代までを設定し，「朝日訴訟」でこの時期を代表させている。第二段階は国民皆保険・皆年金体制が発足した1960年代から1973年までとし，「社会保障改革」の時期であるとした。さらに1974年以降を，第三段階と位置づけている。これは「反動的で強権的な新保守主義政権による新自由主義の経済社会政策を強行した」として，「社会保障の反動的改編」と位置づけ，それをさらに，①財政危機と高齢化社会危機論に代表されるような「福祉見直し期」，②「増税なき財政再建」をデマ・スローガンと理解して，臨調「行革」による本格的な社会保障改悪・改編期，③「市場原理」「自己責任」を強調する根本的な改編「合理化」，に区分している。

古川孝順も，戦後社会福祉展開を大きく三つの時期に区分している[3]。彼は第一期を「定礎期，いわゆる骨格形成期」として1945〜59年までをあて，第二期を「社会福祉の拡大期」とし，第一期以後から石油危機の発生した1973年までと位置づけている。そしてそれ以降を「転型期」と呼び，それぞれの時期をさ

らに前期と後期に区分している。

　これらを踏まえて，本書ではさらに1990年以降を「構造改革期」と位置づけ，以下の四段階に区分する。

　すなわち，わが国の社会福祉の展開過程の第一期，終戦から1950年代までを，戦後復興と公的扶助を中心とし，戦後福祉国家体制の始まりをみた「揺籃期」とする。第二期は高度経済成長下の社会福祉がその余力によって拡充されてきたことと，社会的な要求の高まりとによって急速に整備されてきたことに鑑みて，1960年代から石油危機以前までを，「余力・応急的拡充期」とする。さらに，石油危機以後から1980年代を「圧縮期」とする。この時期の特徴は，石油危機を契機とした成長の鈍化とそれにともなう新保守主義勢力の登場によって社会福祉が圧縮された点にある。そして1990年代以降，バブル景気の崩壊とともに，総体としてのわが国を取り巻く環境は，大競争時代の到来と不況の長期化，そして少子高齢化の進展によって大きく変化した。その結果，わが国の社会経済構造の再編成が社会保障分野を中心に求められることになった。それが「財政構造改革」の一環としての「社会保障構造改革」であり，「社会福祉基礎構造改革」でもあった。それゆえ，この1990年代以降を本書では「構造改革期」とする。

　とりわけ，大きく方向転換を遂げた石油危機以後の「圧縮期」と「構造改革期」の社会福祉の動向を，社会情勢，経済情勢，政治情勢と脈絡づけながら整理する。

(1) 宮田和明『現代日本社会福祉政策論』ミネルヴァ書房，1996年，資料編8～9頁。
(2) 相澤與一『社会保障の保険主義化と「公的介護保険」』あけび書房，1996年，38～44頁を参照。
(3) 古川孝順『社会福祉学序説』有斐閣，1994年，291頁。

第2節　揺籃期（終戦直後～1950年代）における展開

　戦後復興を最大の課題とする終戦直後から1950年代までの時期を，本書では「揺籃期」と位置づける。

　この時期には終戦にともなう国富の破壊と失業者の増大がみられた。すなわち，失業と貧困の時期であった。しかし，国民主権と世界平和の念願を柱とする「日本国憲法」の発布（1946年）に，わが国における社会福祉の原点をみることができる。とりわけ，第25条［国民の生存権，国の保障義務］はその後のわが国の社会福祉のあり方を規定することになった。しかしながら，それ以前の敗戦による喫緊の課題は生活困窮者の最低生活の保障であった。

　そこで1945年12月には，失業者・貧困者に対する援助等の詳細かつ包括的な計画の提出，救済における軍人の特別待遇の禁止，恒久的な救済法令の制定を指令したGHQ（占領国軍総司令部）覚書「救済ならびに福祉計画の件」（SCAPIN 404: Relief and Welfare Subject）が出された。

　次いで1946年2月には，GHQ覚書「社会救済の件」（SCAPIN 775: Public Assistance）が指令される。これは，救済に当たっては無差別平等を原則とし，費用面と運営面における国家責任を強調したものであった。さらに，困窮者に対する救済は最低限度の生活を保障するに必要十分な額でなければならず，財政的な理由等で保護の打ち切りがあってはならないという，いわゆるGHQの三原則が提示されていた。これらをうけ，1946年4月には，閣議決定によって一般国内生活困窮者を対象とした「生活困窮者緊急生活援護要綱」が制定され，さらに同年9月には，保護費の8割を国家が負担する「(旧)生活保護法」が施行された。同法では，現場担当者は民生委員とされたものの，「無差別平等の救済」，「国家責任による最低生活保障」などの理念が盛り込まれ，それまでの慈恵的姿勢から転換を遂げた。さらに保護の実施機関である市町村長は，「保護という国家事務の委任を受けた国の機関として職務を行う」べき機関として位置づけられ，機関委任事務の考え方が導入された。この点について古川

孝順は,「旧生活保護法は,困窮者保護の最終的な責任の所在を国とし,地方公共団体の長を実施機関とする,機関委任事務というメカニズムを案出・導入することによって国家責任を重視するGHQの指示に応えた」と指摘している。

しかし,同法には勤労の意思のない者,素行不良の者は保護が受けられないという欠格条項が設けられていただけでなく,反射的利益に基づくものであり,裁判上の保護の請求権はないという位置づけに留められた。これについて,当時の厚生省の姿勢は大規模な生活保護はしなければならないが,国民の血税を使うのであるから濫救に陥ってはならず,惰民養成になってはならないというものであった。さらに田多英範は旧法の問題点について,第一に民生委員が現実の保護を「勘」などに頼りながら実施しており,保護の無差別平等や国家責任が確保されにくいこと,第二に生存権を保障するものとなっておらず,憲法第25条との関連が問題となっていたこと,第三に「戦争未亡人」への対応が不十分だったことの三点を挙げている。

こうして,わが国における終戦直後の社会福祉の展開は,困窮者の所得保障から出発した。次いで,浮浪児・孤児の救済,ならびに傷痍軍人対策として,「児童福祉法」,「身体障害者福祉法」が制定され,1949年までに福祉三法体制が確立された。しかし,その三法体制は「いまだ公的扶助に奉仕する存在であり,公的扶助のもたらす制約の中にしっかりとつなぎ止められて」おり,あくまでもケースワークや児童福祉サービス,身体障害者サービスは保護受給者や低所得者の更生自立を促すものであるという位置づけにあった。

1950年に入ると,「現下の社会経済事情並びに日本国憲法第25条の本旨に鑑み緊急に社会保障制度を整備確立するの必要ありと認め」た社会保障制度審議会による「社会保障制度に関する勧告」(以下「50年勧告」)が公表された。

「50年勧告」では,イギリスのベバリッジ報告の言葉,「ゆりかごから墓場まで」を引用しつつ,「貧と病は是非とも克服されなければならぬが,国民は明らかにその対策を持ちうる」として,社会保障制度の理念を「困窮の原因に対し,保険的方法または直接公の負担において経済保障の途を講じ,生活困窮に陥った者に対しては,国家扶助によって最低限度の生活を保障するととも

に，公衆衛生及び社会福祉の向上を図り，もってすべての国民が文化的社会の成員たるに値する生活を営むことができるようにすること」であるとした。このように，ここでも国家責任が強調されたのであった。さらに，「ここで，社会福祉とは，国家扶助の適用を受けているもの……が自立してその能力を発揮できるような必要な生活指導……を行うことを言う」とし，社会福祉の中核に貧困層への施策が位置づけられ，その受給者は「生活指導」の対象とされた。

翌年には，戦前に制定された「社会福祉事業法」を，GHQの「6項目要求」(Public Assistance: Conference with Ministry Officials Regarding Major Welfare Objectives for 1950-51)に基づいて全面改正し，社会福祉事業の基本的共通事項や，社会福祉事業の適正な運営等が新たに定められた。

さらに，同年には「(新)生活保護法」が制定された。これは「50年勧告」をもとにして改正されたものといわれ，自立助長原理の導入と，欠格条項の撤廃により，世界でも例をみないものとなった。

その特徴の第一は生存権保障が明確となり，不服申立権が確立されたこと，第二に対象者を生活困窮者一般とし，自立助長の促進が重視されたこと，第三に欠格条項を撤廃すること，第四に実施機関が市長村長から知事，市長または福祉事務所を管轄する町村長に委譲されたこと，第五に社会福祉主事の設置，そして最後に「戦争未亡人」関連で教育・住宅扶助が設定されたことが主要な改善点となった。

旧法と新法を比較すれば，第一に国家責任が共通に設定されており，第二に新法では最低限度の生活の保障が明確化され，第三に旧法では認められなかった不服申立権が認められたこと，さらに，第四に欠格条項が新法では削除され，第五に，新法では有給専門職が設けられた，という違いがある。

なお，1956年の「果たして戦後は終わったか」をテーマとした初の『厚生白書』においても，翌年の『厚生白書』においても，今後の社会保障制度の中心的課題は，国家を中心とした医療保障制度の整備と貧困対策であるとされた。

以上のように，揺籃期における社会福祉の展開の特徴は，貧困救済を中心と

した国家の責任・義務が強調された点に見出すことができる。新藤宗幸の言葉を借りれば，国の責任遵守を強調するものとして「行政庁による保護，収容，給付などの行政処分＝『措置』を基軸として展開」する「措置＝生存権パラダイム」が確立された時期であったといえ，これはわが国の戦後の福祉国家体制における行政と国民の関係を長期にわたって束縛するものとなった。彼は「措置＝生存権パラダイム」が，国家の後見性を色濃く反映する一連の概念から構成されているとしたうえで，それを「国家の後見性に基づく『措置』概念から構成された福祉行政と理論は，福祉給付へのスティグマ（恥辱）を再生産こそすれ，福祉を自治と参加の文脈のもとに再構成する指向性を拒んではこなかったか」，とその限界を指摘した。

　いずれにせよ，わが国の社会福祉は，国家による福祉という形によってスタートした。そしてその象徴ともいえる「措置制度」は，1990年代まで社会福祉行政を支えたのであった。

(1) 1945年12月5日の貴族院事後承諾委員会において，芦田厚生大臣（当時）は，10月初旬までの復員者396万人，工場離職者413万人の計809万人，その後の復員見込者，公務員削減などによりさらに深刻な失業問題が発生すると述べた。
(2) 社会福祉研究所『占領期における社会福祉資料に関する研究報告書』きょうぶん社，1979年，24頁。
(3) 同上書，326頁。
(4) 副田義也「戦後日本における生活保護制度の形成」東京大学社会科学研究所編『福祉国家6　日本の社会と福祉』東京大学出版会，1985年，121頁。
(5) 内藤誠夫『増補改訂版　生活保護法の解釈』日本社会事業協会，1947年，32頁。
(6) 古川孝順『社会福祉のパラダイム転換』有斐閣，1997年，52頁。
(7) 副田義也，前掲論文，129頁。
(8) 同上。
(9) 田多英範『現代日本社会保障論』光生館，1997年，30頁。
(10) 古川孝順「戦後日本における社会福祉サービスの展開過程」東京大学社会科学研究所編『福祉国家6　日本の社会と福祉』東京大学出版会，1985年，218頁。
(11) 社会福祉研究所，前掲書，36頁。
(12) 副田義也，前掲論文，144頁。
(13) 同上論文，147頁。

⑭　同上論文，144〜152頁を参照。
⑮　同上論文，155頁。
⑯　『厚生白書　昭和32年版』では，「医療や衛生の水準とか，文化的な水準に対して相応すべき所得水準が確保されていない」(51頁)として，対策の必要性を訴えている。
⑰　新藤宗幸『福祉行政と官僚制』岩波書店，1996年，99頁。
⑱　同上書，95頁。
⑲　同上書，98頁。

第3節　余力・応急的拡充期（1960年代〜石油危機以前）における展開

　1960年代から石油危機までを本書では「余力・応急的拡充期」とする。
　この時期，わが国は高度経済成長期に突入した。「金の卵」と呼ばれた若年労働力の集団就職などによって，人口は農村から都市へと急激に移動した。被雇用労働者は増大し，労働力需給の逼迫にともない労働賃金も大幅に引き上げられた。こうして完全雇用体制が確実なものになり，1960年に突入するとすぐに前年の2％台から一気に1％台前半にまで失業率が低下した(2)。
　しかし，その反面で様々な社会問題も噴出した。「コンピューター付きブルドーザー」と呼ばれた高度経済成長時代の寵児，田中角栄は，のちの狂乱物価を招いたといわれるその著書『日本列島改造論』で，「……巨大都市は過密のるつぼで病み，あえぎ，いら立っている反面，農村は若者が減って高齢化し，成長のエネルギーを失おうとしている。都市人口の急増はウサギを追う山もなく，小ブナを釣る川もない大都会の小さなアパートがただ一つの故郷という人を増やした(3)」と描写した。
　こうして，わが国の繁栄とその中に抱えた矛盾は次第に深刻化していった。その一例が高度経済成長の歪みとしての公害＝環境破壊の登場であり，生活環境の整備が社会福祉の分野も含めて声高に叫ばれるようになった。
　そこでまず，1960年代における展開をみてみよう。
　1961年には皆保険・皆年金体制の発足と「精神薄弱者福祉法」の制定をみる。

この年の『厚生白書』における「社会保障の国際的動向」という節では、「まだ家族手当制度の発足は見ていないが、すでに社会保障の基本的な柱である年金制度と疾病保険は全国民に網の目がかぶせられ、公的扶助としての生活保護がこれを補完しており、体系的には先進国とはほぼ同様の水準にまで整備されたといえよう。したがって問題は給付水準にある」(132頁) と述べており、給付水準の引き上げの必要性を訴えた。

1962年8月には、社会保障制度審議会「社会保障制度の総合調整に関する基本方策についての答申および社会保障制度の推進に関する勧告」(以下「62年勧告」) が公表された。同勧告では、社会保障制度は国民生活を安定させ、かつ所得再分配の作用を持つだけでなく、景気調整のために役立つものとされた。つまり、資本主義体制におけるビルト・イン・スタビライザーとしての機能を明確にした。

同勧告は、「たまたま日本経済の未曾有な成長に際会し、国民所得階層の格差が拡大したため、わが国の社会問題も新たに多くの解決すべき問題をもつに至ったので、本審議会は、それらに対する対策をもあわせて考究することが適当であると考えるようになった[4]」とし、国民を所得別の三階層に分け、その各層に対応する施策を示した。すなわち社会保険が必要な「一般所得階層」、狭義の社会福祉が必要な「低所得階層」、そして生活保護が必要な「貧困階層」、さらにそれらすべての階層に対応するものとしての公衆衛生を位置づけたのであった。このうち「低所得階層」は、ボーダーライン層のことを指し、それは「職業や収入が安定していないために、いつ貧困に陥るか分からない不安定所得層」を含んだ「生活保護を受けるまでになっていないが、それとあまり変わらない生活しかできない」層と定義されていた。

そのうえで同勧告は、第一に低所得者対策に関して、従来の社会保障制度が医療保険を中心とし、主な対象が被用者であった点を捉え、「産業の二重構造」の視点から「力の強いものの属する制度はますます発展し、力の弱い階層に対する制度は低い水準に取り残される結果となって社会保障の均衡の取れた発展が期待できない[5]」ので、応益負担の可能性も残しつつも、貧困・低所得層

に重点をおいた制度の再編成を説いた。すなわち権利性の確保と費用の行政負担の必要性を述べ,「今後しばらくの間,この方面(=貧困・低所得層)に対する施策に税金を重点的に投入すべき」[6]こととした。このように「62年勧告」には,高度成長から取り残された人々に焦点を当てた点に特徴がある。第二に,わが国の社会保障水準の到達目標の設定についても,「国民所得および国家財政における社会保障費の地位については,今後10年の間に,日本は,この制度が比較的に完備している自由主義諸国の現在の割合を,少なくとも下回らない程度にまで引き上げること」[7]と,目標を定めた。

一方,社会福祉については1963年に,救貧対策の中にあった高齢者を一般的福祉対策として独立させた「老人福祉法」が,1964年には「母子福祉法」などが制定され,いわゆる「福祉六法体制」が確立した。

さらに,1964年の『厚生白書』では,社会保障の国際比較が行われた。その結論は,「我が国の社会保障は,近年著しい発展を遂げてきたが,西欧先進国の水準と比べると全般的に見てもまだかなり低い水準にある」(90頁)ので,わが国の所得水準の西欧諸国への接近を目指して,一層の社会保障の充実が必要であること,さらに量的拡大から質的向上への移行を目指した。また,経済との関係では,日本経済の内部に財閥を中心とした近代的大工業の存在と,非近代的な農業部門に代表される前近代的部門が併存しているという経済の二重構造と,消費者物価の上昇に留意する必要があるとした。一方,世界が開放経済体制に移行する中で,国際的な経済競争に勝つことのみならず,国際的な「福祉競争」に乗り出すとし,「我が国の社会保障の水準が西欧先進諸国の水準にできる限り速やかに追いつき,さらにそれを追い越すことが,我が国に課せられた今後の大きな課題であるといってよかろう」(92頁)と述べ,欧米諸国に対するキャッチアップ路線が表明された。

1966年の国民健康保険法の改正では,7割給付が実現したが,次第に福祉と経済の軋轢が懸念されるようになってきた。1967年版『厚生白書』の前書きで,当時の園田厚生大臣は,「昨今財政硬直化論議に絡み,あるいは,社会保障の充実を図ると経済成長が阻害されるとか,あるいは社会保障関係費の増高傾向

が財政を圧迫し，景気調整を困難にするとかの論も散見されますが，これは，……人間尊重の理念をその根底におく，厚生行政推進の観点からすれば，まことに寒心に堪えないところであります。そもそも経済政策といい，財政政策といい，すべては望ましい国民生活の実現の手段であることを改めて強調すべきでありましょう」と述べている。さらに，翌年の『厚生白書』では，いわゆる「英国病」などを引用しつつ，経済成長の阻害要因としての社会保障への批判に対して「イギリス経済の不振の原因は，社会保障以外にあるというのが，今日の定説である」(19頁)とし，社会保障の充実の必要性を訴えている。

次に1970年代前半における展開をみてみよう。

1970年4月には，厚生大臣官房企画室から「厚生行政の長期構想」(8)が公表された。この「構想」のねらいは，経済の高成長に比して遅れている社会保障水準の向上，1970年代の激しい社会変動——特に高齢化社会の到来——に対して厚生行政の側で先手を打つことであった。特にその第5節では「社会福祉施設の整備」が，第6節では「福祉サービスの充実」が取り上げられている。

まず，社会福祉施設の整備の立ち遅れについて，同「構想」はその原因を，「社会保障制度全体が，まだ過渡期の段階であったとはいえ，施設整備のための資金供給が著しく不足していたことによる」と指摘し，1975年度までの5年間に総額3500億円の資本投下を行う整備計画を示している。これを受けて，1971年度から実際に，「社会福祉施設緊急整備5ヵ年計画」が実行に移された。しかし，その達成状況は保育所を除いて目標に届かず，とりわけ障害（児）者の施設にかかわる実績は目標を大きく下回った。

また，1970年代初頭において，高齢者の医療費無料化をはじめとする各種福祉施策の充実を唱えて革新自治体が増加してくる。このような動きを受け，1973年に国は老人医療費の一部負担金を公費により負担する老人医療費支給制度（＝70歳以上の老人医療費無料化）を老人福祉法の一部改正によって成立させた。さらに同年には，医療保険の家族給付率の7割への引き上げ，高額療養費給付制度の創設，国民年金水準の2.5倍の引き上げ，物価スライド制の導入，児童手当制度が新設され，1973年は「福祉元年」と称されたのであった。

以上のように，この時期のわが国社会保障・社会福祉の整備は福祉六法体制や皆保険・皆年金体制の成立などみるべき点もあるが，その内実は未熟なものにとどまった。それは「成長あっての福祉」，あるいはパイの論理に基づく展開にとどまらざるを得なかったことに原因があろう。「西欧型福祉国家」へのキャッチアップを目指すとはいいながら，その中心は高度経済成長の余力と革新自治体の後追いによってその体裁が整えられてきたに過ぎない。それゆえ，わが国の社会福祉は金銭給付を中心とした余力・応急的なものとなったのであった。

(1) ベバリッジは，その著書，*Full Employment in A Free Society*, Allen & Unwin, 1960, p.21 において，「仕事から仕事への移動の自由の余地を残すため，ある程度の失業の余地が残される。……それは3％ぐらいを保持するのであるが，仕事の欠如からではなく，単に摩擦のためであるべきである」と述べ，「摩擦的失業」の概念を明らかにした。「完全雇用」の状況とは，このような「摩擦的失業」以上の失業が存在しない状態であるといえよう。
(2) 読売新聞社『頑張れ日本経済』読売新聞社，1994年，358頁。
(3) 田中角栄『日本列島改造論』日刊工業新聞社，1972年，1頁。
(4) 社会保障研究所編『戦後の社会保障［資料編］』至誠堂，1968年，250頁。
(5) 同上書，252頁。
(6) 同上書，256頁。
(7) 同上書，251頁。
(8) 社会保障研究所編『日本社会保障資料Ⅱ』1970年を参照。
(9) 同上書，60頁。
(10) 一例を挙げれば，精神薄弱者更生授産施設について『厚生行政の長期構想』では，1万4900カ所から8万180カ所にまで増設するとされたが，1975年度末実数（厚生省実施の「社会福祉施設調査」）では2万9791カ所と目標の4割以下にとどまった。
(11) この制度は本人や扶養義務者の所得が一定以下の70歳以上の高齢者に対して，健康保険，国民健康保険，その他の医療保険の一部負担金を無料とし，その費用は国が6分の4を，6分の1ずつを都道府県と市町村が負担するものであった。ところが初年度の動向をみると，老人医療対象者は6％にもかかわらず，その療養給付費は総額の2割を占めた。また一人当たりの医療費でみると，高齢者分は他の3.7倍に相当し，受診率は2倍となった。この結果，その年の国民医療費は国民所得の4.46％と過去最高を記録した。小山路男『社会保障教室』有斐閣，1975年，133頁を参照。

第4節　圧縮期（石油危機以後〜1980年代）における展開

　わが国の社会福祉は，1974年から80年代にかけて「圧縮期」に突入する。高度成長期にみられたパイの論理に基づく展開は限界に直面し，いわゆる「福祉見直し」が積極的に進められる時期となった。本節と次節においては，当時のわが国の社会情勢，経済情勢，政治情勢に着目しつつ，その展開内容を整理する。

　まず社会情勢についてみてみよう。

　ここでは人口動態を，総務庁「国勢調査」，「各年推計人口」，「人口統計資料」各年版より整理する。

　すると第一に総人口の絶対数の伸びが鈍化していることが明らかとなる。人口増加率は次第に低下し，1979年では8％台へ，89年にはついに3％台となった。同時に，核家族世帯率が上昇し，全世帯数の6割を占めるに至った。また，人口増加率の低下は，高齢化率の上昇をもたらし，1989年には10％の大台に到達した。

　第二に平均出生率の低下がみられる。15歳未満の年少人口は，高度成長以前と比較すると約半分の水準である。この背景には，子育ての費用の負担の大きさと育児施設・制度の不足がある[1]。加えて高学歴化や結婚観の変化により晩婚化が進行した。総理府が1987年に実施した調査[2]によると，「女の幸せは結婚にある」という考えに対する女性の支持率が，1972年の40％から低下して28％に，一方で「一人立ちできればあえて結婚しなくても良い」という意見の支持率が，13％から24％へと増加している。

　さらに，就業構造の変化をみてみよう。経済企画庁「国民経済計算速報」と，総務庁「労働力調査年報」の各年版からは，以下のような特徴がみられる。

　その第一は，第三次産業の拡大と第一次産業の凋落である。経済活動の高度化にともなうサービス・情報の需要増加や都市化の進展，コンピューター技術が進歩する一方，郡部における過疎高齢化の進展がその背景にある。また，

1974年当時のサービス業生産額が79年には2倍になっているのに対し，サービス業の従事者数は1.2倍弱程度の増加にとどまっており，効率性と一人当たりの生産額の上昇がうかがえる。この過程では，伝統的な産業分類になかった情報サービス業，リース業などが，「隙間産業」から中核産業へと急発展し，さらに第一次・第二次産業内でも企画・広告などを担当するソフト部門が拡大したのである。[3]

　また雇用の動向は以下のようになっていた。

　石油危機後の不況は1970年代後半以後，次第に深刻さを増し，民間市場では合理化が進行した。「経営の神様」松下幸之助は，「（日本経済の将来像について）徹底的に悲観させないとだめです。なまじっかな安心感をもたせてはいけない。一番良いのは食うのに困ってみることです」[4]と広言し，さらに配転，人員再配置，臨時解雇，希望退職，新卒採用減などの雇用調整を進行させることになった。結果としてこれらはQC（Quality Control）活動にみられるような能力主義的競争の組織化につながり，精神病や自殺なども頻発した。[5]1974年の春闘は，件数・人員とも3割近く減少[6]し，民間の大企業などは政府に物価抑制を迫る代わりに賃金要求を3％ダウンするという戦術を採用し，労働組合の御用化が進行した。しかし，完全失業率は，1976年を境に2％台へと上昇，78年には2.24％に達し，以後じりじりと上昇を続け，84年の第一次円高不況の際には2.72％，87年の第二次円高不況の際には2.84％にまでなった。しかし，バブル景気が始まった頃から，次第に下降傾向をたどった。

　一方，生活防衛のためもあって就業形態は変化を遂げ，女子労働者やパートタイム労働者が増加し，雇用者数に占める女性労働者の割合は約38％にも達した。[7]この背景の一つには1985年の「男女雇用機会均等法」の施行があろう。年齢別労働力率をみてみると，女子年齢別労働力率は過去を通じて一貫してM字型カーブを描いているが，第一頂点は20～24歳で変わらないが，1980年，88年の調査では第一の底が浅くなり，それが30～34歳の年齢にシフトしている。[8]また，パートタイム労働を示す第二頂点は45～49歳と高年齢化している。これらの背景には，非正規労働力の採用拡大と各種作業の平準化やマニュアル化の進

行がある。これによりサービス業分野での経営効率化が進んだ。しかし，それゆえに雇用調整の時期には真っ先に標的にされたのであった。

　また，平均労働時間の増加は1980年代初頭から，いわゆる「過労死」の問題を顕在化させた。1988年6月から開始された過労死弁護団全国連絡会議が実施している電話相談は年間800件以上に上り[9]，事態の深刻さをうかがわせることになった。

　以上のように，この時期は少子化の進行がみられるものの，労働力需給は現在に比べれば比較的安定していた。ただし，それは非正規労働力を含むものであり，労働形態の変化がみられるようになった時期でもあった。

　次に経済情勢についてみてみよう。

　石油危機直前，高度経済成長の末期に始まった「列島改造ブーム」によって，わが国は狂乱物価に踊らされていた。当時の消費者物価指数は1974年から79年までに22.8ポイントも上昇し，国民は経済苦にあえぐことになった[10]。

　さて，1973年12月1日の衆議院本会議では，第72回国会の開会に当たって当時の田中首相が施政方針演説を行う。ここに至って田中首相は物価抑制のために金融引締めと財政支出の調整を行うとともに，総需要抑制を表明し，経済政策は転換点に立った。

　1974年10月，わが国は第一次石油危機に直面し，高度経済成長を支えてきた日本企業は大きな打撃を受けた。景気低迷の一方，租税収入の減少は放置され[11]，国債発行に依拠した財政運営が展開されるようになった。1974年度の国債依存度は11.3％であったが，翌年からは「特例国債」が発行され始め一気に25.3％，1976年度には29.4％，さらに77年度には32.9％と上昇の一途をたどる[12]。

　このようにしてもたらされた急激な財政悪化は，「税収水準の落ち込みによる」ものであり，さらに「高度成長によって生じた公私間のアンバランスを是正するために，『財政主導型』，『高福祉社会をめざして』等のキャッチフレーズの下に，財政支出の急速な拡大を図っていったことが，50年度以降の財政収支悪化の基因の一つであることは疑いない[13]」とされ，社会保障支出が批判の対象の一つとなった。

1979年1月，パーレビ王朝が倒れたイラン革命を契機として，第二次石油危機がわが国を襲う。再び原油価格が高騰し，第一次石油危機後と同様のインフレーションとデフレーションの波にさらされたにもかかわらず，『経済白書』にみる情勢分析はきわめて楽観的なものであった。しかしその実態は，景気後退の局面であったことが後に判明し，さらに厳しい経済運営を迫られることになったのであった。

　こうして，二度の石油危機を乗り切ったわが国は，新たな局面に突入する。

　1985年のドル相場高騰の防止を目的とした「プラザ合意」によって世界経済は大きく揺らいだ。当時の日本経済は1973年秋の第一次石油危機以降，原油価格の大幅な上昇を機に低成長を余儀なくされていたが，そこに円高が進行し，いわゆる「円高不況」が到来した。

　これへの対応として，企業は雇用調整を進めたが，失業者の増加がもたらされ，内需拡大によって局面を打開すべきだとした。

　勝又壽良によれば，円高不況論には次のような特徴がみられたという。曰く，円高危機は石油危機以上の危機である，曰く，日本経済は短期的には昭和恐慌以来の深刻な不況の瀬戸際に立っており，長期的には国内投資の減少と失業の増大，企業の雇用維持が至難となる，というものである。

　このような危機感のもと，わが国は一層の金融緩和を進展させた。この結果，企業の株や土地への投資が進み，平均株価と土地価格は上昇を始めた。いわゆるバブル景気の始まりである。

　バブル景気とは，後に「株価，地価が経済の基礎的条件（ファンダメンタルズ）と整合的な水準を上回って高騰し，その後下落する」と定義される状態である。これは人々の資産価格の値上がり期待が螺旋的な価格投機をもたらす，非常に不安定な景気局面であった。

　しかし，多くの人々は国内物価が安定していることに安心し，やがて来る大きな反動にも気づかずバブルにまみれた。1990年版の『経済白書』は，当時の企業の活発な設備投資について，「一定の特定産業の好調に支えられたものではなく，言わば全員参加型になっていることがわかる。これは今回の景気上昇

が，特定の輸出産業がリードする輸出主導型ではなく，需要拡大に業種間の片寄りが少ない内需主導型であるためと考えられる。88年度，89年度の設備投資の動向は，このように業種間の偏りが少ないという点で『いざなぎ景気』……とよく似ていると言える」と楽観視していた。[20]

この頃の一般会計歳出額をみると，バブルの絶頂期であった1989年には60兆円を突破し，公債依存度も1980年度には30％を超えていたものが，税収の増加により90年度には8.4％にまで低下した。[21]

しかし，その崩壊がついに始まった。1989年12月29日に平均株価で3万8915円を記録したのを最後に，土地関連融資の総量規制と公定歩合の6％への引き上げを契機として，バブル景気は減速過程に突入したのであった。

最後に政治情勢についてみてみよう。

高度成長から低成長期へ移行する中，1974年7月の参議院選挙では衆議院，参議院の両方を通じて保革伯仲の時代が到来した。さらに，高度経済成長の申し子的存在であった田中角栄首相の金脈問題が火を噴き，田中内閣は退陣し，後任には三木武夫が就任した。[22]

三木は自民党の金権体質への批判をかわして，福祉年金の引き上げや私学助成制度を実現するなど一応の成果をあげた。しかしながら自民党は，わが国経済が低成長時代へと移行したとの認識を持ち，経済成長の待望もしくは維持の必要性を強調し，いわゆる「英国病」や「福祉国家の危機」への対応策を政策体系の中に強力に組み込んだ。[23]

その一例が，当時の橋本幹事長が1974年に発表した「福祉社会憲章（私案）[24]」であった。これには保守本流としての自民党の考え方が如実に反映されているといってもよい。

これは社会保障の基本として相互扶助による保険方式を中心に据えるものとし，その前文で，社会保障制度の充実は適切な経済運営とならんで，「活力ある福祉社会」の建設のための不可欠な方策であるとした。同憲章の本文では「そのためには，国民の一人一人が積極的にこれに参加し協力する必要があるとともに，福祉社会の健全な経営基盤の確立に努力」せよと述べられている。

さらに，社会保障の目標は，「個人の努力，意欲を阻害し，無為を助長するような消極的な扶助国家姿勢はとらない」ので，「社会連帯の観念を社会保障の基盤におき，相互扶助的な社会保険方式を中心」にしたうえで，「経済繁栄の成果を十分に活用して，……社会保障制度全般の総合的，計画的推進を計る。このような社会保障の充実は福祉社会の成立要件であるのみならず，国際的共存のための時代の要請である」とした。こうして，高度経済成長期後半における「成長から福祉へ」からの方向転換を「福祉社会」という用語から政治的に明らかにした。

　1975年には大平正芳大蔵大臣は，74年度の税収不足が8000億円に上るということを明らかにし，国債依存率の上昇は財政危機を引き起こすと「財政危機宣言」を出して警告した。彼はその原因が社会保障コストにあることを示唆し，直後の財政制度審議会の中間報告では，老齢年金と老人医療費が財政を圧迫しているとした。しかしながら，自民党は翌年にひかえている総選挙に悪影響を及ぼしかねないとの懸念から，同年12月の総務会において，老人医療費の無料化継続支持を明らかにした。結局，三木首相は1976年10月の財政審議会の場において，老人医療費無料化を継続する旨を明らかにした。

　政策スタンスを保守本流へ回帰させようとする動きの中で，1976年，任期満了にともなう第34回総選挙が実施された。高度経済成長の落とし子ともいえる老人医療費無料化政策は，石油危機以後のわが国において，各種審議会や大蔵省，財界などから財政圧迫の原因であるようにみなされた。しかし，福田赳夫内閣は，老人医療費無料化の継続を明らかにした。ただし，当時の厚生大臣と大蔵大臣は，無料化は存続するが，来年度予算では見直すことを確認していた。

　そして，老人保健医療問題懇談会は，1977年10月に「今後の老人保健医療対策のあり方について」を発表し，高齢者の増加，財政状況の変化を理由とした医療保険制度間の負担の平準化，老人医療への自己負担制度の導入を検討し始めた。

　1979年1月には，新たに首相となった大平正芳は施政方針演説の中で，「家庭は社会のもっとも大切な中核であり，充実した日本型福祉社会の基礎であり

ます」,「日本人の持つ自主自助の精神,思いやりのある人間関係,相互扶助のしくみを守りながら,これに適正な公的福祉を見合わせた公正で活力ある日本型福祉社会の建設に努めたいと思います」(31)と述べ,家庭を基盤とする自助努力の方針＝日本型福祉社会論を政策として打ち出した。これは,自助努力や近隣の相互扶助,家庭福祉などを前提とし,社会保障の役割を限定的に位置づける「小さな政府」の立場を目指し始めたことに他ならない。

1979年11月,大型間接税の導入を目的として実施された第35回総選挙では,自民党は過半数割れの大敗を喫す。しかし,新たに就任した厚生大臣の野呂恭一は,老人医療費無料化制度の見直しについて,「基本的には賛成しかねる」として消極的な姿勢をとった(32)。しかしそれ以前の大臣合意もあり,「無料化は1980年度については現状通りとするが,1981年度については見直す」(33)ということになった。

1980年5月,野党から出された内閣不信任案が可決され,大平首相は衆議院を解散した。ところが,自民党は安定多数を手に入れた(34)。

これを受けて,財政当局は1981年度予算を積極的に組もうとした。しかし経営者団体である経団連は,「財政再建と今後の財政運営に関する意見」を公表し,財政危機の原因は支出の膨脹とその硬直性にあると指摘し,財政運営の適正化などを前提とした行政改革の必要性を訴えた(35)。

こうして財政の建て直しが急務の課題となり,「小さな政府」の実現が強く求められる中,鈴木善幸内閣のもとで「臨時行政調査会法」が成立し,1981年3月には臨時行政調査会（臨調）が発足した。会長には土光敏夫経団連前会長が指名され,「増税なき財政再建」がキャッチフレーズとなった。

臨調のメンバーのうち,半数近くを資本代表が占め,さらに財界は「行革推進五人委員会」を組織した。この「五人委員会」は,「行政改革の基本方向と緊急課題について」と題する提言を発表した。そこでは第一に補助金の一括削減,第二に児童手当,老人医療費の所得制限強化,第三に教科書無償提供の廃止,が挙げられた(36)。

一方,臨調には第一特別部会と第二特別部会とが設けられ,それぞれ歳出削

減・歳入増加と，国家公務員の給与問題について討議した。なかでも最大の課題は，補助金問題であり，特に福祉の見直しについては財界，自民党ともに意見が一致し，この削減によって1兆8000億円の財源が捻出できるという考えを示した。これは大蔵省が提示していた財源不足額に相当した。[37]

こうして第一次答申に，補助金削減枠の設定，公共事業の前年度同額以下の抑制が盛り込まれた。政府はこの答申を「最大限尊重し，速やかに実施」[38]することを閣議決定し，1981年11月17日には無修正で成立した。しかし，「増税なき財政再建」は，円高不況にともなう景気の落ち込みから空文化し，増税論がささやかれるようになった。[39]このため，自民党税制調査会は企業増税による増収案を取りまとめただけでなく，自民党首脳は補正予算において赤字国債の追加発行を決定した。これには臨調も反発したものの，最終的には「政府にも苦心のあとがある」[40]として受け入れざるを得ず，1982年度予算は閣議決定された。

以上，「増税なき財政再建」をスローガンとする臨調は，最終答申で日本の行政が目指すべき目標の一つとして，「活力ある福祉社会の建設」を掲げた。社会福祉における今後の行政のあり方は，「国民のため真に必要な施策は確保しつつ，同時に民間の自由な活動を充分に保障する最小限度のものでなくてはならない。活力ある福祉社会は，自立・自助を原則とする国民の活力と，創意を基礎にしてこそ存立しうるものである」[41]とされた。

同時に財政の硬直化につながる国債発行費や移転支出の削減を図ろうとした。これらは「標準行政」と「独自行政」，あるいは「選択と負担」というキーワードで説明された。つまり，標準行政は中央政府が実施し責任を負うが，これを越えるサービス＝独自行政については自治体の「選択と負担」で行うべきであるとした[42]。

当時の首相は中曽根康弘であるが，1986年の総選挙を「戦後政治の総決算」と称し，自民党は「歴史的圧勝」[43]を遂げた。これにより自民党は磐石の政治基盤を確保したかにみえたのであった。

さて，以上のような社会・経済・政治情勢のもとで，わが国における社会福祉はいかなる展開をたどったのであろうか。

端的にいえば，石油危機以後の圧縮期において，政府は経済成長の低下による租税収入の減少を放置，財政基盤の強化を怠ったままに，公共事業中心の財政運営を行い，歳出を増加させた。しかし，社会福祉の領域においては，歳出削減が行われた時代であった。さらに，人口構造の変化と生活水準の成熟化は，従来のいわゆる「バラマキ福祉」（欧米型福祉国家）に対する批判を生じさせ，国の役割の見直しが迫られた。

以下から圧縮期における福祉動向を，第一に自立・自助を中核に置いた「日本型福祉社会論」との関連から，第二に歳出削減をもたらした臨調路線との関連から整理する。

まず「日本型福祉社会論」との関連からみてみよう。

1965年から70年にかけての記録的な好況がもたらしたパイの拡大によって，わが国の社会福祉は国際的には低水準ながらも拡大路線をとる。しかし，1973年秋の第四次中東戦争の勃発による石油危機の発生は，この拡大路線を転換させた。

1975年の『厚生白書』は，社会保障の現状に関する国際比較を行った。そこでは「わが国の社会保障は，制度的に見ると欧米諸国と比べても遜色のない状況にあるといえるが，現実の給付規模の比較を社会保障給付比の国民所得に対する比率で行ってみると，いまだ及ばない」（7頁）とし，加えて「社会保障給付費の国民所得に対する比率が低いのは年金給付費がいまだ少ないことに起因することを示すとともに，他方で，現在の年金制度の水準で推移したとしても，人口の老齢化，年金制度の成熟化が進むと，西欧諸国の年金給付規模に到達するであろうとの推測を容易ならしめるし，また，同時に我が国の年金制度がすでに制度的には西欧諸国のそれと比肩しうるとなっていることを物語るものであるといえよう」（12頁）と述べ，さらに医療保障制度についても一定の水準に達したとして，国際的に遜色がないとした。こうして西欧水準へのキャッチアップが達成されたという主張が展開された。そうして，わが国独自の政策展開の必要性が強調されるようになっていく。

1976年3月，全国社会福祉協議会社会福祉懇談会が「社会福祉の立場からの

態度表明と意識統一を図ること」を目的として,「これからの社会福祉――低成長下におけるそのあり方(44)」を発表した。貧困問題の相対的低下を主張し,代わってニーズの「多様化」と「高度化」を訴えて,受益者負担の導入についての検討が必要であるとした。また,提供体制の多様化を目指した公私の役割分担についても言及した。報告では公的責任を重要視しつつも,その対象分野と程度,限界を示し,公私分担を論じている。また,「ニーズ」に関連して,社会福祉の対象者には高度経済成長によって十分な負担能力を持った者が含まれると位置づけられた。こうして,いわゆる「非貨幣的ニーズ」を強調しながら,第一に提供体制の問題＝民間部門の活用の必要性,第二に地域などの共同体による社会福祉という構想が提起されたのであった。

　1976年,神奈川県の長洲一二知事などが,今までの場当たり的な福祉施策を見直し,「国のあり方全体を福祉優先にかえていくことが重要」として,「福祉見直し論」を唱えた(45)。しかし,これは政府によって反福祉的な意味に解釈されていった。

　1977年の『厚生白書』の序文では,「従来,欧米の社会保障は,いろいろなかたちでモデルとされることが多かったが,昨今の不況により欧米においても社会保障財政が楽観を許さなくなるなどの事情を背景として,高負担路線に対しても疑問が投げかけられる場面も生じている」が,「高福祉高負担の国々の抱える問題を探ること,また,すでに人口構造の老齢化を経験ずみの国々がその過程においてとった対応を明らかにすることが,我が国における社会保障の論議に具体性を与えることになる」として,国際比較を行った。これによると,わが国における社会保障の費用負担の特徴の第一は,国庫負担の割合が高いこと,第二は年金制度,医療制度については諸外国と比べて遜色がないこと,とされた。しかし,その一方で,わが国は医療費の伸びに対応する財政政策が必要であると主張し,その給付水準を維持するための財源と,負担の問題を前面に押し出すようになった。

　1978年には,デイサービス,ショートステイ事業の実施とベビーホテル問題が発生し,在宅福祉施策への注目が高まった。その一方で財政危機論が声高に

叫ばれ，将来における社会保障費用の増大を，そのまま「働く世代（生産年齢人口）の負担増とみなし，『このままでは社会保障が危ない』と主張する」高齢化社会＝危機論が台頭するようになる。そして，それはやがて自由市場経済への回帰を目標とする「小さな政府」論の強調へと進化するものであった。

それが「日本型福祉社会論」の登場であった。これは，欧米型福祉国家からの脱却を目指すものであり，経済効率の重視と国民の自助努力の強調に特徴がみられた。「日本型福祉社会論」の源流は自由民主党の橋本登美三郎が発表した「福祉社会憲章（私案）」(1974年)に遡ることができる。そこでは「福祉社会」の語の前に「新しい」「活力ある」という修飾語がつけられており，1979年には自由民主党研修叢書『日本型福祉社会論』の出版に結実する。

そこでは日本社会・日本人の特徴として「国民の旺盛な勤労意欲」と「高い教育水準」，「社会の安定性と活力」を挙げたうえで，社会保障・社会福祉は「万人に一律平等にかつ無料で与えられるミニマム」ではなくて，「本人の努力にかかわらず，不可抗力的な事情で生きるのに必要なミニマムすら確保できなくなった場合に国が替わって保障するもの」と位置づけられた。

それでは，同書における具体的な主張をみてみよう。

その第一は欧米型福祉国家からの脱却，もしくは否定である。いわゆる「英国病」の原因が，社会保障支出を中心とした公的支出の増大によるものであるとされた。同時に国民経済の効率や生産性を低下させることになり，国民に高負担を強いることは勤労意欲を減退させるので，日本はその轍を踏んではならないとした。

第二は自助努力の重視である。日本人の自発心や自立心の強さを前提に，これらによる「活力」に期待した。その論拠は貯蓄率や生命保険の加入率の高さであり，「自立自助の精神の現われである個人貯蓄の優遇，勤労者財産形成制度の整備，自主的な個人の任意年金保険制度の育成・充実など……施策を展開する必要がある」として，自助努力を強調した。

第三に重視しているのは家庭による福祉である。家庭を世代間の相互扶助や生活技術の伝承，明日への活力の補給の場として捉えた。つまり，国民の福祉

を考えるうえで，家庭による福祉はきわめて重要であると位置づけられたのである。

第四に地域社会における相互扶助の重視である。産業の近代化や都市化にともなって連帯意識の崩壊が進行しているとし，地域社会における親密な人間関係に基づく相互扶助やボランティア活動によって福祉を推進していこうとした。

第五は公的福祉に対する企業福祉の補完的位置づけである。企業が国民に対して持つメリットとして所得・役割・地位をあげ，終身雇用による生活の安定と年功序列賃金によった生活保障がされている点と，企業福祉と公的福祉が密接に関係している点——労使関係を含めて——を強調した。

第六は民間の活力および市場原理の重視である。つまり，国家による資源配分は非効率であるだけでなく，国民を堕落させやすいと主張し，できるだけ公的介入を回避し，企業と競争的市場に任せることが賢明であるとした。

つまり，「日本型福祉社会論」は，効率のよい「小さな政府」を目指し，日本人の「長所」を強調することで，自助と相互扶助を基盤において「福祉」を推進していこうとするものであった。

そしてこれは1979年の「新経済社会7ヵ年計画」[51]（以下「計画」）で具体化されていく。「計画」の基礎を安定成長路線の追求や適正な経済成長の維持におき，自由経済社会の創造的活力や自助努力，地域連帯，適正な公的福祉を要件とした「均整のとれた経済社会」を目標像としたのであった。

したがって，1970年代後半の社会保障関係費当初予算並びにその内訳をみても，1977年度以降，対予算構成比は20％前後で横ばいに転じ，内訳についても高齢化にともなう社会保険支出の増加がみられるものの，生活保護費や社会福祉費は減少あるいは横ばいにとどまったのであった。[52]

そこで，次に臨調路線下における展開をみてみよう。

1980年代の「増税なき財政再建」に象徴される臨調・行革路線では，補助金見直しを含む財政支出の削減が指向された。

1980年の『厚生白書』では，70年代の社会保障を振り返りながら，給付と負担の動向を国際比較した。第一に給付の推移では，給付費の伸びが西欧先進諸

国に比べて高水準にあり、特に現金給付の伸びが激しいことが指摘された。第二に財源の推移では、収入総額と支出総額の差の縮小が指摘された。こうして高齢化の加速を背景にして、給付と負担のあり方に一石が投じられた。

まず、1973年以来の高齢者医療費公費負担制度は、そのような脈絡のもとで1982年の「老人保健法」の制定により廃止され、受益者負担が導入された。さらに同年の『厚生白書』は、テーマを「先進高齢国家の選択」とし、欧米先進諸国における社会保障の規模と水準の比較を行った。それによると、社会保障給付費の推移の伸び率はスウェーデンに次いで高く、その年平均増加率も同様の動きがあることを指摘し、社会保障負担水準も着実に上昇しているとした。それゆえ、「社会保障の合理化や効率化が共通の大きな政策課題となっているが、中でも、増大する保険医療支出の抑制や年金制度の安定的運営といった問題は緊要度の高い課題となっている」(141頁)と指摘した。

また、1985年の補助金の一括削減を含め、社会福祉制度の基本的枠組みの再編と、高齢社会での新たな福祉課題に対応することを目的として、全国社会福祉協議会社会福祉基本構想懇談会による「社会福祉改革の基本構想」[53](1986年)が公表された。提言では、「制度改革の基調は、……分権化あるいは民間活力の重視と言う、いわば国および行政の関与をできるだけ緩和し、社会福祉の『自由化』『柔軟化』を図ることである」と述べている。これはわが国の社会福祉政策が「豊かな社会」の到来を前提としつつ、その対象を貧困救済にとどめない普遍主義路線を取り始めたことを裏打ちするものであった。したがって、医療制度や入所施設における費用徴収の強化（給付水準の引き下げや対象の拡大）、「シルバーサービス」の展開などがみられることになる。[54]

社会福祉基本構想懇談会が社会福祉改革の「基本構想」を提起したのに対して、その具体的な内容、すなわち後のいわゆる「社会福祉関係八法改正」に直接結びつく形での意見具申は、福祉審議会合同企画分科会の手になる「今後の社会福祉のあり方について」[55](1989年)であった。これは、社会福祉を取り巻く環境について、「急激な高齢化の進行、技術革新と情報化の急速な展開、国際化の進展等により、国民の生活を取り巻く、社会・経済・文化的状況は大きく

変化してきており，とりわけ，急激な高齢化，平均寿命の伸長」が社会保障制度に対して影響を与えているとした。加えて，従来，地域社会や家族が持っていたとされる「福祉的機能」が脆弱化しているとも指摘した。さらに福祉サービスの「一般化・普遍化・施策の総合化・体系化」の推進や利用者の選択といった考えのもと，第一に，市町村の役割重視，第二に在宅福祉の充実，第三に民間福祉サービスの健全育成，第四に，福祉と保健・医療の連携強化・総合化，第五に福祉マンパワーの確保，そして最後にサービスの総合化・効率化を図るための福祉情報提供体制の整備が挙げられた。これらを受けて同年には，「高齢者保健福祉推進十か年戦略」（ゴールドプラン）[56]が公表され，個別的な施策の目標数値が掲げられるに至った。

　以上，石油危機以後から1980年代にかけての展開をみてきた。

　わが国は石油危機以降，低成長に苦しみ，国家，企業を問わず合理化が叫ばれた。特にケインズ主義的経済政策の限界が指摘され，「大きな政府」から「小さな政府」を指向する傾向が一層強まった。これはイギリスのサッチャリズム，アメリカのレーガノミクス，そしてわが国の臨調路線にみる世界的な新保守主義化が背景にあろう。

　特にわが国では，1970年代の日本型福祉社会論を引き継いだ形で臨調が「活力のある福祉社会の実現」を謳い，個人の自助・自立の精神を強調し，効率のよい政府が適正な負担のもとに福祉の充実を図るとした。例えば，この時期の自由民主党の機関紙である『月刊自由民主』を繙いてみても「公的年金のみに一方的に頼ることは，財政的にも自助努力の精神を希薄化する点にも問題」[57]があるとするものがあり，特に高齢者問題を中心に，自助努力や民間部門の活用が論じられるようになったのであった。

　さらに，この時期にはすでに述べたように，費用徴収の強化や国庫負担率の削減，国から地方への権限委譲でも特徴づけられる。

　結局，わが国は重工業化によって高度経済成長を達成してきたが，二度にわたる石油危機によって，その見直し＝圧縮を迫られてきた。それにより，従来の国家による福祉施策の推進を中心に据えることは困難になった。また，貨幣

的ニーズから非貨幣的ニーズへの移行がみられるようになり，公私の役割分担（小さな政府）論が唱えられ，わが国の社会福祉は転換点に立ったのであった。

　行政改革にみられるような「小さな政府」を指向する保守回帰の動きの活発化，すなわち公的部門の縮小と民間活力による補完，受益者負担の一層の強化を指向する点に，圧縮期における福祉政策の展開の特徴がみられるのである。

(1) 経済企画庁『国民生活白書　平成5年版』大蔵省印刷局，25頁。
(2) 内閣総理大臣官房広報室『昭和62年世論調査年鑑』1986年。
(3) 読売新聞社『頑張れ日本経済』読売新聞社，1994年，373頁。
(4) 『朝日新聞』1974年1月23日付。
(5) 大原健士郎『現代のエスプリ　自殺学』至文堂，1975年，311頁。
(6) NHKスペシャル『その時日本は』第9回放映分より。
(7) 藤原彰『新版　日本現代史』大月書店，1997年，329頁。
(8) 日本生産性本部『労使関係白書　1990年版』大蔵省印刷局，23頁。
(9) 藤原彰，前掲書，353頁。
(10) 『経済統計年鑑』東洋経済新報社，各年版参照。
(11) 総務庁統計局『第45回　日本統計年鑑』1995年によれば，租税負担率は1975～77年度において，それまでの20％台から18％台へと低下している。これは当時の国民の負担すべき分を国債に転嫁していたことになろう。
(12) 総務庁統計局，前掲書を参照。
(13) 大蔵省大臣官房調査企画課編『新版　年表で見る日本経済のあしどり』財経詳報社，1994年，249頁。
(14) 例えば1980年の『経済白書』では景気上昇に「力強さがある」（1頁），81年の『経済白書』では，現状に照らして石油危機を「乗り越えた」（184頁）と述べた。
(15) 経済企画庁『経済白書　昭和57年版』大蔵省印刷局，7頁。
(16) 島崎豊彦「1980年代の日本経済」『上智大学経済学会』第38巻第1-2号，1993年。
(17) 勝又壽良『日本経済・バブルの逆襲』自由国民社，1992年，218～240頁。
(18) 島崎豊彦，前掲論文。
(19) 経済企画庁『経済白書　平成4年版』大蔵省印刷局，3頁。
(20) 経済企画庁『経済白書　平成2年版』大蔵省印刷局，20頁。
(21) 総務庁統計局，前掲書を参照。
(22) 立花隆『田中角栄研究全記録(上)』講談社，1976年，16頁。
(23) 香山健一『英国病の教訓』PHP研究所，1978年，22頁。なお，「英国病」とは，「不況，インフレ，高失業，財政および国際両収支の赤字」を指す。三橋規宏『サッチャリズム』中央公論社，1989年，94頁を参照。

(24) 「資料のページ」『週刊社会保障』1974年7月1日号，法研。
(25) 『日本経済新聞』1975年4月16日付。
(26) 『日本経済新聞』1975年12月30日付。
(27) 『朝日新聞』1976年10月2日付。
(28) この選挙は「ロッキード選挙」と呼ばれ，自民党の支持率が低下し，逆に無党派層が増加した。自民党は予想以上に大敗を喫し，選挙後に追加公認や入党を加えてようやく過半数を維持したが，保革伯仲の時代が到来することになった。堀要『日本政治の実証分析　政治改革・行政改革の視点』東海大学出版会，1996年，72頁。
(29) 新川利光『日本型福祉の政治経済学』三一書房，1993年，132頁。
(30) 全国社会福祉協議会『高齢化社会と老人福祉施策』全国社会福祉協議会，1983年，55～62頁。
(31) 現代日本体制論研究会『経済発展と社会福祉』税務経理協会，1976年，247頁。
(32) 『朝日新聞』1979年11月13日付。
(33) 『朝日新聞』1979年12月29日付。
(34) 堀要，前掲書，79頁。
(35) 安原和雄『経団連会長の戦後史』ビジネス社，1985年，132頁。
(36) 神原勝『転換期の政治過程』総合労働研究所，1986年，92～95頁。
(37) 大川公一「第二臨調と行政改革政策の形成」『東京都立大学法学会雑誌』第28巻第1号，1987年。
(38) 『朝日新聞』1981年7月17日付。
(39) 大川公一，前掲論文。
(40) 『朝日新聞』1981年12月22日付。
(41) 安原和雄，前掲書，187頁。
(42) 毎日新聞社『エコノミスト』1989年7月3日号，93頁。
(43) 堀要，前掲書，77頁。
(44) 全国社会福祉協議会編『社会福祉関係資料集　これからの社会福祉施策』1976年，37頁。
(45) 長洲一二「福祉の科学と哲学を」『社会福祉研究』第20号，鉄道弘済会，1977年，25頁。
(46) 宮田和明『現代日本社会福祉政策論』ミネルヴァ書房，1996年，75頁。
(47) 「資料のページ」『週刊社会保障』1974年7月1日号，法研，40頁。
(48) 『自由民主党研修叢書8　日本型福祉社会』自由民主党機関紙局，1979年，150～151頁。
(49) 同上書，70頁。
(50) 馬場啓之助「福祉社会としての高齢化社会」『季刊社会保障研究』第11巻第2号，国立社会保障・人口問題研究所，1975年。
(51) 経済企画庁編『新経済社会7ヵ年計画』大蔵省印刷局，1979年。

⒄ 財政調査会編『国の予算』ならびに，社会保障制度審議会事務局編『社会保障統計年報』各年版を参照。
⒄ 全国社会福祉協議会『月刊福祉』1986年7月号，107頁。
⒄ 1984年には医療保険制度が改正され，被用者本人負担の給付が10割から9割へと引き下げられた。また，障害者施設においても1984年から86年にかけて扶養義務者からの費用徴収が行われることとなった。
⒄ 全国社会福祉協議会編『社会福祉関係施策資料集9』39〜40頁。
⒄ 厚生省「『高齢者保健福祉推進十か年戦略』について」『月刊福祉』1990年4月号，全国社会福祉協議会，120頁。
⒄ 早川崇「高福祉国家の光と影」『月刊自由民主』第292号，自由民主党機関紙局，1980年，19頁。

第5節　構造改革期（1990年代以降）における展開

本節では構造改革期，すなわち1990年代以降のわが国の社会福祉の展開を，前節と同様に，わが国を取り巻く情勢，背景を整理したうえで概観する。

まず社会情勢について整理しよう。

1990年代に入ると少子高齢化の傾向は一層顕著になる。出生率の低下が加速し，総人口数は横ばいに転じた。年少人口は長期減少過程に突入し，2050年には1084万人となる。同じく，生産年齢人口は，現在の3分の2程度の約5400万人になるとされている。その一方で，老年人口は2043年にピークに達した後，2050年には緩やかになり，約3600万人になるとされる。2004年には合計特殊出生率が1.29の水準まで落ち込む一方，65歳以上の高齢者の人口が1000万人を超えたとの報道は記憶に新しい。

少子化の進展の指標となる「合計特殊出生率」は，1980年代以降から急激に低下，1990年以降からは1.5前後で推移し，2000年代にかけては1.3の水準にまで低下した。今後，少子高齢化が急速に進行し，2025年には出生率は1.10（低位推計）にまで落ち込むと予想されている。

この出生率低下の原因には未婚率の上昇，晩婚化，出産タイミングの遅れなどが指摘されるが，最近の出生率の低下は主として20歳代の出生率低下に原因

があるとされる。厚生労働省の人口動態統計によれば，2004年時点における初婚年齢は，男性29.6歳，女性27.8歳となっており，結婚時期の遅れが出産時期の遅れにつながっていると考えられる。

さらに家族構造の変動についてみてみよう。1996年の『厚生白書』は「戦後日本の家族変動」がテーマとなっている(3)。『白書』は，第一に，産業の進展による男女の役割分担が核家族化をもたらしたこと，第二に，上述のような人口構造の変化があったこと，第三に，単独世帯の増加と平均世帯人員の減少を挙げ，さらに女性の社会進出や高学歴化などについて言及している。他方で子どもや高齢者をめぐる状況の変化から「ライフコース」の変化を指摘する。それゆえ，社会全体で家族を支える機能を有している社会保障制度は，その家族の変容に応じて変わらなければならないこと，さらに個人の価値観に応じた生活を可能にするための社会保障制度の変革の必要性，の二点を主張している。

次にこの時期の産業構造の変化をみてみよう。この時期の特徴は，情報技術産業の発展によるサービス業の少人数化，効率性の上昇である。製造業は1985年以来6年ぶりの減少となり，その一方で建設業，卸小売業，サービス業はそれぞれ増加した(4)。

また，日本経済新聞社の「日経財務データ」(5)によると，上場企業の人件費の推移は1986年，87年度と前年度比1％前後の推移が続いたあとに，1988年度から90年度までは6〜7％の増加がみられる。これは，この間の企業収益がバブル景気によって順調に伸びていたためであり，人件費の増加は企業にとって負担とならなかった。

しかし，その後のバブル景気の崩壊に直面し，年功序列型の賃金体系は企業活動の足枷となった。その対応策として，給与の伸び率の抑制や新規採用の抑制＝パートタイム労働等が進行した。日本人事行政研究所が1992年10月に実施した調査(6)でも人材の過剰感は現れており，雇用状態について「過剰」とする企業は7.5％，「やや過剰」は28.6％と，大手民間企業の3分の1が雇用状態は過剰であるとした。さらに雇用調整を実施している企業は26.1％，計画中の企業は24.3％にのぼり，新規採用の抑制，配置転換などを検討していた。

しかし，内橋克人が「普通の生活者をリスキーなリングにおびき出す政策」として痛烈に批判するバブル崩壊後の2000年代の動向は，被雇用者の生活水準が全くといっていいほど向上しない反面，大企業は経常収支で21.1％の「大儲け」を続けている。1997年から98年にかけて完全失業率も急激に上昇し，2001年には5％を突破，デフレスパイラルが雇用面にも影響を及ぼし，潜在失業率を含めると実質的には10％を超えているとの調査結果もある。

次に経済情勢について整理しよう。

1990年代以降，わが国は二つの大きな動きに直面する。第一はバブル経済の崩壊である。これにより，本格的な日本経済の回復には人的資源も含めた過剰生産能力を廃棄することが必要であるという指摘がなされ，「リストラ」をもたらした。企業の行動は，公定歩合の水準と関係なく，慎重になり，回復のペースは一層遅れた。バブル期に買い集めた資産の下落傾向はそれに拍車をかけ，不況は深刻化・長期化した。第二は大競争時代（メガ・コンペティション）への突入である。以下，バブル経済の崩壊と大競争への対応策である「構造改革」の概要について述べる。

まずバブル経済の崩壊についてである。

1987年から始まったとされるバブル景気は，90年代初頭にその終わりを迎える。日銀は景気の過熱とバブルの拡大を防ぐため，1990年8月に公定歩合を6％の水準にまで引き上げた。これにより株価の下落がもたらされ，人々が戦後一貫して信じ続けてきた「株式神話」は崩壊した。

経済企画庁は1992年2月に，「景気は1991年1～3月期に後退に転じた」と発表し，以後の不況は戦後最悪となった。1991年の倒産件数はそれまでで過去最悪を記録し，金融業界は軒並み赤字に転落し，92年には，国民総生産はマイナスに転じた。この不況は在庫調整型の景気循環と，金融機関がリードする資産デフレが並行するという意味で，「複合不況」とも呼ばれた。

1992年8月18日，日経平均株価はついに1万4309円まで落ち込み，同時に企業等のいわゆる含み益は限りなくゼロに近い水準となった。さらに地価の下落が始まり，1992年以降，凋落の一途を辿った。

このようなバブル経済の崩壊はわが国の経済成長を大幅に鈍化させた。国内総生産は1992年度以降1％未満の水準に落ち込み、(17)本格的な不況に突入した。
　不況は税収の低下を招く。同じく1992年度からは税収不足が顕著となり、1993年7月確定の同年度決算では歳入欠陥が1兆5000億円に達した。同時に政府は不況による物価や賃金の低下を食い止め、企業の倒産と失業の深刻化を防ぐとして、1992年から95年にかけ、合計約65兆円を費やして緊急経済対策を行った。(18)
　しかし、これらの資金は国債発行に依存していた部分が大きい。1992年度以降、歳入に占める租税収入の割合は80％台から70％台へと低下し、一方で公債収入の割合が上昇した。特に1993年度には20.9％にまで達した。(19)赤字は確実に上昇し、1993年にはアメリカを抜き、95年にはワーストワンのイタリアを抜いて、世界で第一位の赤字国となった。しかも、政府債務のうちの長期国債残高は、1996年度予算案で321兆円になると大蔵省は発表した。これは対GDP比で64.6％という驚異的な水準であった。(20)
　次に「大競争時代」への突入と「構造改革」の推進について整理しよう。
　1980年代末から90年初頭にかけてのヨーロッパでの社会主義国の崩壊は、その市場経済化によって過剰労働力が発生した。これにより「先進諸国とは比較にならない低賃金・低労働条件による低コスト製品を次々と供給すること」(21)が可能となり、世界市場では「価格破壊」をともなう「大競争時代」が幕を開けた。このような低価格競争は、必然的に高コスト体質の先進国経済にとって重大な危機をもたらすことになり、デフレ不況の進行へとつながった。
　日本企業は低コストの部品・製品の調達や人件費の削減などを推進し、現地生産方式の採用、逆輸入を行い始めた。(22)生産の現地化の進行は、日本へ低価格製品の供給をもたらす。さらに、国内の設備投資と雇用を縮小させ、下請けなど日本的な中小企業を倒産させる。こうして「産業の空洞化」現象は深刻化した。
　新興工業国や社会主義国の飛躍的な市場経済の拡大や工業化の進展は、さらに「大競争時代」を招いた。日本貿易振興会が1996年6月に実施した調査によ

れば，海外生産を実施している企業は対象の半数以上にのぼり，2000年度に海外生産を実施すると答えた企業はその7割を超えた。すなわち，国境を越えた生産活動と利益の追求が，わが国経済の支配的原理になったのである。

2000年代に入ると，その動きは加速する。景気回復の兆しが見えず，デフレが一層深刻化し，わが国の経済運営はますます難しい舵取りをせまられることになった。

2001年度の『経済財政白書』は，「改革なくして成長なし」というキャッチフレーズのもと，日本経済の持つ潜在力と財政構造改革の必要性を訴え，次の三点から経済情勢を分析した。その第一は景気回復の条件として，デフレ対策を推進すること，第二に構造改革を通じた不良債権処理によって潜在成長率を引き上げること，第三に財政赤字の解消の方策であった。これらの観点から，21世紀には「構造改革」が強力に進められることになったのであった。

最後に政治情勢について整理しよう。

ここでは，1990年代以降のわが国の政治的状況について，特に，1995年以降の橋本龍太郎内閣における財政構造改革と，2000年以降の小泉純一郎内閣における一連の「構造改革」に焦点を当てて概観する。

まず，財政構造改革についてである。1994年，村山富市内閣の後を受け，自由民主党が政権を奪還し，橋本龍太郎が首相となった。この内閣の課題は長期化する不況への対応であり，橋本首相は「財政構造改革」に着手した。

1995年1月には，来年度の予算編成に向けて，戦後二度目の「財政危機宣言」が出された。1996年2月には財政制度審議会に財政構造改革特別部会が設置され，本格的な議論が始まった。同部会は7月に「財政構造改革を考える」，「財政構造改革に向けての中間報告」を，10月には「海外調査報告」を発表し，12月には「財政構造改革特別部会報告（最終報告）」を公表し，財政赤字の問題点について，第一に世代間の不公平，第二に経済発展の阻害を指摘した。

ここでいう世代間の不公平とは，将来世代に負担を先送りすることと，建設国債による社会資本整備は将来世代に効用を与えるが，その内容を決定できないという財政民主主義の観点からみた問題のことである。一方，経済発展の阻

害とは，金利上昇とクラウディング・アウト，財政硬直化による財政の対応力の喪失，財政政策に対する内外の信用の失墜，インフレ，為替への悪影響のことであるとされた。

さて，財政構造改革が早急に必要とされる理由には，以下のような状況があるからだとされた。

第一に，日本経済を取り巻く環境は労働コストの上昇と，生産年齢人口の減少が見込まれること，資本面では高齢化による貯蓄率の低下が資本コストの上昇要因となること，欧米からの技術導入に期待できないといった状況があり，「右上がりの前提」は崩壊せざるを得ないこと。第二に，勃興するアジア経済との競争による輸入拡大は，貿易収支を2003年には赤字化させ，日本がプールする資金の減少によって巨額の公債残高を維持し続ける余力を失わせること。第三に公的負担が過重となり，貯蓄の大部分を財政赤字が吸収してしまうと，活力ある民間部門の発展は望めないと指摘した。

そのうえで，「財政構造改革の最大のねらい」は，国際的な「大競争」時代を乗り切り，「アジアの中でのリーディング・カントリーとしての地位を維持し，国民の生活水準を高く保つため」であり，「規制緩和と並んで財政構造改革を，果敢に推進することが不可欠」とされた。より具体的には「自己責任」，「市場原理の活用」といった理念を反映させる財政が必要であるとした。このように，財政構造改革には「大競争」への対応という側面があることに注目しておかなければならない。この点が1980年代の財政再建との大きな差である。

財政制度審議会財政構造改革特別部会は1996年12月の最終報告で，財政構造改革の基準，目標，方向性を示すとともに，新たな財政健全化目標を打ち出した。これを受けて同年12月19日に，次のような財政健全化目標が閣議決定された。

その第一はEUの加盟基準に倣って，2005年度までに財政赤字の対GDP比を3％以下とすること，第二に国債費を除く歳出を租税収入の範囲とすること，第三に公債依存度の引き下げをはかること，第四に歳出全般についての「聖域なき見直し」を行うこと，第五には一般歳出の伸び率を名目経済成長率よりも

相当低く押さえることであった。このように，財政構造改革の場合は目標が複数にわたり設定されており，赤字国債脱却や国債依存度5％以下を目指すといった単一の目標だけだった過去の財政再建目標と異なる点に特徴がみられる。

橋本首相は1997年度を「財政構造改革元年」とし，財政再建を内政の重要課題として位置づけた。それでは「財政再建元年」予算としての1997年度予算はいかなるものになったのであろうか。

1997年度の一般会計予算は，対前年度比3％増の約77兆4000億円であり，1996年度の5.8％に比べてかなり抑制された。とりわけ国債費と地方交付税交付金を除いた一般歳出は抑制され，1.5％増にとどまった。一方，税収は12.6％増の大幅な伸びを見込んだ。これは消費税を5％へと引き上げたこと，所得税の特別減税の打ち切り，自然増収などが理由である。こうした増税により，国債発行額は4兆3000億円あまり減額され，この結果，国債費を除く歳出を租税等の範囲内に抑えるという財政健全化目標の一つは辛うじて達成できた。また，国債依存度は前年度の28.0％から21.6％へと低下した。

次に一般歳出の各費目をみてみると，地方交付税交付金の伸びが突出的に高く13.8％であり，次に高いのは国債費の2.6％である。この二つを除いた一般歳出はいずれも低い伸びに抑制されている。しかしこの二つの構成比を合計すると一般会計歳出の約42％を占め，歳出の半分近くがアンコントローラブル（制御困難）な経費からなっていることになる。つまり，残り58％が政策経費としての一般支出ということになった。[31]

1997年1月21日，政府・与党の財政構造改革会議（議長：橋本首相）の第一回総会が開かれ，今後の財政構造改革への当面の日程が決定された。財政再建の基本方針である「総論」を2月中に取りまとめ，個別歳出など「各論」を含む具体像を6月に示し，1998年度予算の概算要求基準に反映させることとした。

これを受け，政府はアメリカの包括財政調整法にならった「財政再建法案」[32]を秋に提出した。その原則の第一は，一般歳出全体の伸び率に上限を設定すること，第二に個別歳出分野ごとに削減目標を設定すること，第三に社会保障などでは給付水準を中心に細かな目標を設定すること，そして最後は歳出増をと

もなう新政策の実施には，同額の歳出削減策を義務づけることとした。

　しかし，構造改革は進展せず，景気も好転しないことから橋本内閣は退陣し，その後を引き継いだ小渕—森政権も，低迷する景気になんらの有効な対策を打ち出せないまま，その使命を終えた。

　そこで，次に小泉「構造改革」の展開について整理しよう。

　「自民党をぶっこわす」と豪語し，世論の圧倒的な支持を得て小泉純一郎内閣が2001年4月に成立した。同政権では，不良債権処理を契機とする「構造改革」がキャッチフレーズとなった。

　そのスタンスは橋本内閣における財政構造改革路線を一層先鋭化させ，規制緩和，公的部門の民営化路線と，右傾化をその最大の特徴とした。また，時に「丸投げ」と批判されたように，各種諮問機関による答申を政策ベクトルに組み込む点にも特徴がみられる。

　ここでは小泉構造改革の推進の中核を担う二つに注目し，その特徴を描いてみよう。その一つは総合規制改革推進会議の「規制改革推進3カ年計画」であり，もう一つは経済財政諮問会議の「経済財政運営と構造改革に関する基本方針」（「骨太の方針」）である。

　まず「総合規制改革推進会議」における議論の概要をみてみよう[33]。

　2001年3月に閣議決定された「規制改革推進3カ年計画」（以下「3カ年計画」）は，改革における重要な視点として，①企業や個人の選択を重視し，競争や挑戦を通じて創意や努力が報われる社会の実現，②医療・福祉，雇用・労働，教育等の社会システムの活性化，③事後監視・救済型社会への移行など，を挙げている[34]。また，2003年度までの規制の見直しに当たっては，経済的規制の原則自由化と社会的規制の必要最小限化，不合理な規制の是正による社会的公正の確保などに視点をおくこととした。

　とりわけ，「公的規制にとどまらずシステム全体について抜本的かつ広範な取り組みを要する分野」として，①IT（情報技術），②医療，③福祉，④雇用・労働，⑤教育，⑥環境，が対象となった。特に，福祉については，少子高齢化の進展に対応するため，多様な事業者の参入，競争を通じた利用者の選択

の拡大を進めるとされた。

　具体的には，介護サービスと保育サービスが主な対象とされ，サービスの標準化や監視体制の構築などの介護サービスの提供体制の改善，ホテルコストの見直しやケアハウスの民間企業による運営の検討を通じた介護サービスの競争促進，保育サービスについては，公立保育所の民間委託や短時間勤務保育士にかかわる規制改革によるサービスの多様化，質の向上が重点事項とされた。この「3カ年計画」は実施状況に関するフォローアップを行うものとされ，結論は2001年度中に得るものとされた。

　2001年7月には，①医療，②福祉・保育，③人材（労働），④教育，⑤環境，⑥都市再生，を対象とした「重点6分野に関する中間とりまとめ」（以下「中間とりまとめ」）が発表された。同報告書は規制改革を，「供給主体間の競争やイノベーションを通じて，生活者・消費者が安価で質の高い多様な財・サービスを享受することを可能にするもの」として位置づけ，経済的分野と社会的分野における規制改革について述べている。特に，社会的分野はその取り組みが遅れていると指摘された。その理由として「中間とりまとめ」は，「『生活者向けサービス』が『非収益的な慈善サービス』と性格づけられてきた」ので，公的主体による市場管理がなされてきたことを挙げている。そのうえで，これらの分野は需要と雇用の拡大余地が高い分野であるので，「起業家精神の旺盛な個人による」事業展開が期待され，新規産業・雇用の創出と同時に，国民生活の質的向上がみこまれるとした。

　より具体的にみれば，医療分野では，①医療に関する徹底的な情報公開とIT化の推進，②診療報酬体系の見直し，③保険者機能の強化，④競争の導入と効率化が，福祉・保育等分野では，①施設介護におけるイコールフィッティング（競争条件の対等化），②保育サービスの拡充と質的向上，③社会福祉法人に関する規制の見直し，が求められた。

　2001年12月には「規制改革の推進に関する第1次答申」（以下「第1次答申」）が提出された。そこでは「構造改革を実現するための重要な柱として，規制改革を強力に推進すべき時である」と宣言し，「中間とりまとめ」で指摘された

表 1-1　福祉・保育等分野の規制改革の展開

具体的施策	中間とりまとめ	第1次答申
ケアハウス等への株式会社等の参入促進	2001年度中実施	措置済
PFI法を活用した施設設置の公設民営方式の推進	2001年度中実施	一部済，逐次実施
情報公開，第三者評価の推進	2002年度中実施	2001年度中措置
認可保育所基準見直しと周知徹底	2001年度早期実施	直ちに検討，実施
公立保育所の民間への運営委託推進	2001年度中実施	一部済，逐次実施
情報公開，第三者評価の推進	2002年度中実施	2001～02年度中措置
社会福祉法人に関する制度の運用に関する見直し	2001年度中実施	2001年度中実施
情報公開の促進	2001年度中実施	2001年度中実施
社会福祉協議会の役割の見直し	2002年度中実施	2001年度中措置
第1次答申での変化		
グループホームに関する規制改革→グループホームに関する情報公開の推進（2001年度中措置）		
認可外保育所に関する基準の設定→認可外保育施設に対する指導監督の徹底（措置済み）		
保育所と幼稚園の統合→保育所と幼稚園の施設共有化等による連携強化（直ちに実施）		
社会福祉法人の多様化（2002年度中結論）→社会福祉法人のあり方の見直し（2001年度中結論）		
第1次答申における新規項目		
特別養護老人ホームのホテルコストの利用者負担（2002年度中措置）		
介護職の質の向上（2002年度中措置）		
介護と医療の連携のための諸規制の改革（2001年度～2002年度中措置）		
障害者福祉制度の改革（支援費制度の施行状況を踏まえ，介護保険との関係など，直ちに検討，結論）		
保育所への株式会社等の参入の促進（直ちに実施）		
保育士に関する諸規制の改革（2002年度中に措置）		
保育サービスの利用者に対する直接補助方式の導入（長期的に検討）		
放課後児童の受け入れ体制の充実（2002年度から逐次実施）		

社会的分野の改革の必要性が引き続き指摘された。

　ここで，「中間とりまとめ」と「第1次答申」における福祉・保育等分野の規制改革として示されている具体的施策をまとめてみよう（表1-1）。

　さて，2002年3月，「第1次答申」を踏まえて，「規制改革推進3カ年計画」は改定され（以下「改定3カ年計画」），その重点に，「生活者・消費者が安価で質の高い多様な財・サービスを享受することを可能にする経済社会システムの実現」が加えられた。

　さらに同年7月には，「改定3カ年計画」に対する「中間とりまとめ」が公表された。審議は「厳しい経済情勢にかんがみ，『経済の活性化』を統一テーマとして」，第一に「民間参入・移管拡大による官製市場の見直し」と，第二に「規制改革特区」構想を明確に打ち出した。

第一の「民間参入・移管拡大による官製市場の見直し」では，市場競争の促進策として株式会社の活用を打ち出す一方，政府部門の役割を，競争の監視と促進に転換すべきであるとした。具体的には「消費者主権に立脚した株式会社の市場参入・拡大」，「官民役割分担の再構築」，「利用者選択の拡大」を挙げている。第二の「規制改革特区」構想については，「民間の提案を最大限活用して，地方公共団体が自発的に立案し，それに基づき様々な規制に関する特例措置を可能とする制度」とし，全国的な規制改革につなげていくことを目的とした。

　つまり，この「中間とりまとめ」は，「官製市場」に対する批判や「消費者主権」を明確化し，いわゆる特区構想を突破口に，規制改革を推進するという意図が明白である。

　その結果，2002年12月に「規制改革の推進に関する第2次答申」が公表された。医療，福祉，教育，農業を「官製市場」としたうえで，株式会社などの，民間への全面開放の必要性を訴えている。興味深いのは，こうした「官製市場」を「本来の健全な市場経済に移行させ，わが国に潜在する巨大な需要と雇用を掘り起こすため……上記4分野における株式会社参入の解禁・推進を目指」すと述べている点である。さらに「本来，財・サービスの供給は市場における民間活動によることが基本である」とした。つまり，「官製市場」と呼ばれる社会的分野は，その目的を需要と雇用の創出におき，経済的分野と同列に論じられることになった。

　そして，2003年3月，「規制改革推進3カ年計画（再改定）」が閣議で決定された。これには「14年度重点計画事項」が盛り込まれ，「第2次答申」に述べられた具体的施策について列記されており，そのほとんどが同様の内容となっている。

　総合規制改革推進会議における審議と答申，そして三度にわたる「規制改革推進3カ年計画」の特徴は，審議が進むにつれ，社会的分野と経済的分野が同列に論じられる傾向が強まる点にみられる。それゆえ，最終的な目標としての社会的市場への株式会社の積極的参入，そして「生活者・消費者」という表現

にみられるように，その利用者を財やサービスの購入者としてみなす傾向が強まった。

次に，「経済財政運営と構造改革に関する基本方針」，いわゆる「骨太の方針」についてみてみよう。[35]

2001年6月，初の「骨太の方針」が公表される。この正式名称は「今後の経済財政運営および経済社会の構造改革に関する基本方針」であり，「知恵を出し，努力をした者が報われる社会をつくる」ことを目的としている。そのために，経済社会の活性化を目的とした「構造改革のための7つのプログラム」が盛り込まれた。

その第一は民営化・規制改革プログラム，第二はチャレンジャー支援プログラム，第三は保険機能強化プログラム，第四は知的資産倍増プログラム，第五は生活維新プログラム，第六は地方自立・活性化プログラム，第七に財政改革プログラムである。また，この「方針」では，第1章，第2章で不良債権処理と社会資本整備のあり方，第3章で社会保障制度改革，第4章で地方財政問題，第5章で経済財政の中期的見通しを述べている。

構造改革が持続的成長をもたらすとの前提に立ち，規制改革を通じた民間活力の発揮と支出の効率化や透明性の追求，そして競争原理の活用が全体を通して強調されている。

第1章では規制改革と競争政策，制度改革について論じられており，第2章では，公共事業に関する費用対効果分析の必要性が指摘されている。第3章の社会保障分野についても，「制度の『効率性』，『公平性』，『持続性』が十分に担保されたものでなければならない」として，「自助と自立」，「活力ある『共助』の社会の構築」が謳われている。こうした考えは，第4章の地方財政問題においても援用され，「個性と自律」，あるいは「地方の自律的判断の確立」として述べられている。つまり，政府部門は個人に対しても，地方に対しても，企業に対してもその関与の度合いを低めると宣言しているのである。そのうえで，「歳出全般について聖域なく，厳しく見直す」とした。

2002年の「骨太の方針」は，前年の取り組みについて，「悪化傾向を続ける

……トレンドに，一定の歯止めをかけることに成功した」と自賛しつつ，「改革第2段階」へ突入すると述べている。

そこではまず，「すべての人が参画し負担しあう公正な社会」の構築，第二に「質の高い小さな政府」の実現，第三に「デフレの克服」が目標とされた。

さらに「長期に持続可能な財政構造と社会保障制度を構築する」ために「広く，薄く，簡素な税制を構築する」税制改革の基本方針や歳出主要分野における構造改革が論じられ，特に社会保障制度改革と，国と地方の関係の見直しの必要性が強調されている。

これらに従い，2003年度の財政運営の基本的な考え方は，無駄を排除し，施策の重点化・効率化を進めるとして，①制度予算・義務的経費の見直し，②行政改革の推進，③総理大臣主導による意思決定システムの強化，とされた。

さらに，2003年の「骨太の方針」では，構造改革の基本方針が「『3つの宣言』と『7つの改革』」に集約された。「3つの宣言」とは，①内需主導型の「経済活性化」，②社会保障制度改革の実施による「国民の『安心』の確保」，③潜在的国民負担率を50％程度にとどめるような「将来世代に責任が持てる財政の確立」，である。これらを実現するための「7つの改革」とは，①規制改革・構造改革特区の推進，②資金の流れと金融・産業再生，③税制改革，④雇用・人間力の強化，⑤社会保障制度改革，⑥「国と地方」の改革，⑦予算編成プロセス改革，である。とりわけ，「三位一体の改革」が騒がれたように，国─地方の関係に重点がおかれた。なお，2004年度予算では国庫補助負担金の合理化が予定され，原則廃止か縮減，もしくは一般財源化が図られることになっている。

こうして21世紀の構造改革は，強力な政治的リーダーシップと諮問機関の活用によって，個人・企業に対する規制改革と，地方自治体に対する構造改革を両輪として進められている。橋本内閣における財政構造改革との違いは，まさにこの点にあるといえよう。

以上のような諸情勢のもと，わが国の社会福祉はいかなる展開を遂げたのだろうか。以下からその動向を概観する。

1989年に策定された「ゴールドプラン」を受けて，1990年に福祉関係八法が改正された。この改正の主旨は，在宅福祉サービスと施設福祉サービスを市町村が一元的・計画的に提供することであった。これにより，公的に提供されるサービスの範囲を限定し，在宅福祉サービス推進の責任主体が市町村とされた。在宅福祉事業（ホームヘルプ，デイサービス，ショートステイ）は第二種社会福祉事業として位置づけられ，民間事業者を含む多様な提供者に事業を委託する道を開いた。さらに，入所措置事務の町村移譲が行われた。同時に従来の負担割合が国：都道府県＝１：１から，国：都道府県：町村＝２：１：１へと変更され，小規模町村の財政負担が大きくなった。

　これらは，いわば「市町村の自助努力」が求められた状態で，ある厚生省幹部は，「（地域における福祉水準の＝筆者注）格差が開くのは歓迎で，いい町村はどんどん伸びていってほしいと思います。そこで日本の福祉の水準が上がることは結構だと思っております」，「落ちこぼれのやる気のないところは，きつい言葉で言えば，どんどん切り捨てざるを得ない」，「福祉が伸びない市町村に住んでいるのは，そこの住民が不幸ということであきらめてもらう。これは市町村の責任である」と発言している。

　1993年２月と94年９月の二度にわたって社会保障将来像委員会から出された報告のうち，第１次報告「社会保障の理念等の見直しについて」では，救貧や防貧をその中心目的とする社会保障制度は過去のものになったと主張し，公的充足が必要なニーズ以外は個人や家族の責任に任されるとした。そして，この報告の主旨は，社会保障制度審議会「社会保障体制の再構築」（以下「95年勧告」）へと引き継がれた。

　「95年勧告」では，「子育てや高齢者の介護などについては，個人の自立や家族の支えあいによって行われている部分は依然として大きい。しかし，今後は，家族規模の縮小，共働き世帯の増加などに起因して，公的部門によって担っていかなければならない部分が多くなっていくことは確実である」と述べ，「公的介護保険構想」へとつながった。さらに，社会保障推進の原則として，①「生活困難を起こしそうな事態にしっかり対応できる」制度を確立するため

の「普遍性の原則」，②給付と負担の両面でより公平な制度にしていこうとする「公平性の原則」，③今日のニードが日常的なニードに変化してきていると主張し，医療・保健・福祉システムが同時並行的に個人の生活を支援することを求める「総合性の原則」，④介護保険の導入とも対応し，利用者の選択性を今後の課題として捉える「権利性の原則」，⑤医療・保健・福祉分野での市町村の役割強化，国民が社会保障政策の決定過程に積極的にかかわっていくことの必要性を強調し，社会保障政策の対費用効果を高めようとする「有効性の原則」を挙げている。

さらに1996年11月には，「社会保障構造改革の方向（中間まとめ）」が公表され，社会保障水準が「基本的には欧米諸国と比較して遜色のない水準に達している」としたうえで，それを，①資源配分に影響を与え，②各分野における雇用の創出をもたらすなど，「社会・経済に大きな影響を及ぼす」ものであると位置づけている。さらに，少子化の進行について，「社会保障分野においても，年金財政に及ぼす悪影響が憂慮されるなど，少子化のさらなる進行により社会保障にかかわる負担のいっそうの増加が見込まれる」と危機感を表明し，高齢者に対しては，「健やかで社会的にも自立した人生を過ごしてもらえるよう」発想の転換を求めた。

こうして，財政悪化の深刻化や社会経済の成熟化をもって社会保障のあり方を問い直す方向として，①受益者にコスト意識を生み出すため，「基本的には自らの生活を自らの責任で維持し，生活に必要なサービスについても自己の責任と負担において選択」することを求め，②それには効率的で良質なサービスで対応し，③現行社会保障制度の「点検」と称し，その見直しを主張した。また，企業については，社会保障が経済成長の成果を社会的に配分していく仕組みであるとして「適度な経済成長の持続とその前提である企業活力の維持が今後とも重要である」と，企業福祉にかかわる負担について危惧の念を抱いていることがうかがわれる。

これらを受けて，社会保障構造改革の「基本的方向」は，第一に制度横断的な再編成等による全体としての効率化を図るとして，各分野において重複，隙

間，無駄がないか点検し，医療，年金を中心とする効率化，適正化に取り組むこと，第二に世代間や制度間等における公平の確保を図ること，第三に利用者の立場に立った効率的サービスの確立を目指して，個人の自立を支援し，サービスを選択可能にし，情報開示を進めることが挙げられた。さらに公私の適切な役割分担と民間活力導入の促進を図るために，市町村の役割を強化し，NPO，民間企業，ボランティアと連携を進めていくこと，加えて規制緩和により民間活力を高め，競争を通じて質の高いサービスを提供できるような体制を構築することとされた(40)。

ところで，橋本内閣による財政構造改革の内容は，『財政構造改革白書』(41)に詳しい。

この『白書』の「はじめに」では，財政健全化について「財政赤字の削減こそが経済の発展を可能とする」とし，いわゆる国民負担率を引き合いに出して，「毎年，私たちは子や孫たちに負担を先送りしている」と主張した。そのうえで財政赤字を削減するためには「公的部門の効率化を図り，行政サービスの水準を引き下げていく必要があります」といい，民間部門のもつ潜在能力を引き出す環境整備の必要性を説いた。

さらにその第1章第6節「財政構造改革に向けて」では，財政構造改革を行う際の視点として，大きく次の三点が挙げられた。

第一に，財政のあり方については，自己責任原理を導入することによって社会の活力が維持され，満足度も最大化するということを指摘し，「自己責任」と「市場原理の活用」を積極的に打ち出した。公的分野についても，サービス水準は受益者である国民が負担できる水準にとどめ，「『自己責任』原則の貫徹が図られる必要がある」とした。第二は，財政のリストラの推進である。サービス水準を引き下げるだけではなく，効率性をも要求した。すなわち競争原理を活用した効率的な資源配分についての視点が盛り込まれたのであった。第三に，景気調整について，裁量的財政政策の効果が低下していること，タイムリーな発動は難しいこと，構造的失業に対して解決策とはならないことなどを挙げ，従来のケインズ主義的財政政策を批判したのであった。

そのうえで,「明るい未来を子どもたちに」託するために, 国民に対して「痛み」を分かち合い, この構造改革を, わが国経済・社会の「再生」の過程と捉えるべきだというメッセージを発している。この「改革」を達成した暁には,「創造力を発揮する民間企業, 個々人が報われ, それが活力の源となって, 企業も国際的な大競争を乗り切っていくことができ」, わが国が「リーディング・カントリー」の立場を維持できると述べている。

またこの『白書』における社会保障の問題は第2章に位置づけられ, 全体の約2割に相当する頁数が割かれており, 社会保障分野が重要視されていることがうかがえる。

具体的には7節にわけられ, 現況, 医療, 国立病院, 高齢者, 年金, 児童, 雇用について述べられている。全体の論調は給付と負担の均衡を保つように「給付の増大を抑制」し, そのために, 医療給付の合理化, 保険料の見直し, 利用者の自己責任に基づく選択, 負担の公平化を求めた。また, 高齢者の介護問題については, 自己責任・選択による民間保険, 民間事業者による多様なサービスの提供を主張し, 公平なシステムを構築するとして, 経済的に余裕のある高齢者については「適正な負担」を求めるともされた。

さらに1997年6月には,「財政構造改革の推進について」が閣議決定され, 社会保障関係費について1998年度に約8000億円超の当然増について5000億円を上回る削減を実施し, 2001年までの集中改革期間においては, その対前年度伸び率を高齢者数の増加によるやむを得ない影響分以下にとどめることを明らかにした。

1997年11月には,「社会福祉事業等のあり方に関する検討会」が「社会福祉の基盤となる制度のあり方について議論を行って」,「社会福祉の基礎構造改革について(主要な論点)」と題する報告書を橋本首相に提出する。その報告は, 福祉需要の増大・多様化に対応した質の確保と効率化の必要性を主張し,「社会福祉の基礎構造を抜本的に改革」しなければならないとした。その報告は, サービス利用者と提供者の対等な関係を地域支援体制を通じて確立し, 質と効率性を確保しながら提供者の参入促進をねらいとするものであった。

同年には児童福祉法の改正ならびに介護保険法が成立し，年金制度についても厚生省が「5つの選択肢」を提示し，社会保障・社会福祉をめぐっての動きがあわただしくなった。また，この間，厚生年金基金制度が破綻に瀕し，拠出と給付のバランスが崩れ，国民健康保険制度は深刻な赤字財政に悩むことになった。

　そうした中，1998年に医療保険改革が行われ，サラリーマン本人の自己負担は従来の1割から2割へと倍増しただけでなく，薬剤費の別途負担も導入された。また，老人保健法による自己負担も引き上げられ，受益者負担が一層強化された。

　さらに2000年には，介護保険法と社会福祉法が施行された。また2003年には障害児者に対する支援費制度が導入されるなど，制度改革が抜本的にすすめられた。これらについては，本書の中心的課題でもあり，第3章以降で詳しくみていくことにしよう。

(1)　厚生統計協会『国民の福祉の動向　2002年版』廣済堂，2002年，22頁。
(2)　国立社会保障・人口問題研究所『日本の将来推計人口』(2002年1月推計)に基づく。
(3)　厚生省『厚生白書　平成8年版』大蔵省印刷局，8〜76頁を参照。
(4)　総務庁統計局『第45回日本統計年鑑』大蔵省印刷局，1996年を参照。
(5)　日本経済新聞社『日経財務データ』1996年，23頁。
(6)　内閣総理大臣官房広報室『平成4年版　世論調査年鑑』大蔵省印刷局，1993年，262頁。
(7)　内橋克人『浪費なき成長　新しい経済の起点』光文社，2000年，87頁。
(8)　小櫻勲『春闘データ白書　2002年版』新日本出版社，2001年，10頁。
(9)　厚生労働省『賃金センサス』，『国民の福祉の動向』等を参照。
(10)　小櫻勲，前掲書，30頁。
(11)　同上書，259頁。
(12)　勝又壽良は「戦後の株価の下落はすべて公定歩合の引き上げにあった」と指摘し，公定歩合の引き上げが市場心理に影響を及ぼすことを指摘している。勝又壽良『戦後50年の日本経済』東洋経済新報社，1995年，261頁。
(13)　『日本経済新聞』1992年2月25日付。
(14)　労働省『労働白書　平成9年版』大蔵省印刷局，424頁。

⒂　宮崎義一『複合不況』中央公論社，1993年。
⒃　経済企画庁『経済白書　平成6年版』大蔵省印刷局。
⒄　日本銀行『経済統計月報』1996年2月号，大蔵省印刷局によれば，GDP実質成長率は1991年度が3.1％であったのに対し，92年度は0.4％，93年度に至っては0.2％，94年度では0.5％であった。
⒅　『日本経済新聞』1995年12月26日付。
⒆　日本銀行『経済統計年報』1995年版を参照。
⒇　白川清「平成景気のバブル崩壊」『名城商学』第46巻第1号，1996年6月。
(21)　現代日本経済研究会『日本経済の現状　1997年版』学文社，1997年，23頁。
(22)　経済企画庁，前掲書，279頁。
(23)　日本貿易振興会『世界と日本の貿易　1996年版』78〜83頁。
(24)　竹中平蔵「平成13年度年次経済財政報告公表に当たって」内閣府『2001年度　年次経済財政報告』大蔵省印刷局，2001年。
(25)　石弘光『財政構造改革白書』東洋経済新報社，1996年，393〜439頁。
(26)　政府が資金需要をまかなうために大量の国債を発行すると，それによって市中の金利が上昇するため，民間の資金需要が抑制されること。『大辞林　第2版』三省堂，1995年。
(27)　石弘光，前掲書，40〜42頁。
(28)　同上書，60頁。
(29)　同上書，58〜59頁。
(30)　石弘光監修『財政構造改革の条件』東洋経済新報社，1997年，79〜80頁。
(31)　『日本経済新聞』1996年12月26日付を参照。
(32)　現代日本経済研究会，前掲書，214〜215頁。
(33)　これらの議論に関しては総合規制改革会議ホームページ掲載の資料を参照した。http://www.kantei.go.jp/jp/singi/kisei/．を参照。
(34)　この他に，循環型社会の形成推進，新産業と雇用創出のための環境整備，高コスト構造の是正と国際競争力の向上，IT（情報技術）が付加価値を生み出すような制度・システムの改革などを挙げている。
(35)　これらの議論に関しては経済財政諮問会議ホームページ掲載の資料を参照した。http://www.keizai-shimon.go.jp/．を参照。
(36)　厚生省社会局・大臣官房老人保健福祉部・児童家庭局監修『社会福祉八法改正のポイント』第一法規出版，1990年，4頁。
(37)　中村秀一「在宅福祉サービスの推進と老人保健福祉計画」『月刊福祉増刊号　福祉改革Ⅲ』1991年10月号，全国社会福祉協議会。
(38)　『週刊社会保障』1728，1993年2月22日号，法研，49頁。
(39)　一圓光彌「日本の社会保障の歩みと新しい社会保障の課題」『社会保障研究』第65号，国立社会保障・人口問題研究所，1996年，14〜18頁。

⑷⓪ 首相官邸ホームページより。http://www.kantei.go.jp/jp/kaikaku/pamphlet/p19.html を参照。
⑷① 石弘光，前掲書『財政構造改革白書』58〜60頁。
⑷② 『朝日新聞』1996年8月9日付。

第6節　国家型福祉から市場型福祉へ

本章では，わが国の戦後社会福祉の展開を振り返ってきた。

第一期である「揺籃期」では，わが国社会福祉の戦後体制ともいうべき「措置制度」が形成された。上意下達型のサービス提供体制では，利用者は「保護」や「収容」の対象とされた。戦後混乱期における貧困問題の緩和を中心とした政策展開は，同時に資本主義に対する社会的不満を緩和するためにも機能した。

第二期の「余力・応急的拡充期」では，高度経済成長によるパイの論理が政策展開に大きな影響を与えた。成長一辺倒のわが国では国民生活に歪みが生じ，その解決もまた，高度経済成長の果実によってなされた点に特徴がある。税収の増加が国家によるサービス提供体制を拡充したとともに，収益増加を背景とした企業福祉の拡大がみられるようになり，国家福祉と企業福祉の二本柱が社会福祉を支えるという日本的な特徴が形成された。こうして，1973年には「福祉元年」を迎えるが，それまでの西欧型福祉国家へのキャッチアップを目標する展開は「バラマキ福祉」との批判を受け，その限界に直面した。

第三期の「圧縮期」では，石油危機を契機として低成長時代に突入したため，従来の展開に見直しが迫られた。西欧型福祉国家へのキャッチアップは果たされたというレトリックに基づいて，国家福祉と企業福祉の枠組みは確保しつつも，「家族による福祉」と自助努力や相互扶助を強調する「日本型福祉社会論」を，政策の中に組み込んだのである。これにより，サービス提供の枠組みは国家，企業，そして家族という三本柱となり，1980年代には新保守主義の台頭が，応益負担化や審査の厳格化による利用抑制をもたらした。

第四期の「構造改革期」において，わが国の社会福祉は転回点をむかえる。1990年代以降のわが国は，深刻な危機に直面した。少子高齢化の進展や経済状況の悪化は構造的な問題として捉えられ，「構造改革」が進められることになった。財政構造改革の一つとして社会保障構造改革が位置づけられ，自己責任や市場原理の活用が強調された。さらに，小泉政権は，規制緩和と「骨太の方針」を経済運営の主柱として，「構造改革」を一層加速させている。

　国家財政は危機に瀕し，企業は不安定化し，家族機能が低下したこの時期には，これらの範疇に属さない「市場」の持つ力に期待が寄せられることになった。国や企業，家族といった「集団」ではなく，「個人」の自己責任や能力に焦点を当てる政策展開は，社会福祉の領域でもみられるようになった。すなわち，国家のサービス提供に関する役割の後退と，利用者個人とサービス提供者とが対峙する構造への転換が進行したのであった。

　こうして2000年に成立した「社会福祉法」では，措置から契約への転換にともない，「福祉サービス」の語も登場し，「利用者保護」なども謳われた。

　例えば，1997年から三度にわたる法改正が行われた児童福祉の分野では，保育サービスの利用が，市町村による措置から保護者の選択に基づくものとなった。さらに設置主体制限の撤廃によって，民間営利企業によるサービス提供が可能となった。これらにより，保育所がその利用者である保護者・児童の確保をめぐって競争を行うと同時に，行政の役割は利用調整や情報提供，監督が中心となった。

　あるいは，高齢者介護の分野では，2000年度から介護保険制度が導入された。特別養護老人ホームや老人保健施設等における施設介護サービスならびに在宅介護サービスの利用方法も，措置から契約制へ移行した。要介護の状態にある者はサービス提供者を自ら選択し，上限の範囲内でサービスを1割負担で利用する。在宅福祉サービスの分野では，公的部門や社会福祉法人だけでなく，民間営利組織，民間非営利組織が参入し，多様な提供者によるサービス提供体制が構築された。

　そして障害者福祉サービスの領域では，身体障害者，知的障害児者を対象に，

2003年度より支援費制度が導入された。これも介護保険制度同様，利用者がサービス提供者と契約し，サービスを利用する制度である。

　これら保育サービス，介護サービス，障害者福祉サービスのいずれにも「契約」が共通項として存在する。利用者と提供者の対等性を強調する契約の論理は，競争や選択と表裏の関係にあり，「福祉サービスの市場化」（市場型福祉）として位置づけられるのである。

第 2 章
イギリス国民保健サービスおよびコミュニティケア改革における「市場化」と準市場の原理

第1節　イギリス国民保健サービス（NHS）・コミュニティケア改革の背景とその概要

　ここではまず，イギリスにおける一連の公共サービスに関する改革の背景を整理しよう。

　イギリスにおける公共サービスの市場化の背景には，わが国で「英国病」と表現されたような公的部門の肥大化がある。そのために「民営化」（privatization）が上位概念として位置づけられた。しかし，サッチャー（Thatcher, M.）政権の行った民営化は「曖昧模糊とした内容の定まらない未成熟」な状態にとどまった。[1]

　なお，遠山嘉博によれば，民営化とは「公企業に民間部門の自己責任意識や競争を導入することを目的とするさまざまな諸政策を網羅する概念」であり，「競争による経営の効率化を通して『消費者利益の増大』を図る」ものであるとする。[2] そのうえで，狭義または厳密な民営化とは，「国有化解除」，「私有化」であり，[3] 広義には産業のパフォーマンスを改善するための政府規制の緩和，自由化を意味するという。[4] さらに最広義の民営化は，「福祉国家の公的諸サービスの供給における国家の後退，民間の参入，民間委託（contracting-out）等を通して，民間供給を拡大すること」であるとした。[5]

　さて，サッチャー政権下での民営化は，1979年以来，世界に先駆けて始まったといわれる。[6] 当時のイギリスの経済状態は悪化の一途を辿り，1980年には鉱工業指数は前年比−8％，消費者物価は17.9％の上昇，失業率は6.8％という高水準に達していた。加えて財政赤字が増大した。これはイギリスの経済政策が公共企業体，公共法人，私法上の公企業などによって産業介入的に行われてきたことが背景にあり，[7] 経済活動の領域に占める公的部門の肥大化がイギリス経済を沈滞化させた。こうして第二次世界大戦後のイギリスにおけるケインズ主義的な政策展開は，公企業の非効率性や民業圧迫といった「政府の失敗」を生み出すことになった。

ところで，遠山はイギリスで民営化が進んだ要因として，次の四点を指摘している。[8]

その第一は革新の退潮と保守の優勢である。保守政権下での経済成長の実現は，保守回帰を促し，市場原理の再評価と「小さな政府」志向へとつながったという。第二は公企業の業績不振である。公企業における自主性の喪失と非効率性が，私企業との業績格差を顕著にし，「公企業の枠を出た民営化に抜本的解決を求めざるを得なくなった」[9]のである。第三は福祉国家の拡大が財政赤字を生み出し，その補填策として，民間売却等を通じた財政収入増を期待するようになったことである。第四に公益事業の特質と環境の変化である。自然独占性の後退と，消費者ニーズへの適切な対応が求められるようになり，公的独占が不適切であると考えられるようになったという。

さて，政権の座についたサッチャーは，「英国病」の元凶が「大きな政府」にあるとし，その原因を，①福祉政策が人々から勤労精神を奪ったこと，②国家依存の精神が企業の活力を萎えさせたこと，③ストを連発する過激な労働組合が結果的に国際競争力を低下させたことを挙げ，それゆえ「DIY（Do It Yourself）精神」の復権によって，この事態を打開しようとした。[10]

その処方箋は，財政の安定を目的とした「中期財政戦略」（Medium Term Financial Strategy）に盛り込まれた。それには，①国有企業の民営化，②規制緩和，③労働組合活動の制限，④減税，⑤政府支出の削減，⑥貯蓄の奨励，の六点が挙げられた。[11]さらに政府部門のスリム化の一方で，労働者階級を含む国民全体に国家資産の一部をふり向けることで，自助努力による資産形成を目的とする「大衆資本主義」（Popular Capitalism）がもう一つの柱として建てられた。[12]つまり，彼女は「中流階級への強い信頼」[13]を寄せ，彼らを厚遇してイギリス経済を立て直そうとしたのであった。

こうして，「安価な政府」，市場原理の活用，労働組合の産業内行動の規制が「強いイギリス」を復活させる手段として用いられることになった。[14]これには公的部門の縮小などによる広範な政治・経済的政策効果の追求に特徴がある。[15]

そこで，市場化の原則が次の五点に定められた。[16]

65

その第一として，膨張しがちな保健福祉サービスの支出を抑制し，国家の広範な役割を再検討すべきこと，第二に，国家によるサービスは専門職が権力を持ち，パターナリスティックになりがちなので，個人の自由な選択を通じて利用者（customer）に権力と尊厳を取り戻させること，第三に政府資金を大企業に流入させることで波及的に起業家（enterprise）に対して報酬を与えることが可能になるとされる「トリクルダウン」（trickle-down）理論に基づくこと，第四に，利用者の欲求（demand）に，迅速かつ効率的に対応できる市場メカニズムを最大限に活用すること，第五に政府の役割を削減し，公的部門による提供（介入）を必要最小限にとどめることであった。

　1987年までの政策展開では，財政事情が優先され（finance-led），予算配分と支出が大幅に削減された[17]。翌年には政策立案と執行機能を分離するエージェンシー化をともなう「ネクスト・ステップス」改革が行われ，行政組織改革を行った[18]。

　しかしながら，サッチャー政権による民営化は公的介入を残存させ，運営形態の変化のレベルにとどまった[19]。公共サービスの市場化の論理とは，経済的にはマネタリズムを，政治的には権威的ポピュリズムを基盤とした[20]「イギリスの危機を管理するための首尾一貫した[21]」戦略の一部分を構成するものであった。一方で，民営化は「不当な安売り」や，価格の上昇とサービスの質の低下，公共性の侵食といった「影の部分」を生み出した[22]。

　にもかかわらず，この流れは1990年以降にも引き継がれ[23]，後継首相であるメイジャー（Major, J.）は，エージェンシー化の一層の推進と同時に，ソフト面の改革として，「市民憲章」（Citizen's Charter）を制定し，行政サービスの改善に取り組んだ[24]。これは公的サービスの対象者を「顧客」と定義し，その満足度を最大化するようにサービスを提供するためのものであり，「行政と民間の経営（business）を同一のものに変革することを目標[25]」にするものであった。同時に財政赤字の削減を目標とし，そのために利払い費や社会保障費を除いた歳出についての限度額（コントロール・トータル）を[26]，1993年度予算から導入し[27]，均衡財政への取り組みを行った。

第2章　イギリス国民保健サービスおよびコミュニティケア改革における「市場化」と準市場の原理

　こうしたメイジャーの一連の行政改革は，市場メカニズムの重視，顧客志向，組織内分権化，業績重視といった原理に基づくNPM（New Public Management）の手法を全面的に取り入れたものとして位置づけられる。1997年に労働党から首相になったブレア（Blair, T.）も，その路線を基本的に修正しておらず，福祉サービスの分野では，準市場（Quasi-Markets）と呼ばれる原理が導入されたのであった。

　それでは，具体的にはいかなる改革が実施されたのであろうか。

　ここでは，公共サービスの市場化の具体例の一つであるNHS（National Health Service）・コミュニティケア改革について整理する。

　イギリスはベバリッジ報告を端緒として社会保障制度を設計し，世界初の福祉国家と呼ばれた。しかし，福祉官僚制の肥大化，財政の硬直化によって，対象者の個別的なニーズとのミスマッチ，資源の浪費など非効率的な側面が顕在化した。

　イギリスでも戦後以来，福祉サービスは施設ケアが中心とされてきたが，1960年代から70年代にかけては後期高齢者の増加や，老人ホーム等の入所者に対する社会保障給付の増加，地域生活が困難な精神障害者，知的障害者の増加によって，地域におけるケアが重視されるようになった。

　そのため，1980年代の後半には，コミュニティケアにかかわる改革案として「グリフィス報告」が発表され，1990年には「NHS及びコミュニティケア法」が成立し，翌年度から実施に移された。

　1988年のグリフィス報告では，地方社会サービス部の役割として，①コミュニティケア計画における主導的役割，②クライエントのニーズ評価（ケアマネジャーによるケア計画の策定）の実施，③ケアに要する財源の調達，の三点が提言された。加えて公的部門による直接的サービス提供の廃止，サービスの「混合経済化」（私的部門，ボランタリー部門の活用），地方政府を条件整備主体として位置づけることが唱えられた。この結果，地方社会サービス部の財源は，社会保障基金から地方政府へと移転し，地方政府は施設入所者への金銭的支援に責任を持つこととなった。

67

さらに，1989年の『コミュニティケア白書』では，独立部門の活用という市場的要素を導入し，資源配分の効率性と消費者への応答性の向上が求められた。加えて，地方自治体の役割を「条件整備主体」（enabler）へ転換させ，サービスの提供体制を「提供者と購入者の分離」（provider-purchaser split）を通じて再構築することとした。すなわち，地方保健局（DHS）の役割を，提供者の機能と購入者の機能とに分離することとした。一方，配分上の効率の改善を目的に，サービスの提供者には営利組織・非営利組織を盛り込み，競争を促進し，その購入にあたっての財源やサービス調整は行政が実施することになった。

1992年4月からコミュニティケア政策が展開され，翌年4月には，行政は施設ケアの直接的提供から撤退した。この結果，実行の分権化と財源の中央集権的支配が，地方政府に単なる「管理的な」（managed）ケアをさせることになった。

この改革の特性と意義について，平岡公一は，利用者負担の引き上げが比較的なされていないこと，公的機関の計画・調整機能の強化が図られたとする一方で，利用者の選択権がNHSにおいても，コミュニティケアにおいても必ずしも保障されていないこと，福祉多元化の観点からみた場合にも，多元化よりも市場化に重点がおかれていると指摘したうえで，その成功について一概に評価を下すことは困難であるとしている。

メイジャーの後を継いだブレア政権は，2000年7月にNHSに関する報告書を公表し，その評価を行っている。そこでは，前政権がNHSに「内部市場」（internal market）を導入したものの，それが意図した競争や利用者本位といった理念は達成されず，サービスに対する責任と近代化を図る必要があるとされた。そのために，①利用待機期間の短縮，公正なアクセス，質，応答性に関する改善にむけた指標の開発と制度そのものの改革，②ケアを必要とする高齢者の長期入院の解消に向けた社会サービスとの協調関係（partnership with social services），③児童を対象とした社会サービスの改善，が提言された。

こうした状況について，ルグランとバートレット（LeGrand, J. & Bartlett, W.）は，社会サービスにおける市場構造は，提供者サイドでは，営利，非営利，公的部門の組み合わせにみるように競争的な市場構造となっているが，購

第2章 イギリス国民保健サービスおよびコミュニティケア改革における「市場化」と準市場の原理

入サイドでは社会サービス部は「なじみ」の提供者に頼る傾向があり，その点からすれば提供者間の競争的圧力を高めることにはつながらなさそうであること，しかしながら，社会サービス部と私的部門との間でも競争が起こってきていると述べている。また，情報をめぐる問題には，①サービスの質を正確に反映しない広告・宣伝による素人判断の限界が生じ，②特別なニーズや弱みのある利用者において，品質に関する情報が伝達されにくいこと，が存在したという。

彼らが行った関係機関の職員に対するインタビューでは，契約の選別と規制に関する困難として，①専門知識の必要性，②小規模なボランタリー組織は不信感を持たれやすく，「ゲームのルール」を知らないために不利，③組織設立のコストと提供プロセスに対する規制に対する疑問，④他の機関が提供する制度に対する熟知が必要であることが明らかとなり，もし大規模な私的部門の提供組織が，利用者に対して十分な利益をもたらすならば，彼らは非施設サービスをボランティア組織との契約に移行させるだろうと指摘した。

さらに，すべての責任者に共通した反応として，コミュニティケアの仕組みを，より「消費者」中心のものにしていきたいこと，選択と質は，資源の準備状態によるところが大きいと考えていたという。社会サービス部は開始当初，高品質なサービスを提供できるような潜在的なサービス提供者はいないと考えており，契約文化への移行は緩やかに進行するだろうと予想していたが，コミュニティケアに参入する新規のサービス提供者を強化しようともした。しかし，ボランタリー部門はボランティアを採用できないほど膨張しており，私的部門は与えられた課題をこなしていくだけで精一杯だったという現状となっていたという。また，契約について，貧しい契約者を選ぶ「逆選択」の防止には，社会サービス部が十分な信頼に値する新しい提供者を選ぶことで可能になるとされた。

その結果，全体的にサービスに関する財源が抑制され，主要な機関の役割と責任を明確化する必要があると結論づけている。

また，ウォーカー（Walker, A.）は，一連の改革によって，①ケアの意図的

な細分化，②市場原理の導入，③運用分権化と財源の中央集権的管理化による自治体が提供するフォーマルケアの削減，④ボランタリー部門等によるインフォーマルケアの重視や民間部門への行政の補助，⑤中央政府による財源管理の進行を指摘している[40]。

　彼は政策内部に存在する矛盾と対立を，五つの軸を設けて抽出した[41]。第一の軸は「ニーズと選択か，市場か」である。彼はイギリスにおける一連の福祉改革で謳われた民間市場の拡大による「ニーズに応じた選択」が実際には行われておらず，かえって選択の幅が狭められていることを明らかにした。さらに，民間部門が圧力団体を形成して規制強化への抵抗を強めていることも指摘している。第二の軸は「消費者主義か，権限強化か」である。改革では利用者参加についての明確なガイドラインが存在せず，専門家支配が継続すると指摘した。さらに社会サービスの分野では，改革が前提とするスーパーマーケット型の消費者主義はなじまず，民間部門はサービス提供者に対して，公的部門と同等の「力」は持つが，同等の「責任」を持つとは限らないと指摘している。第三の軸は「権利か，自由裁量か」である。ケースマネジャー（原文ママ）による利用者ニーズの査定は，選択の幅と利用者への影響力が制限され，官庁の専門家の権限強化につながり，費用対効果を重視するあまり，機会均等の重要性が薄れていくであろうと指摘した。第四の軸である「普遍主義か，改革か」では，これらの改革が地域格差の助長，自治体格差につながり，人権という問題にもかかわると指摘する。つまり，ケアへの公平なアクセスや利用が阻害されており，普遍主義的サービスの提供が達成されておらず，「改革」だけが先行していると主張した。最後の軸である「家族か，コミュニティケアか」では，家族が第一の介護者であるという認識によって，「地域によるケア」を標榜しながらも，ソーシャルケアは必要最小限にとどめるというシステムを維持しようとしているとし，いわゆる「安上がり福祉」の考え方が隠されていることを指摘したのであった。

　このような課題が指摘されたNHS・コミュニティケア改革であったが，次節ではその主要な原理となった準市場の原理の詳細についてみていくことにする。

第 2 章　イギリス国民保健サービスおよびコミュニティケア改革における「市場化」と準市場の原理

(1) 佐中忠司「イギリスにおける『民営化』の諸問題」『現代公益事業の規制と競争』電力新報社, 1989年, 256頁。
(2) 遠山嘉博「公益事業の民営化」『公益事業研究』第51巻第1号, 1999年, 3頁。
(3) 同上。
(4) 同上論文, 3〜4頁。
(5) 同上論文, 4頁。
(6) 松原聡『民営化と規制緩和　転換期の公共政策』日本評論社, 1991年, 106頁。
(7) 同上書, 107〜108頁。
(8) 遠山嘉博, 前掲論文, 2〜3頁。
(9) 同上論文, 3頁。
(10) 三橋規弘『サッチャリズム　世直しの経済学』中央公論社, 1989年, 55頁。
(11) 同上書, 57頁。
(12) 同上書, 191頁。
(13) 同上書, 134頁。
(14) 森恒夫「イギリスにおける財政肥大化とスタグフレーション」『経済学批判11　福祉国家の破綻と現代財政』社会評論社, 1982年, 51頁。
(15) 佐中忠司, 前掲論文, 256頁。
(16) Jones, K., *The making social policy in Britain 1830-1990*, Athlone, UK, 1991, pp.189-190.
(17) *Ibid.*, p.190.
(18) 安章浩「イギリス行政改革の『脱行政』化的傾向に関する批判的考察」『早稲田政治公法研究』第57号, 1998年, 158頁。
(19) 佐中忠司, 前掲論文, 270〜271頁。
(20) イアン・ゴフ／荒岡作之訳「サッチャリズムと福祉国家」『大阪経済法科大学論集』第41号, 1990年, 91頁。
(21) 同上論文, 99頁。
(22) 遠山嘉博, 前掲論文, 11頁。
(23) Hughes, G., *Imagining welfare futures*, Routledge, UK, 1998, p.160.
(24) 安章浩, 前掲論文, 158頁。
(25) 同上論文, 163頁。
(26) 同上論文, 161頁。
(27) 石弘光監修『財政構造改革の条件』東洋経済新報社, 1997年, 158頁。
(28) 原田久「NPM改革と政府システム」武智秀之『福祉国家のガヴァナンス』ミネルヴァ書房, 2003年, 51頁。
(29) 安章浩, 前掲論文, 160頁。
(30) 金子光一「『労働党と新社会秩序』に関する一考察——イギリス労働党綱領に見る福祉思想」『淑徳大学社会学部研究紀要』第35号, 2001年, 1頁。

(31) Hoyes, L. & Means, R., "Quasi-Markets and the Reform of Community Care", LeGrand, J. & Bartlett, W. eds., *Quasi-Markets and Social Policy*, Macmillan, UK, 1993, pp.3-124 を参照。
(32) 平岡公一「コミュニティケア改革の動向」武川正吾・塩野谷祐一編『先進諸国の社会保障①　イギリス』東京大学出版会，1999年，386頁。
(33) 同上論文，388頁。
(34) 平岡公一「社会サービスの多元化と市場化――その理念と政策をめぐる一考察」大山博編『福祉国家への視座　揺らぎから構築へ』ミネルヴァ書房，2000年，42～44頁。
(35) HMSO, *The NHS Plan: A plan for investment, A plan for reform*, Secretary of State for Health, 2000, p.56.
(36) *Ibid.*, p.130.
(37) *Ibid.*, pp.131-132.
(38) Hoyes, L. & Means, R., *op.cit.*, pp.112-121.
(39) *Ibid.*, pp.97-112.
(40) アラン・ウォーカー／渡辺雅男・渡辺景子訳『ヨーロッパの高齢化と福祉改革』ミネルヴァ書房，1999年，62～63頁。
(41) 同上書，68～80頁。

第2節　準市場の原理

前節ではNHS・コミュニティケア改革における「市場化」の概要についてみてきた。

この「市場化」の論理を体系化したのが，ルグランとバートレット（LeGrand, J. & Bartlett, W.）らであった。

ところで，イギリスは世界初の福祉国家と呼ばれたように，国家による福祉提供が多くを占める点に特徴があった。しかし，1980年代以降，その取り巻く環境が変化したこともあり，福祉国家への批判がたかまった。

テイラー－グッビー（Taylor-Gooby, P.）は，その環境の変化について，第一に人口構造の変化を，第二に高失業率と労働市場の変化を，第三に経済政策の変化を，第四に大衆の期待の変化を挙げている。[1]これらの環境の変化に対してイギリス政府は，支出の抑制（containing spending），民営化（privatization），市

場の活用（market forces），集権化（centralization）を進めることで対応しようとした。そして，わが国においても，1980年代から90年代にかけて，同様の政策転換と変化がもたらされてきた。

しかし，「民営化」，「市場の活用」という表現は，システムを全面的に市場へ開放することを意味するものではなく，市場の「要素」を導入しようとするものであった。つまり，福祉サービスの提供体制を「市場社会主義」化することであった。ルグランとエストリン（LeGrand, J. & Estrin, S.）は1989年の研究で，福祉国家的サービス提供体制の非市場から市場への転換の可能性とその効果を検討している。

また，馬渡尚憲によれば，市場社会主義の原型はミル（Mill, J. S.）の思想に求めることができるという。その特徴は，最大限の個人的自由，競争，民主制を維持し，政治的には中央指令制と専制を排除する民主的社会主義であり，ルグランの構想もその延長線上にあるものといえよう。

そこで本節では，ルグランとバートレットの代表的な著作である *Quasi-Markets and Social Policy*（1991）の内容を中心に，市場化の枠組みを整理する。すなわち彼らによる福祉サービス提供体制の市場社会主義的再編の具体的方策は「準市場」（Quasi-Markets）の考え方であった。

彼らによれば1988年から89年にかけての福祉国家の主要な部分の「過激な改革」は，サービス提供体制を大きく変化させるものであったという。すなわち競争原理を導入する分権化，そして行政機関がサービスの購入者（purchaser）となり，利用者（users）に対して一定の予算やバウチャーを与え，競争的な提供者から購入するようにもなった。

それらの変化は，教育分野，医療分野，コミュニティケア分野，住宅分野に及んだ。第一に教育分野では，初等・中等学校に教育バウチャー制度を導入し，保護者の学校選択が可能となったことを挙げている。第二の医療分野では，国民保健サービスの改革を挙げている。行政機関を購入者と提供者とに分離し，また購入者としての「GP 基金」（GP Fundholders）を設け，提供者は購入者である行政機関と GP 基金と契約をめぐる競争を行うという準市場化（quasi-market environment)が進行した。コミュニティケア分野では,前節で述べた「グリフィス報告」(1988年),『コミュニティケア白書』(1989年)を基盤として,準市場の原理が導入された。これによって,地方社会サービス部（Local Social Services Departments)は,提供者としての役割を低下させた反面,独立部門からサービスを購入する購入者,もしくは条件整備主体（Enabling Authorities）としての役割を果たすようになった。サービスの購入予算は地方社会サービス部に所属するケアマネジャーに配分され,それぞれの予算の範囲内で利用者の選択・意向を踏まえつつ,サービスを購入することになった。つまり,予算配分は行政機関によるコントロールではなく,クライエント自身によってコントロールされるようになったのであった。最後に住宅政策における準市場の原理の導入が挙げられている。1988年の「住宅法」(Housing Act)によって,競争的な提供者となった家主を入居者が選択できるようになり,消費者の意向を反映しやすい態勢（consumer-responsive stile)となった。同時に補助金支出は,資産調査のうえで実施されるものとなり,これは民間賃貸部門への委託をともなうバウチャー制度になぞらえることが可能であるという。

ルグランらは,これらの変化は保守系シンクタンクから広まったと指摘しつつも,政治的立場を超えて受け入れられているとし,「準市場」という言葉の意味を次のように説明する。

すなわち,「市場」とは,国家による独占的な提供体制を,競争的・独立的なものへと転換するという意味であり,「準」とは,提供サイドにおける組織の私的所有を必ずしも否定しないこと,需要サイドにおいては購買力が金銭的な意味で表現されないこと,また,購入は第三者が行うことを意味している。換言すれば,最終的な消費者とサービスの提供者との間に金銭的なやり取りがないということである。さらに,その特徴の第一は,公的部門と非営利部門と営利部門が競争的であること,第二は,利用者が「購入方法」を選択できること,第三は,提供者の存在によって利用者は市場における「消費者」(consumer)として位置づけられるようになること,が挙げられている。

つまり,準市場の原理とは,競争に代表される市場原理の活用を標榜しつつ

も，公的規制をも併存させる制度的枠組みである。この場合の公的規制は，参入規制とメカニズムの監視・監督を通じた質の標準に関する規制であり，市場をコントロールするというよりも，サービスをコントロールするという意味である。[21]

また，準市場は，市場構造の転換，情報の非対称性の防止，取引費用と不確実性への対応，動機づけ，クリームスキミング（いいとこどり）対策をとることによって，最終的に効率性・応答性・選択性・公平性が達成される市場形態であるとされる。

ルグランらは準市場の形成により，提供コストの削減と効率性の向上を両立できるのか，それとも資源の浪費を招くのか，利用者のニーズに応答的な提供体制を構築できるのか，それとも商業主義（commercialism）によって，利用者と提供者の関係が歪められてしまうことになるのか，そして，真にニーズを持っているものに対応できる仕組みになるのか，それともスティグマを付与するような仕組みになってしまうのか，という点に問題意識を持っている。[22]

さらにイギリスで発展してきた準市場の考え方は，「提供者と購入者の分離」（provider-purchaser split）という言葉で象徴的に示される。競争原理を用いることで，国家による独占的なサービス提供体制を改め，質を確保しつつ，限られた資源の効率的配分を達成しようとする点に特徴がある。

それでは，ルグランらによる準市場の成功条件（conditions for success）の整理をみてみよう。

これには，第一に市場構造の転換，第二に情報の非対称性の緩和・防止，第三に取引費用と不確実性への対応，第四に動機づけのあり方，第五にクリームスキムの防止，が必要とされる。この理由は，不公平が助長されることなしに，効率性と応答性と選択性を達成することを目的としているためである。[23]

第一の市場構造の転換についてみてみよう。

これにはまず，サービスの提供者を小規模化・分散化し，競争の促進が求められる。これにより利用者にとって最良のサービスを提供するための「効率性」の向上へのインセンティブが作用することになる。また，新規参入の促進

と効率的な提供者の退出防止につながる。[24]

　また，サービスの価格は提供者に委ねられるのではなく，「公定価格」が設けられる。これは一般的市場と異なり，利用者（消費者）が購入を通じて価格に影響を与えられないことを意味する。したがって，効率的な価格決定には利用者の参加が求められる。[25]さらに提供側は，その統制によって効率性を追求することになる。つまり，限られた予算の中でのサービス提供が求められるので，効率性へのインセンティブが作用するということである。[26]そのためには，分権的な購入者を増加させることと，利用者に近接したところでの決定が行われる仕組みが求められる。また提供者サイドでは，参入と退出に関する仕組みの改善が求められるという。すなわち，政府による補助を通じたインキュベーター路線による提供者の確保と，フランチャイズ化の推進が提案されている。[27]

　前節でみたNHS・コミュニティケア改革によって，地方自治体に登録している施設数では，制度開始当初に比較して，1998年現在でほぼ倍に達したが，地方自治体が直接運営している数は半減している。伸びの中でも，とりわけ独立部門に属してケアを行う施設（independent residential home）の伸びが顕著であり，また在宅ケアの比率は施設ケアと逆転し，民間部門・ボランタリー部門の数も増加した。[28]

　また，予算の管理主義化の進行により，地方自治体の担当者には予算管理への圧力がかかるが，効率性の達成には結びついていないようである。その理由として，ニーズの把握と，それにふさわしいケア資源の組み合わせの困難さが指摘されている。[29]

　第二に情報の非対称性の緩和・防止についてみてみよう。

　一般的市場においても，市場への参加やサービスの原価，財やサービスの質に関しての情報の有無が適切な契約締結に必要である。

　準市場の場合，価格設定を適切なものにするために提供者は原価計算を，購入者は品質低下に待ったをかけるためのサービスの質の監視が求められる。[30]それらを可能にするのが「情報」である。提供者によるモラルハザードや「逆選択」が，サービスの質の低下を招くとされる。そのため，購入者による継続的

な監視が必要となるが，これらに要する費用は効率性の向上に寄与するという。具体的には契約方式の工夫や内容の管理，広告内容の規制などである。[31]

ルグランらは，市場の効率化には情報が必要であるとしながらも，現段階ではその提供は不完全であると指摘している。[32]しかし，わが国に比べれば，その提供は進んでいる。例えば，施設に対して区の監査官が実施した監査報告書を公表し，一般市民が閲覧できるようにしているほか，民間非営利組織の「カウンセル・アンド・ケア」や「親族と入所者協会」が監査を委託されたり，施設選択にあたっての情報提供が行われている。[33]

また，政府による参入，価格，質に対する規制の厳格化が有効であるともされる。なお，価格規制は，質とその向上への工夫に圧力として作用するが，柔軟性を確保するためには生産効率の測定も同時に必要であり，[34]中立的な情報の入手と他の購入者への提供を行う「Super-purchaser」を設けることも提言している。[35]

第三の取引費用と不確実性への対応についてみてみよう。

準市場化によってサービスの取引過程が複雑化し，不測の事態が生じることが予測される。それらによって生じるコストが取引費用である。[36]これらにかかわるコストを考慮していなければ，提供者の破綻など，提供体制の不安定化を招くことになる。また，この不確実性は「合理性の限界」(bounded rationality)とも関連しているので，購入者・提供者間でのリスクシェアリング（危険分散）が求められるとされる。[37]

したがって，これへの対応策には，第一に情報量を増加させ，取引を対等に行えるようにすること，第二に結果としてもたらされることになった利益からまかなうこと，が必要であるという。[38]すなわち，購入者にも提供者にも契約を行う「力」をつけさせること，分権化された購入者を増やすことで，モニタリングを容易にし，事後的取引費用の低減が可能となる。[39]ただし，それは長期的な混乱を引き起こしながら試されていくことであるとも指摘している。[40]

こうして，従来は「患者・受給者・対象者」であった利用者は，準市場のもとで「消費者・契約者・利用者」と位置づけられることになり，[41]契約化によっ

て，一般的市場における消費者の形に近づくこととなった。しかしながら，フリン（Flynn, R.）らによると，一般的市場における契約とは異なり，社会サービスの領域においては不確実性や取引費用が過度に上昇し，契約の過程と準市場化での競争関係には矛盾を生むという。そこでは，むしろ購入者と提供者の協同関係と，相互依存と信頼，協力関係が必要になると指摘している[42]。

　第四に動機づけのあり方についてみてみよう。

　サービス提供者は，市場から好反応を得るために利潤追求動機を持つことが求められるが，移行期には紆余曲折が予想される[43]。一方の購入者は，それが利用者と完全に分離している場合には，利用者の福祉追求という動機を持たなければならない。

　さらにその場合，購入者の方針だけでなく，利用者の興味関心に従うことが重要である[44]。このようなサービス提供者の動機づけと購入者の動機づけとの「緊張関係」が，利用者のニーズに対応したサービスの提供に結びつくことになると考えられる。この場合，最も重視されるのは「利用者の参加」（user participation）であるという。ここでいう「参加」とは，不利な状態におかれている利用者が，その立場を主張することである。それによって，購入者と提供者の一致点の確保につながるとされる[45]。

　なお，ケンドール（Kendall, J.）の調査によると，非営利部門と民間部門における動機づけの違いは，独立性・自立性を後者が重視しがちであるのに対し，前者は社会全体に対する責任やニーズへのマッチを重視し，利潤の最大化を追求したがらないという結果が出ている[46]。

　最後にクリームスキムの防止についてみてみよう。

　準市場の原理では，要件を満たせばサービスの利用権が付与される（entitlement）という特徴を持つ[47]。

　一方，クリームスキムとは「いいとこどり」の意であり，サービス提供者が自らの組織の利益を増大させるような購入者や利用者を選別してしまうことである。これは「お得意様」という言葉にみられるように，一般的市場では当然のことであり，この原因は価格決定や契約方法のあり方に由来するとされる[48]。

しかし、これではニーズを持つ人にサービスが提供されない。

そこで、準市場の原理では、定められた公定価格とは別に、低所得層への費用の無料化や減免を行うことで、ニーズを持つ利用者にサービスが届けられる[49]。つまり、ニーズの有無が利用の可否につながるのであって、サービス提供者にとってより大きな利益をもたらす可能性を持つ利用者の選別は許容されない。したがって利用者も提供者も費用の心配をせずにサービスを取引できることになる。ただし、利用者のニーズに応じて適切な価格を設定した契約においては、クリームスキムは問題とならない点に注意が必要であるという[50]。

さて、上記のような成功条件を充足すると、その準市場の形成は以下の諸点から評価されることになるという。

その第一は生産性効率の向上である。

一般的市場では、いわゆる「安かろう、悪かろう」という粗効率性の追求が散見される場合がある。しかし、準市場では、質を確保しながらコストを抑制していくという「生産性効率」の追求が見込まれ、利用者に対して量・質ともに優れたサービスの提供が可能になるとされる[51]。

その第二は応答性の向上である。

これは従来の福祉官僚制に対する反省から生まれたものである。多様な提供者が存在し、かつ、動機づけとして利潤追求と福祉追求の緊張関係が生まれる準市場では、購入者や利用者のニーズに応えることが求められる。また、購入費用の公的保障により、一定の採算が見込め、種々のサービスが登場する可能性を持つことになる。これはサービスの質の一部となるだけでなく、給付水準を決定する要素にもなる[52]。

その第三は選択性の向上である。

この場合の選択とは、サービスの選択と提供者の選択とを意味している。当然のことながら、提供者に対する選択性の向上と、提供者の多様化との間には相関性がある[53]。さらに、その選択が他のある目的を達成するためのものとして位置づけられるならば、「声」(voice)や「出口」(exit)の確保が重要である。「声」とは応答性の確保に、「出口」は選択の幅の拡大に資するとされ[54]、具体

的には不服申立制度や「市民憲章」（Citizen's Charter）が挙げられている。

その第四は公平性の確保である。

公定価格を設定するだけでなく，低所得者に対する費用負担の無料化・減免策が講じられることで，所得や支払能力，性別や人種に関係なくニーズに対応したサービスの利用が可能になる[55]。また，サービス提供側からすれば利用者を選別する必要に乏しく，その提供時に利用者を差別する危険性も低下する。しかし，その確保には個人の資源に対する要求と，そのサービスの利用との一致が必要であるとされる[56]。

以上のように，準市場の原理は，サービス提供体制における効率性，応答性，選択性，公平性の達成を目的として，市場構造を転換し，情報の非対称性を緩和・排除し，提供の安定性やリスクシェアリングとしての取引費用の確保を求めるものである。さらに公平性を確保するためにクリームスキムの防止が求められるという対応関係を持っている。

重要なのは準市場化の目的が，従来の公共サービス提供体制における短所の克服にある点である。そのために一定の公的規制を加えつつ，市場の長所とされる種々の要素を取り入れることになった。

ルグランらはイギリスにおける準市場の原理の導入について，教育，医療，コミュニティケアにおけるケアマネジメントは，市場構造と情報の点で成功条件に合致しているという評価を下している。しかし，社会サービス部などを購入者とした改革では，公平性に関する大きな反動はないものの，効率性や応答性，選択性の達成には見通しが立っていないと指摘している[57]。

また，1994年の研究では，イギリスにおける準市場の形成は，費用と提供の分離を通じたその目的は達成されていないとの評価が下されている[58]。その理由の第一は，福祉分野における準市場の形成には相も変わらず「市場の失敗」が付きまとっていること[59]，第二は，サービスの向上よりもクリームスキムやコスト削減の圧力が潜在的に存在していること[60]，第三は，ケアマネジャーや保護者といった「購入者」が利用者の代理として機能する技能の欠如がみられること[61]，最後に現段階での組織形態が利用者のエンパワメントにも，政府の目的にも合

第2章　イギリス国民保健サービスおよびコミュニティケア改革における「市場化」と準市場の原理

致したものではないこと⁽⁶²⁾，が広範にみられるためであるという。

したがって，イギリスの社会サービスにおける準市場の形成では，構造上の不完全さから費用の節約，質と選択性の確保，利用者のエンパワメントへの効果は「はなはだ不明瞭」（very unclear）⁽⁶³⁾な現状となっているという。

⑴　George, G. & Taylor-Gooby, P., *European Welfare Policy: Squaring the welfare circle,* Macmillan, UK, 1996, pp.101-104.
⑵　*Ibid.,* pp.104-114.
⑶　LeGrand, J. & Estrin, S., *Market Socialism,* Clarndon, 1989.
⑷　*Ibid.,* pp.20-21.
⑸　馬渡尚憲「J. S. ミルの社会主義論」杉浦克己・高橋洋児『市場社会論の構想　思想・理論・実態』社会評論社，1995年，204頁。
⑹　同上書，236頁。
⑺　LeGrand, J. & Bartlett, W., *Quasi-Markets and Social Policy,* Mcmillian, UK, 1993, p.3.
⑻　*Ibid.*
⑼　*Ibid.,* pp.4-6.
⑽　*Ibid.,* p.4.
⑾　*Ibid.*
⑿　*Ibid.*
⒀　*Ibid.,* p.5.
⒁　*Ibid.*
⒂　*Ibid.*
⒃　*Ibid.*
⒄　*Ibid.,* pp.7-8. 中道左派に属する *Samiztat* 誌に掲載の Young 論文を引き合いに出し，政治的立場にかかわりなく，公的部門による供給体制の見直しが求められていることを指摘している。
⒅　*Ibid.,* p.10.
⒆　Bartlett, W., Plopper, C., Wilson, D. & LeGrand, J., *Quasi-markets in the welfare state: the emerging findings,* SAUS, UK, 1994, p.1.
⒇　LeGrand, J. & Bartlett, W., *op.cit.,* p.10.
(21)　Bartlett, W., Plopper, C., Wilson, D. & LeGrand, J., *op.cit.,* p.11.
(22)　LeGrand, J. & Bartlett, W., *op.cit.,* p.11.
(23)　*Ibid.,* p.19.
(24)　*Ibid.,* p.21.

(25) *Ibid.*, p.23.
(26) *Ibid.*, p.24.
(27) *Ibid.*, pp.206-207.
(28) Knapp, M., Hardy, B. & Forder, J., "Commissioning for Quality: Ten Years of Social Care Markets in England", *Journal of Social Policy,* 30-2, Cambridge, 2001, pp.287-291.
(29) Lapsley, I., "Costs, Budgets, and Community Care", Clark, C. & Lapsley, I. eds., *Planning and Costing Community Care,* Jesica Kingsley, UK, 1996, pp.118-119.
(30) LeGrand, J. & Bartlett, W., *op.cit.*, p.24.
(31) *Ibid.*, p.26.
(32) *Ibid.*, p.207.
(33) 矢部久美子『ケアを監視する　イギリスリポート』筒井書房，2000年，173〜203頁。
(34) LeGrand, J. & Bartlett, W., *op.cit.*, p.209.
(35) *Ibid.*
(36) *Ibid.*, p.26.
(37) *Ibid.*, p.30.
(38) *Ibid.*, p.211.
(39) *Ibid.*
(40) *Ibid.*, p.212.
(41) Moony, G., "Quasi-Markets and the Mixed Economy of Welfare", Lavalette, H. & Pratt, A. eds., *Social Policy: A Conceptual and Theoretical Introduction,* Sage, 1997, p.237.
(42) Flynn, R., Pickard, S. & Williams, G., "Contracts and the Quasi-Market in Community Health Services", *Journal of Social Policy,* 24-4, Cambridge, 1995, pp. 548-549.
(43) LeGrand, J. & Bartlett, W., *op.cit.*, p.30.
(44) *Ibid.*, p.31.
(45) *Ibid.*, p.216.
(46) Kendall, J., "Of Knights, Knaves and Merchants: The Case of Residential Care for Older People in England in the Late 1990s", *Social Policy and Administration,* 35-4, Blackwell, 2001, p.364.
(47) LeGrand, J. & Bartlett, W., *op.cit.*, p.31.
(48) *Ibid.*, p.32.
(49) *Ibid.*
(50) *Ibid.*, p.33.

⑸1 *Ibid.,* p.15.
⑸2 *Ibid.,* p.16.
⑸3 *Ibid.,* p.17.
⑸4 *Ibid.,* p.18.
⑸5 *Ibid.,* p.19.
⑸6 *Ibid.*
⑸7 *Ibid.,* pp.218-219.
⑸8 Bartlett, W., Plopper, C., Wilson, D. & LeGrand, J., *op.cit.,* p.3.
⑸9 *Ibid.,* p.2.
⑹0 *Ibid.,* pp.2-3.
⑹1 *Ibid.,* p.3.
⑹2 *Ibid.*
⑹3 *Ibid.,* p.6.

第3節　準市場化にかかわる諸問題

　前節でみた準市場の原理は，一定の成功条件を充足した場合に生産性効率，応答性，選択性の向上が期待され，かつ公平性をも確保できるというものであった。すなわち，システムとしての準市場の形成は，成功のために整備すべき条件と，その後の評価の双方の観点からの検討が必要である。しかし，それらは理論的な想定であり，具体化・現実化する際には様々な問題を生じさせることになろう。

　本節では，福祉サービスの準市場化に関する先行研究の整理から，その課題を抽出し，問題点を把握する。

　そこでまず，準市場の理論を体系化したルグランら自身の手になる三つの論文を通じて，準市場化の課題を整理してみよう。

　(1)　"Quasi-markets and social policy"（1991）から[1]

　この論文では，右派による福祉官僚制への批判がX非効率や配分的非効率の観点からなされていることに注目し，それらの問題を公平性が失われることなしに解決できるのが，準市場のポイントであると指摘する[2]。つまり，準市場の導入は利用者にとっても，サービスの提供者にとっても，「産出（output）はよ

り効率的で公平なものになる」とされた。[3]

　彼は効率性と公平性を論じるにあたり，第一にX効率の問題を取り上げている。これは，生産組織内における効率性に着目したものであり，生産要素としての労働に関し，「努力」や「動機」といったものが生み出す生産上の効率性である。[4]彼によれば，競争的な性格を持つ準市場の形成によってX効率性がもたらされ（つまり「ヤル気」が生まれ），コストの削減につながるとされる。しかし，準市場形成の一側面である，提供体制の民営化（privatization）は，様々な理由によりコストの上昇圧力が作用するとも述べている。[5]その一つは，市場の効率的運営のための基盤整備によるものである。二つには広告費用とシェア拡大のための費用である。三つには労働力や他の投入費用が上昇することである。公的なサービスは労働力の独占的購入を通じて提供されることになるが，準市場では，提供者から購入者へと公的部門の役割が変化することから，提供者間で労働力確保の競争が生じ，その結果，従事者の所得水準も向上するとされる。四つには効果の測定は産出（output）よりも投入（input）で行うことが容易であるため，投入に要するコストが上昇しがちであるという。最後に，短期的にみて政治的な要因でコストが上昇する可能性があることである。システムの変化が従事者に悪影響を及ぼす可能性があるので，政府はそのような不安を減少させるため給与や他の資源の水準を引き上げ，結果的にコストの上昇をもたらすという。

　さらに，効率性をめぐるもう一つの柱としての配分的効率性（allocative efficiency）については，予算やバウチャーの使途に関して利用権を付与するアセスメントと，その使途の決定とは分けて考えられなければならないという。[6]そのために，利用者にはケースマネジャーを選択することが認められなければならないともいう。[7]

　また，公平性については，準市場の原理が選別的な性格を持つことを認めつつ，その解決策の一つとして，PDV（Positive Discriminatory Voucher）を挙げている。これは，より大きなニーズを持つ貧困者に対して，より多くのバウチャーや予算を配分することである。[8]ただし，これには所得調査をともなうこと

になるため，スティグマや手間，補捉率の低下をともなうといった弱点があることも認めている[9]。

以上のように，準市場の形成には，第一に効率性をめぐる限界が，第二に公平性の確保にかかわる限界があることが示唆されている。

(2) *Quasi-markets in the welfare state: The emerging findings*（1994）[10]から

この研究では，イギリスにおける準市場化により生じた問題を，次の四点に集約している。その第一は情報の非対称性，参入障壁，産出に関する情報不足，独占的な関係が原因となって起こる市場の失敗がみられることである[11]。第二は現段階における契約関係のあり方に関する問題であり，それによっても市場の失敗が解決されておらず，費用主体とサービス提供者，代理者とが，適切に対応できていないということである[12]。その結果，サービスの質の向上よりも，クリームスキムやコスト削減を潜在的に指向しがちになったと述べられている[13]。第三は，地方自治体やケアマネジャー，保護者自身の代理者機能の機能不全である。すなわち，現状において効率的で公平な選択を行うための十分な能力と情報の欠如がみられることを指摘している[14]。最後に，購入者の肥大化が，中央政府と利用者の双方に対して責任を持ちうるかという懸念が表明されている。すなわち利用者のエンパワメントと中央政府の目的との均衡が困難になるという点である[15]。端的にいえば，「費用と提供の分離だけでは改革の目的は達成できない[16]」という。

この研究では，準市場化が，いわば，契約機能や代理機能の不全によって，「新たな市場の失敗」を生み出していること，購入主体の肥大化が，ニーズの充足とコスト削減という，生産性効率の達成を困難にする点が指摘されている。

(3) "Knights, Knaves, or Pawns? Human Behavior and Social Policy"（1997）[17]から

この研究では，イギリスだけでなく，他の先進諸国においても生じた福祉国家の変化を，①準市場化の進展，②税や社会保障制度による所得再分配を行う福祉システム（'fiscal' welfare）から，規制や法的枠組みを通じた福祉システム（'legal' welfare）へと比重を移す変化がみられること（例えば，最低賃金や労働時

間に関する規制など[18]）を挙げ，その変化の理由を人間観の変化と関連させて分析している。

彼は，旧来のシステムにおいて前提とされてきた固定的な人間観について疑問を呈し，人間は異なる動機づけを持ち，それを許容する仕組み（'robust' policy）こそが，成功する可能性を持つと主張する[19]。したがって，準市場化の進展と，規制や法的枠組みを通じた福祉システムを生み出す背景となった，政策形成の前提である人間観に関する「仮定」（assumption）を分析する必要があるとした[20]。

そこで，このような新たな変化が生じた理由を分析するために，政策形成の前提である，人々の行動（behaviour）や動機づけ（motivation）を類型化し，その政策形成との関連を整理している。すなわち，第一に，公共的利他心に基づく行動（Knights），第二に，私益を追求する行動（Knaves），第三に，受動性（Pawns），という概念を導入して分析を行った。彼は従来の福祉国家においては，公共的利他心を持つ政治家や官僚が財政や運営を担い，その対象を受動的な存在としてみなしてきたのではなかったかと指摘する[22]。換言すれば，公共の利益を追求するという仮定に基づいた福祉官僚制や専門家支配と，それが生み出す受動的なサービス利用者観に対する懐疑であった。彼は，他の先行研究の分析から，福祉国家における税や社会保障負担の増加は利他的動機に基づくものでなく，むしろ，中産階級における私益の追求と密接にかかわっていたと指摘する[23]。つまり，いわゆる福祉の中流階層化による新たな変化の背景には，サービス利用者が，従順で受動的な存在ではなく，私益を追求するためにそれを利用する者へと変化を遂げたという見方をするのである。

したがって，「神の見えざる手」の機能も組み込まれている準市場では，私益の追求が可能になり，提供者や購入者（利用者）によるそれらの行動が，効率性の上昇をもたらし，社会的厚生が最大化されうるとする[24]。こうして，政策立案者は，その立案や費用に関する公共的利他心を維持しつつ，私益の追求を可能にする枠組みを用いることになった。それにより，利他心だけを持つとされたサービス従事者（スタッフ）の存在を，私益を追求する存在へ変化させる

第2章 イギリス国民保健サービスおよびコミュニティケア改革における「市場化」と準市場の原理

ことを可能にし,受動的であった利用者もまた,私益を追求する存在へと変化させることを可能にしたと指摘する[25]。

このように,政策形成における仮定の変化は,人々が私益の追求をするという前提での戦略(knaves strategy)を立てるのか,その逆に,コミュニタリアンのように,人々の再教育によって,公共的利他心を前提にした戦略(knights strategy)を立てるのか,という「福祉戦略」(welfare strategy)が示された[26]。私益の追求を前提として立てられる戦略の場合,サービス提供者のもつ動機づけが公共的利他心に基づくものであっても,私益の追求に「全力を尽くすようにな」り[27],利他的な動機づけの存在を無視しがちになってしまうのである。一方,公共的利他心を前提にした戦略の場合,個々人の行動を修正することによって公共的利他心を再び持たせることが可能になり,その意味では自己中心的な「Knaves」から,他者配慮的な「Knights」へと転換を遂げる手助けにもなるという[28]。

しかし,これらの単一的な見方に依拠する「福祉戦略」は限界を持つ。その理由には,人間行動に対する「われわれの無知」(our ignorance)があるためである[29]。

したがって,第三のアプローチとして,人間の行動や動機づけを固定的に捉えず,様々な動機づけや振る舞いをみせる人間像を前提に,柔軟で耐久力のある福祉政策(robust welfare policies)の必要性を訴えている[30]。その一例として,介護サービスにおける「パートナーシップ」(partnership),「マッチング」(matching)を提案している。ミニマムの部分は,利用者本人が「私益の追求」によって確保し,そのうえに,一定の予算制約を行いつつも,親戚や他者によるインフォーマルケアの提供に補助金を支出して(matching fund)[31],上乗せして行うように仕向けるものである[32]。これにより,利他心という動機づけと,私益の追求という行動とが両立可能になるとする。結局,将来的な福祉政策の目標達成には,人間の動機づけに対する「無知」を前提とした,いかなる動機づけや行動にでも対応できる最善の策が提案されなければならないとした[33]。

以上のように,この研究では,政策形成の前提となる人間観に注目している。

すなわち，過去や将来にわたって，固定的人間観——それが性善説であろうと，性悪説であろうと——を前提にした制度設計は，限界を生み出しがちである。それゆえ，人間の多様性に関する現実的な仮定を通じた政策形成の重要性を指摘する点に特徴があろう。

次に，他の先行研究からその課題を抽出してみよう。

まず，準市場の形成と発展をいち早く経験したイギリスで，福祉サービスの準市場化による影響を論じた他の研究について概観してみよう。

①ホイズとミーンズ（Hoyes, L. & Means, R.）らの指摘から

まず，彼らは，準市場における公平性とは，最大多数の利用者に対して提供される一定の資源の範囲内でしかなく，高価で嗜好的とされるサービスはケアマネジャーなどによって無視されてしまうとした[34]。

また，効率性と効果の観点からは，利用者は自分に必要で，費用に見合ったサービスを，あたかも店をめぐって買うようなことは困難であり，また不適切なサービス提供者との取引をやめた場合に，新しいサービス提供者を見つけることも困難であると指摘している[35]。また，ケアマネジャーが利用者の代弁者となることの限界を指摘している。そのうえで，効率性の達成は狭義のコスト最小化を意味するとし，その結果，低賃金で雇用されている施設職員やホームヘルパーなどのサービス従事者に「災い」（disaster）をもたらすであろうと指摘している[36]。

②カトラーとウェイン（Cutler, T. & Waine, B.）の指摘から

イギリスにおける保健サービスと教育サービスの比較を行った彼らによれば，準市場の原理は「評価的」（evaluative）であるという。準市場の形成がもたらす効果は前もって定められた基準に沿って評価され，その基準は，コスト指向の政策的決定（cost driven approach）によってなされる点に問題があると指摘する。すなわち，効率性や公平性の判断基準が政策的に決定されることによって，専門的なサービスの提供を裁量的に実施することが非常に困難になるという[37]。

次に，イギリスとは異なる歴史や制度的背景を念頭におきつつ，わが国にお

ける準市場の形成に関する整理をみてみよう。

①駒村康平の整理

　わが国における準市場研究の第一人者である駒村は，1995年に，「Quasi-markets の考え方とその研究蓄積」について紹介し[38]，99年には準市場の原理と関連させながら，介護保険制度，社会福祉基礎構造改革を論じている[39]。そこでは社会福祉基礎構造改革を，供給サイドにおける準市場メカニズムの整備であると評価し[40]，第一に財・サービス市場に与えるインパクトを，第二に労働市場に対するインパクトを，第三に資本市場に与えるインパクトを論じている。

　第一の財・サービス市場に対するインパクトでは，品質に関する情報の流通とクリームスキムの防止に配慮しつつ，質の競争が行われるだろうと予測している[41]。第二の労働市場に対するインパクトでは，「介護従事者への賃金・待遇は，通常の産業と同様に生産性と需給に基づいて決定されるべき」であり，「介護従事者に十分な待遇をし，専門性を評価できる賃金システムの構築」が求められると述べている[42]。さらに資本市場に与えるインパクトでは，従来の制度は特殊な消費会計ルールであったこと，規模の経済や範囲の経済の達成が困難であったことに基づいて，「社会福祉法人の資本調達の多様化と民間事業者の参入，施設規模に関する規制緩和，公立の特別養護老人ホームの民営化なども今後検討すべきであろう」とした[43]。

②広井良典の指摘

　彼は，社会保障の一分野としての「福祉」の意味を，①「低所得性」に注目する施策の意味と，②「対人社会サービス」としての施策の意味に整理し，後者を，「サービス」をキーワードとして「他のサービス業と本質的に変わるものではない」とする[44]。したがって，「福祉という分野は……日本における『リーディング・インダストリー』」となりうると述べたうえで[45]，財政とサービス提供の公私の組み合わせのうち，「財政＝公，提供＝私」によって形成される「擬似市場」の論点を整理している[46]。

　彼は，介護保険制度を「擬似市場」と明確に位置づけ，一般的市場との違いを，財政の公的保障ゆえに，所得再分配上の公平性に関する問題は生じないと

する一方で,「公」が財政とサービス提供を行う場合に比べ,①サービスの質の確保とチェックに関する課題があること,②要介護度の軽い者を提供者が選別する「クリームスキム」の発生,という「基本的な問題を生む可能性を持っている[47]」とする。

以上のような問題点を認めつつ,「擬似市場的なシステム」を構築するためには,第一に,提供者間の競争条件を等しくするイコール・フッティングを行うこと,第二に,情報の非対称性が小さいという理由から,消費者自身による評価が反映される仕組みが重要であるという[48]。このような仕組みを,普遍的な対人社会サービスの領域に「積極的に取り入れ」る必要があるとしている[49]。

③樫原朗の指摘

樫原は,イギリスの地方自治体構造とコミュニティケアの変質過程を丹念に整理し,自治体がニーズを満たすためのサービスを十分に確保する役割を担う(enabling authority)[50]ようになったことに着目する。彼によれば,購入者と提供者の分離を行う準市場の導入は,契約文化の導入を意味し,地方自治体は提供者の役割から,条件整備主体(enabler)としての役割を見出すことになったという[51]。その結果,そこで働くケアマネジャーには,個人レベルでの購入や,戦略的なマクロでの購入に関することよりも,「予算を展開することの重要性[52]」が強調され,「購入者と提供者の新しい関係は専門的な考慮よりもマネージャー的考慮によって決定された[53]」と述べている。

④田邉泰美の指摘

直接的に準市場を主題にした研究ではないが,ケアマネジャーを効率的な資源の配分者としてではなく,福祉専門職として考えた場合,田邉の指摘は興味深い。

彼は,イギリスにおける市場原理の導入とソーシャルワークとの関係を研究し,準市場の基本である提供者と購入者の分離が,「ソーシャルワーカーのアイデンティティを揺るがしかねない[54]」と懸念する。

つまり,援助展開に当たって法的要件の重視(legalism)が進行し,財源的制約と相補関係にありながら選別主義をもたらすことになり,市場原理による

選別主義が普遍主義の解体につながること，ジェネリシズムの解体につながることを懸念している。長くなるが，引用しよう。

「購入者／提供者分離システムでは，クライエントは表面的なニーズやリスクによる選別排除の篩にかけられ疎外感を募らせ，ソーシャルワーカーもその権限や裁量が制約され無力感を募らせるだけである。ジェネリシズム（もしくはスペシャリズム）を根本で支えているケースワークという概念の解体であり，それはソーシャルワーカーの喪失を意味するものである」。

⑤竹内健蔵の指摘

公定価格と効率性の問題を研究した竹内は，規制当局と企業との間に「情報の非対称性」が存在することを出発点として，最適な価格規制のあり方は，「規制当局ができるだけ企業の情報を把握することによって，その企業の経営努力と，社会的厚生に導くプログラムを見つける」ことによって実現可能であるという。

しかし，価格規制における情報の非対称性の存在は，ファースト・ベストの資源の最適配分を阻害することになり，資源配分の効率性をもたらさないだけでなく，「資源配分の効率性（allocative efficiency）と生産の効率性（internal efficiency）との間には常にトレード・オフの関係がある」と，結論づけている。

⑥岡崎祐司の提案

岡崎は，「市民本位の社会福祉サービス」の構築に向けた試論的考察で，介護サービスの準市場化は，システム全体が市場原理によって支配されていないとしながらも，「市場の周辺に，市民の協力・協働・公共の機能が必要」であるという。地方自治体が，準市場をコントロールする役割を担い，その役割に事後チェックを行う「レフリー」としてではなく，市民本位に方向づけるナビゲーターと，公共の原理を貫徹させるマネジャーとして位置づけるべきであると指摘している。

以上，本節ではまず，準市場の原理を体系化したルグランら自身による，その形成にかかわる問題点を述べた。そこから明らかとなった課題の第一は，準市場の原理が公平性を阻害する危険性を本質的に持っていること，第二の課題

は，代理者や契約の機能不全と購入主体の肥大化がみられると，効率性が阻害される危険性を持っていること，そして，第三の課題として，政策立案の前提に，多様な人間観を組み込むことの必要性が提起されているといえよう。

次に，イギリスとわが国における先行研究を整理した。すでに準市場が本格的に展開されているイギリスと比べ，わが国におけるその展開は途上にあるだけでなく，歴史的，制度的背景が異なる。そのため，単純な比較は難しいが，ルグランらの示唆に対比させて，いくつかの共通した問題点を抽出してみよう。

第一は，公平性についてである。

ルグランらは，準市場のもとでも低所得層の選別が起こりうるが，「PDV」の導入によって回避されうるとし，市場原理が持つ低所得者層の排除の危険性を否定しなかったが，準市場における「ニーズに応じたサービスの利用」という基本原則に照らしてみた場合，以下の問題点が抽出できよう。

すなわち，準市場では資源の制約が所与の条件である。そこでの公平性の問題には，第一に所得の多寡にかかわらず，サービス利用の可否が財源的制約と表裏をなす法的要件によって選別される可能性があり，準市場そのものから「対象者」が排除されることがある。準市場における公平性とは，あくまでもその市場という「枠内」での（不完全な）公平性にしか過ぎず，「枠外」までも射程に入れたものではない。準市場のベースにのることができる者に焦点を当てており，サービスを必要とする者の誰もに，その参加を保障しているわけではないという問題点を持つ。

また，公平性にかかわる課題の二点目には，サービス利用者の福祉追求を行う代理人機能の不全が，サービスの利用に当たって歪みをもたらすことである。例えば，わが国では，医療受診の場面において，「A病院のB先生は名医（ヤブ）である」という情報によって，自己のニーズを満たすことが可能であるが，わが国の介護サービスではケアマネジャー本人を選ぶことはできない。「名ケアマネジャー」に当たるかどうかは，まさしく「運」次第なのである。

結局，これらにみられるようなニーズとサービスの利用（可能性）との不一致は，それらの対応関係で保障される公平性に限界を持つことになる。その点

で，岡崎の指摘は，公平という公共性の復権に示唆的である。

　第二は，効率性の問題である。準市場の原理には，従来は難しいとされた効率性と公平性の両立を可能にする点に特徴がある。ルグランらは契約や代理人機能の機能不全や，購入者の肥大化による効率性の低下を指摘したが，先行研究の整理からも同様に，契約や代理人機能の限界や不全によって，その改善が阻害されていることが指摘されている。特に，準市場における効率性の追求が，理論的には生産性効率の追求を意味しながらも，現実には粗効率性の追求になりがちであり，組織としての提供者のあり方だけでなく，その組織の構成員にも影響をもたらしていることが示された。

　加えて，わが国では福祉サービスに統一的な公定価格を設定し，サービス提供者に対して効率性上昇へのインセンティブを与えようとしているが，竹内の指摘にみるように，むしろ，費用の最小化というインセンティブを与えてしまっていることも予測される。

　以上，準市場化の進展によってもたらされる諸問題について検討してきた結果，公平性と効率性に関する問題が大きいことが明らかになった。特に，わが国では，財源的制約の克服としての規制緩和が推進されており，サービスの提供者と利用者が対峙する現場や実践において，粗効率性が追求されることとなる。

　また，準市場の原理は，公的規制をともなう特殊な市場形態であり，それが「市場の失敗」と「政府の失敗」を克服するものであるとされた。しかし，基本的なシステム構成は市場原理に基づくものであり，システムの一部を形成する種々の公的規制は，政策決定に由来する。したがって，政策展開の目標や規制の意義が，市場原理に取り込まれる中で変質した場合，公的規制は空洞化し，一般的市場が持つ危険性に対する抑止力が作用しない。

　準市場の原理には，根本的な意味での公的責任を変質させずに，提供者と購入者をコントロールするという暗黙の前提があるように思われる。しかし，その前提が崩壊したとき，準市場の枠組みは，「消費者」には有効であるが，「利用者」には危険さえ及ぼすものであるということになる。つまり，準市場の有

効性は，公的責任に関する理念や方針が明確であり，かつ，それが「市場」の参加者に共有された場合にもたらされると考えられる。

ところが，わが国福祉サービスにおける「利用者」は，選択や自己決定能力を持つ者として位置づけられている。ルグランは，そのような固定的な人間観に基づく政策立案の危険性を指摘した。裏返せば，多様な人間観に基づく公的役割の位置づけと，サービス提供者や利用者に，多様な動機づけや行動をとる「自由」が許容されていなければ，形成される準市場は，本来の機能を果たし得ず，一般的市場に近似した「市場化」が進められることになる。わが国では，準市場に関する研究が蓄積されるようになってきたが，規制緩和論ともあいまって，経済学的観点からの楽観的な論調が目立つ。これらの研究では，目標や予測される結果について述べられている点に意義があると思われるが，それを現実化・具体化する諸条件の整備については，「配慮する」「決定すべきである」と，楽観的に思われる。しかし，今までみてきたように，その条件整備は容易ではなく，むしろ現実は，理論どおりに機能していないことに注意が必要である。

これらの問題点を構造的に捉えると，公的責任の変質が公平性の確保を困難にしていること，市場メカニズムの弱点を緩和するはずのケアマネジメントが，粗効率性の追求に一層の拍車をかけ，その間で板ばさみになっている「消費者」の姿を見出すことができる。

これらの知見を踏まえて，次章ではわが国の福祉サービスの準市場化がいかなる特徴や課題を持つのか分析していくことにする。

(1) LeGrand, J., "Quasi-markets and social policy", *The Economic Journal*, 101, Great Britain, 1991.
(2) *Ibid.*, p.1262.
(3) *Ibid.*, p.1263.
(4) 佐伯啓思・間宮洋介・宮本光晴『命題コレクション　経済学』筑摩書房，1990年，63〜64頁。なお，著者の宮本はこの問題に関して組織構成員の動機づけを人格的要因としつつも，それが最終的に組織そのものに向けられるという点で非人格的要因でもあるとして，人格—非人格要因が「組織に固有の問題領域となる」と指摘して

いる。同書，69頁。
(5) LeGrand, J., *op.cit.*, pp.1263-1265.
(6) *Ibid.*, p.1266.
(7) *Ibid.*
(8) *Ibid.*
(9) *Ibid.*
(10) Propper, C., Bartlett, W. & Wilson, D., "Introduction", Bartlett, W. & Propper, C. eds., *Quasi-markets in the welfare state: The emerging findings*, SAUS, Bristol, 1994.
(11) *Ibid.*, p.2.
(12) *Ibid.*
(13) *Ibid.*, p.3.
(14) *Ibid.*
(15) *Ibid.*
(16) *Ibid.*
(17) LeGrand, J., "Knights,Knaves, or Pawns? Human Behavior and Social Policy", *Journal of Social Policy*, 26-2, Cambridge University Press, 1997, pp.149-169.
(18) この「規制や法的枠組みを通じた福祉」が発展した理由の一つには，戦後社会保障制度の前提が崩れ，社会保障制度を通じた不平等の是正が困難になったことがあるという。それゆえに，所得再分配ではなく，規制や法的枠組みを通じた介入が求められることになったとする。*Ibid.*, pp.152-153.
(19) *Ibid.*, p.150.
(20) *Ibid.*, p.153.
(21) *Ibid.*, p.149.
(22) *Ibid.*, p.157.
(23) *Ibid.*, p.158.
(24) *Ibid.*, p.159.
(25) *Ibid.*, p.160.
(26) *Ibid.*, pp.161-163.
(27) *Ibid.*, p.162.
(28) *Ibid.*, p.163.
(29) *Ibid.*
(30) *Ibid.*
(31) *Ibid.*, p.166.
(32) *Ibid.*, pp.165-166.
(33) *Ibid.*, pp.166-167.
(34) Hoyes, L. & Means, R., "The impact of Quasi-Markets", *Community care: a*

    reader (2nd ed.), Palgrave, 1997, p.300.
(35) *Ibid.*, p.299.
(36) *Ibid.*, p.300.
(37) Cutler, T. & Waine, B., "The politics of quasi-markets: How quasi-markets have been analysed and how they might be analysed", *Critical Social Policy*, 17-2, SAGE, 1997, p.23.
(38) 駒村康平「英国における社会サービスへの市場メカニズム導入政策の研究体系―Quasi-markets 研究の紹介」『海外社会保障情報』第112号, 社会保障研究所, 1995年, 75頁。
(39) 駒村康平「介護保険, 社会福祉基礎構造改革と準市場原理」『季刊社会保障研究』第35巻第3号, 国立社会保障・人口問題研究所, 1999年。
(40) 同上論文, 279頁。
(41) 同上論文, 280頁。
(42) 同上。
(43) 同上。
(44) 広井良典「経済社会における社会福祉のグランドデザイン」『月刊福祉』2000年1月号, 全国社会福祉協議会, 25頁。
(45) 同上。
(46) 同上論文, 26頁。彼は,「quasi-market」を,「準市場」ではなく,「擬似市場」と訳出している。
(47) 同上論文, 27頁。
(48) 同上論文, 27〜28頁。
(49) 同上論文, 28頁。
(50) 樫原朗「イギリス地方自治体の変遷の中でのコミュニティケア」『神戸学院経済学論集』第28巻第4号, 1997年, 29頁。
(51) 同上論文, 28頁。
(52) 同上論文, 35〜36頁。
(53) 同上論文, 36頁。
(54) 田邉泰美「英国児童虐待防止研究――市場原理と児童虐待防止ソーシャルワークのゆくえ」『園田学園女子大学論文集』第36号, 2001年, 11頁。
(55) 同上論文, 23頁。
(56) 同上論文, 28〜29頁。
(57) 竹内健蔵「情報の非対称性下における価格規制と外部費用の内部化」『公益事業研究』第45巻第1号, 1993年, 58頁。
(58) 同上論文, 66頁。
(59) 同上論文, 55頁。
(60) 同上論文, 69頁。

(61) 岡崎祐司「福祉の『市場化』＝準市場という規定から見えてきたこと」『賃金と社会保障』第1357号，旬報社，2003年，4頁。
(62) 同上論文，8頁。
(63) 同上論文，9頁。
(64) 同上。

第 3 章
わが国の福祉サービスにみる
準市場化の共通性と差異性

前章では、イギリスにおける福祉サービスの市場化および準市場の原理と課題について概観した。イギリスにおける市場化は、わが国と異なり、公的部門が利用者の代理人として入札方式で購入し、それを利用者に提供する方法を採っている。しかし、わが国における福祉サービスの市場化の枠組みとも共通する部分は多く、それは、「準市場化」として分析することが可能である。

　したがって、1990年代半ば以降の「構造改革期」における一連の制度改革を、準市場の原理に基づいて分析し、各制度の特徴を整理する。具体的な対象は、保育サービス、介護サービス、障害者福祉サービスである。次にそれらの共通性と差異性を抽出し、わが国の福祉サービスの準市場化の特徴を探る。

第1節　保育サービスの準市場化

　1997年2月21日、時の厚生大臣であった小泉純一郎は、中央児童福祉審議会に対して「新しい時代にふさわしい質の高い子育て支援の制度として再構築を図る」ことを趣旨として、児童福祉法の改正について諮問書を交付した。とりわけ、保育所に関する事項の見直しとして、第一に保育所入所の仕組みを改めること、第二に保育所の多機能化を図ること、第三に保育料徴収方法の見直しを行うことであり[1]、その後、同年6月11日に平成9年法第74号として、改正児童福祉法が公布された。

　ところで、1990年代半ばからの「構造改革」路線では、いわゆる措置制度の弊害や硬直性が、逼迫する財政状況を背景として問題視されてきたが、保育制度もその例外ではなかった。加えて、少子高齢化の進展によって保育対策は、「育児と仕事の両立」の支援を目的とすることになった。つまり、保育対策は労働力確保の側面をも強調されることになった。「21世紀福祉ビジョン」では、「子供を生むか生まないかは本人の選択に委ねられるべき事柄である」としつつも、「人口減少型社会」に対応するための環境とシステムを作り上げるべきであるとし、保育サービスが個人的利益につながるものであると同時に、社会的利益をもたらすといった両面を持ち合わせていると指摘した。

結果として改正児童福祉法では，保育制度の仕組みが以下のように改められた。

　第一の変更は，条文から「措置」という文言が削除され，保育所の選択権が保護者に認められたこと（「契約入所方式」）[2]，第二に保育所は保護者に対して情報提供や開示を行うこと，具体的には名称等，施設・設備状況，入所定員，開（閉）所時間，保育の方針，日課・行事予定等，保育料，待機児童数などである[3]。第三に市町村が行う利用料の徴収に関して，所得階層区分を残しつつも応益負担性を強化したこと，すなわち，従来の応能負担方式から，保育サービスの費用を基礎として「家計に与える影響」を考慮した均一的な負担方式へと見直しが図られた点である[4]。これは，保育サービスの対価として，年齢別での均一料金を負担する定額制の「考え方」の導入であった[5]。そのため，保育料徴収基準額は10段階から7段階へと簡素化され，最高階層に対する徴収額についても，限度額が設定された。しかし，結果として「低所得層へのしわ寄せ」[6]につながったとされる。

　この改正に関しては，一方で「法律上の保育所の入所義務・保育の実施責任はなんら変更されているとは言えない」[7]との見解がある。しかし，利用者への選択権の付与，情報提供のあり方などについて変化がみられ，準市場の要素が導入されたといえる。

　そしてそれ以後，1999年，2001年といわゆる「駅伝方式」で改革が進められた。それらの制度改革の方向は，提供体制の多様化を背景にした保育サービスの柔軟化を指向するものであるといえよう。これは保育所制度に選択方式が導入されたことによって，「選ばれる保育所」を目指しての競争が始まったことを意味する。そして競争促進策として，保育にかかわる従来の規制や基準の緩和・弾力化が要請されることになった。

　その第一は乳児保育指定保育所制度を廃止し，乳児保育を一般化したことである。それにあわせて児童福祉施設最低基準が改正され，乳児に対する保育士の配置基準が6対1から3対1へと引き上げられた。

　第二は一定の要件を満たした場合に，短時間勤務保育士の導入が容認された

ことである。「短時間勤務」とは、1日の勤務時間が6時間未満であるか、1カ月の勤務日数が20日未満である保育士をいう。また、その要件は、①常勤保育士数が最低基準の8割以上であること、②各組等において常勤保育士を1名以上配置すること、③常勤の保育士に代えて短時間勤務の保育士を充てる場合の勤務時間数が常勤の保育士を充てる場合の勤務時間数を上回ること、とされた。

第三は給食調理の業務委託である。調理室は引き続き必置とし、調理員を置くことを原則とするが、調理業務の全部を委託する施設にあっては、調理員を置かないことができるとされた。

第四は開所時間の弾力化である。改正以前は通常の保育時間として7時から18時までが設定されていたが、それを各保育所で設定できるようになった。こうして延長保育や夜間保育の実施など、地域の実情や保護者のニーズに合わせた保育の実施が可能となった。

第五は分園方式の導入である。認可保育所の設置が困難な場合、常時2名以上の保育士を配置すれば分園設置が認められた。

最後は定員の弾力化である。郡部で定員割れが発生する一方で、都市部での待機児童の増加がみられることに鑑みての規制緩和である。制度改正以前には年度当初での定員オーバーは認められておらず、また、年度途中における受け入れの上限は定員の15％までにとどめられていた。しかし、改正によって待機児童がいる場合、定員の15～25％の範囲で待機児童を受け入れてもよいとされた。

また、入所方式が契約入所方式に転換されたことにより、市町村は措置権者から事業主体へと変化し、保育所が運営主体として位置づけられた。つまり、措置権者に対する事実行為としての入所申請が「希望入所先の申し込み」とされ、また行政処分としての入所措置が「保育要件の事実確認と入所応諾」となった。

しかし、この変化には「措置の法的性格が改められたとは解釈されていない」とする学説が多く、「措置制度の根幹はいささかも後退していない」とさ

れる。また，保育所制度をめぐる行政・利用者・保育者の三者関係について研究した福田素生は，「部分的な修正はなされたものの基本的な構造は変化して」おらず，結局は利用者の立場の強化にとどまったとしたとするが[13]，その点は特筆されるべきであろう。

さらに1999年度には認可保育所の設置を推進するための措置として，以下の規制緩和が実施された。

第一は保育所設置主体制限の撤廃である。

旧社会福祉事業法では，保育所は第二種社会福祉事業として位置づけられ，社会福祉法人以外でもその実施が可能とされた。しかし，実質的には保育の質やサービスの安定性の確保の観点から，原則として地方公共団体か社会福祉法人による運営が求められていた。つまり，法文上は第二種社会福祉事業でありながら，第一種社会福祉事業に準じた扱いを受けてきた（1963年，児発第271号）。しかし，2000年3月30日付児発295号「保育所の設置認可等について」（厚生省児童家庭局通知）において，待機児童の解消を主目的とした規制の緩和が行われた。これにより，社会福祉法人以外の保育所設置認可申請が認められ，株式会社等の営利企業による駅前保育所の設置などが可能になった。ただし，この場合の認可要件は，当該地域における乳児を中心とした待機児童の解消が目的となっていることが必要である。

第二は小規模保育所の定員要件を30人から20人へ引き下げ，その設置を容易にさせたことが挙げられる。

第三は保育所の不動産所有にかかわる規制緩和である。従来は自己所有であることが求められた不動産について，借地での設置を認めるなど，主に土地の取得が困難である都市部において保育所の設置の推進が図られた。

これらの認可基準の緩和を通じた改正によって，認可保育所の増加に加え，保育所の多様化がもたらされ，利用者をめぐる競争が一層進展することになった。

さて，第一次保育制度改革（1997年）では保護者の選択権が明確化され，第二次保育制度改革（1999年）では認可基準の緩和による認可保育所の増加と提

供者の多様化が意図されてきたが，その一方でいわゆる無認可保育所の問題がクローズアップされてきた。劣悪な保育環境や無資格者による保育によって事故が多発したことを背景に，第三次保育制度改革（2001年）では無認可保育所への対応に主眼が置かれた。

その内容の第一は，無認可保育所に対する監督の強化である。届出制を導入し，その設置状況を把握することとした。さらに「認可外保育施設指導監督の指針」を定め，運営状況を定期的に報告させ，必要に応じて改善勧告を行えるようにした。

第二に悪質な施設の排除を目的とした情報提供がなされるようになった。この場合，事業者自身による情報提供だけでなく，都道府県知事も行うこととされた。

第三は保育所整備促進のために，公有財産の貸付を通じたいわゆるPFI（Private Finance Initiative）方式を活用して，公設民営型の保育所の設置を推進することとされた。

最後は，保育士資格の法定（国家）資格化である。保育士を名称独占資格とし，提供されるサービス水準に関して，ある程度の保障がなされることになった。この背景には無資格者が保育士を名乗り，事故や虐待が発生するなど，結果として保育士に対する社会的信用の失墜がもたらされたことがある。

以上のように第三次保育制度改革の特徴は，サービスの質の確保に主眼が置かれた。つまり，無認可保育所そのものに対する指導監督の強化と同時に，職員の質の確保を資格の法定化を通じて，認可／無認可保育所の垣根をできるだけ低くしようとしたといえよう。

結局，1997年以来の保育制度改革は，保護者による保育所の入所選択権を明確に位置づけるところから出発した。それ以前の措置制度の枠組みとは基本的に変化していないとされながらも，事業主体（市区町村）と実施主体（保育所）との区分がみられるようになり，規制・基準の緩和を通じた民間営利企業を含む提供者の多様化と，費用徴収規定の改正によって応益負担化が進行した。また，規制緩和による提供者の多様化は，質に関する競争が目的とされ，そこで

は最低限のサービス水準を確保するための指導監督や，資格に関する規制などがみられる。保護者自身のニーズの多様化と社会情勢の変化を背景とした，これらの一連の改革は「駅伝方式」で実施されており，いまだその終着点は明らかでない。

しかし，その方向性は次第に明らかになりつつある。保育所間での競争，行政役割の規制の強化や施設基盤の整備への特化，保護者の選択・負担など，それまでの措置制度時代とは異なった動向がみられるのである。

そこで，以下ではこれらの動向を準市場の原理から分析し，その特徴を描いてみよう。

まず，分析に先立ち，わが国の保育サービス提供体制において準市場を形成する購入者，提供者，利用者の関係を整理する。

準市場における購入者とは，サービスを購入する第三者か，利用者との一致がみられることが望ましいとされるが，イギリスでは地方社会サービス部に所属する公務員が，割り当てられた予算で入札方式でサービスを購入するという仕組みをとっている。また，購入者はサービス提供を行わないという消去法的な意味からも位置づけることができる。

次に，準市場における提供者は，利用者に直接的にサービスを提供する主体である。さらに，公的部門の独占的な立場を転換するという観点から，公的部門のみならず，民間非営利部門や営利部門の混在が求められる。

最後は準市場における利用者の位置づけである。提供者との関係では，サービスの選択と利用を行い，購入者との関係では，利用者自身の購買力と無関係に，サービスの利用権が付与されるものである。仮に購入者と利用者が一致していれば（例えばバウチャー制度を用いた場合），問題は生じないが，一致していなければ利用者の福祉追求が購入者に求められることはすでにみたとおりである。

さて，わが国の保育サービス提供体制における三者関係はどのようにみることができるだろうか。

まず，購入者についてみてみよう。すでにみたように，数次にわたる保育制

度改革では，その本質的な部分は変化していないといわれる。しかしながら，保護者の選択権の保障と同時に応益負担化が進行していることをあわせると，購入者は保育費用の支弁者である市町村と並んで，保護者もその領域を構成していると考えられる。つまり，購入者は市町村と保護者が混在する状況である。

次に提供者である。購入者との関係でみた場合，認可保育所においては依然として公費によるサービス供給がなされており，特に公立保育所ではその独立性は乏しいようにみえる。サービスの実質的な提供者は（認可保育所においては），保護者の選択権と関係して「創意工夫」が求められており，その点から自律性が認められる。したがって保育所は提供者としての役割を担っていると考えられる。また，公立保育所のサービス提供に占める割合は半数を超えており，市町村も同時に提供者であると位置づけられる。つまり，提供者は保育所と市町村が混在している状況になっている。

最後は利用者である。保育サービスは，保護者のニーズと児童のニーズとのいずれにも対応するという点に特徴がある。児童福祉法では第一義的に「児童の福祉」のための保育サービスが位置づけられているが，「保育の実施に関する条例準則」では，保護者が満たすべき要件が定められている。つまり，保育サービスは保護者が利用するものであると同時に，その児童も利用するものである。このことから，保護者は購入者であると同時に利用者でもあるが，児童は純粋な利用者であると位置づけられる。したがって，利用者は保護者とその児童となる。

これらの構造は，以前の措置制度時代と比較して，以下のような変化が指摘できる。

すなわち，提供者と購入者の関係において保護者の選択権が保障されたこと，保育所設置の規制緩和によって，提供者の領域における保育所の果たす役割が拡大したこと，同様に，購入者の領域において保護者の果たす役割の拡大がみられるのである（図3-1）。

図3-1に，模式的にあらわしたように，相対的に市町村の果たす役割が減少する一方，保育所の「提供者化」，保護者の「購入者化」が進んだといえよ

A. 1997年改革以前

提供者	購入者	利用者	
保育所	市町村	保護者	児　童

B. 1997年改革以後

提供者	購入者	利用者	
保育所→	→　市町村　←	←　　保護者	児　童

図3-1　三者関係の変化

う。

　そこで，わが国の保育サービスの提供体制における準市場形成のための成功条件の現状をみてみよう。

　その第一は市場構造についてである。

　ここではまず提供者の分散化・小規模化の状況，次に公定価格設定の状況に焦点を当ててみよう。

　まず提供者の状況であるが，提供者には事業主体としての保育所と，運営主体としての市町村がある。サービス提供の構造でみると，保育所が直接的なサービスを提供し，運営主体としての市町村は，保育所に対して費用の支弁を行うという役割を担っている。

　2002年10月に厚生労働省が実施した「地域児童福祉事業等調査」によれば，公立保育所数は1万2422カ所で全体の約56％を占め，公的部門による購入と提供が半数にのぼる。また，1998年と2001年を比較すると，公的部門による提供のペースは，1997年の保育所改革以降で微増傾向（102％）にあり，民間部門が経営する保育所の動向をみてみると，社会福祉法人によるサービス供給の割合が微減（97％）の中，営利部門によるサービス提供は都市部での増加がみられ，全体として微増傾向となっている。

　このように，劇的な提供者の増加がみられないこと，また，依然として公立保育所によるサービス提供圧力が高いことなどから，提供体制の分散化・小規模化は達成されていない状況にあり，制度改革以前と比較して顕著な変化はみられない。

次に公定価格設定の状況である。

保育サービスの購入には，基本的に年齢区分と所得がリンクした「基準額」が設けられている。それをもとに市町村から保育所に支払われる「保育所運営費」は，いわば市町村から保育所に支払われる「公定価格」である。さらに，保護者が支払う保育料は，保護者の所得や児童の年齢に応じて異なり，必ずしも「ニーズに応じた」公定価格になっているとはいい難い。これについては改正前の徴収構造と基本的に変わらないとの指摘もある[18]。

これらから，保育サービスにおける準市場化では，統一的かつニーズに応じた公定価格は設定されていないといえる。さらに利用者側からみた保育サービスの価格決定は，保護者の所得水準といった経済状態と，居住する地域によって費用負担が異なるという点において，サービスそのものについてのコストが反映されない設定になっており，購入・提供体制の両面で不合理な公的統制が維持されていると考えられる。

したがって，価格決定への利用者参加や，サービス提供者に対する予算制約のいずれもが困難で，準市場を形成するための市場構造への転換が不足しており，旧来の措置制度の残滓がかなりの部分でみられることになっている。

第二に情報の非対称性の緩和・防止の方策のあり方についてみてみよう。

準市場の原理では情報の非対称性の緩和・防止により，提供者はコスト計算が容易になり，利用者はサービスの質の監視が可能になる。そのためには第一に契約方式の工夫や契約内容の管理，第二にサービス内容の開示などが必要となる。

そこで，まず契約方式やその内容についてみてみよう。

一連の保育制度改革は，保護者の保育所選択権を認めたが，基本的なサービス提供体制は変化していないとされる。

なお，市町村が認めれば，保育所による入所申し込みの代行が可能である。厚生労働省の調査[19]によると，提出代行を認めている市町村は保育所を設置している市町村のうち，半数以上の54.2％を占めている。しかし，その実施となると，10ポイント近く低下し，それを認めていない市町村とあわせると，6割近

い市町村で代行が行われていない。また，代行を認めていない市町村の8割以上が「保護者からの希望がない」を理由としている。

　また，契約内容の管理という点からすれば，現行の保育制度では保育指針による規定が中心であり，児童の個別性に配慮した保育の実施は，個々の実践者や保育所の裁量に委ねられているのが現状である。したがって，現場の保育内容に関する情報は，「お便り帳」や「通信」といった二次的なものに頼らざるを得ず，保護者が希望する保育，児童にとって望ましい保育が実施されているかどうかを判断することは困難である。

　さらに，利用者補助ではなく，事業者補助の形態をとる「保育に要する費用の支弁」は，年齢別児童数に単価を乗じて算出されるため，なおさら提供されるサービス内容に関する保護者と保育所との合意を必要としない状況である。

　次に情報の開示である。

　1997年の児童福祉法改正によって，市町村に情報提供の義務が課せられた。「児童福祉法等の一部を改正する法律の施行に伴う関係政令の整備に関する政令等の施行について」では，その内容に関して以下が掲げられている。まず保育所の名称や位置，設置者に関する事項である。次に施設および設備の状況に関する事項である。さらに入所定員や入所状況，職員の状況や開所時間，保育所の保育方針，日課や行事予定，特別保育事業の実施状況などの運営に関する事項である。また保育料に関する事項，最後に入所手続きに関する事項などが定められている。これらの告知方法は，厚生労働省の調査によれば市町村広報誌とパンフレット等が主な手段となっているようである。また，インターネットを用いての広報を行っている市町村もある。[20]

　以上，情報の非対称性の緩和・防止の観点からは，利用者の選択に資するという意味では前進していると評価できるが，「契約」的な権利義務関係をともなう情報開示としての性格は希薄であるといえよう。

　第三に取引費用と不確実性をめぐる問題についてみてみよう。

　準市場の形成においては取引過程が複雑化し，不測の事態が発生する可能性が高まる。したがって提供体制の安定化を図るため，取引費用の確保が提供者

に求められる。

　保育制度改革においては，たしかに提供者の多様化はみられるが，費用の支弁者は市町村のままである。さらに保育所には応諾義務が課されており，公法上の委託契約関係には変更がない。提供者と購入者の分離が明確になされたともいえず，結局，保育サービスの提供体制は以前の措置制度に比べて複雑化したとはいえない。

　したがって，個々の保育所による取引費用の確保は求められていないのが現状である。

　なお，入所する児童に事故が発生した場合，保護者が措置権者としての市町村に損害賠償を求めることには見解が分かれるとされるが，判例においては設置主体としての市町村に損害賠償を求めることができるとされている。

　このことから，制度改正による事業主体ならびに運営主体の明確化が，公法上の委託契約関係に変化をもたらさないとしても，今後は実際のサービス提供者がいわゆる「善管注意義務」を負うことになると予測される。その場合，特に民間事業者における取引費用等の確保は重要になるであろう。

　第四に提供者，購入者それぞれの動機づけのあり方について整理する。

　準市場形成のためには，提供者は利潤追求という動機を，購入者は利用者の福祉追求という動機をそれぞれ持つ必要があるとされるが，一連の保育制度改革によって，このような動機づけはみられるようになっただろうか。

　まず，提供者の場合についてみてみよう。

　保育サービスの提供体制においては，民間事業者を含む多様化が進行しているが，利潤追求という動機づけを持っているものは限定的である。その理由として，その半数以上を占める公立保育所，すなわち提供も購入も「公」という状態が民間事業者と併存しており，競争条件が対等になっていないことが指摘できる。例えば，制度改革以後に保育所を開設した民間事業者は2001年10月1日現在で46カ所の増にとどまっている。

　結局，サービス提供者の動機づけとしては利潤追求動機に乏しく，結果として競争が生じる可能性が乏しくなっている。ただし，逼迫する財政状況下での

保護者の自己負担増と表裏の関係にある保育予算の削減は、乳児保育の一般化や延長保育などの導入を指向しながら、それが自主事業として位置づけられたことによって、コスト削減にかかわる競争は進行するであろう。

　次に購入者の動機づけについてみてみよう。

　わが国の保育サービスの提供体制において、購入者に市町村と保護者が混在していることはすでに指摘した。したがって、次の二側面から考えることができよう。すなわち、市町村は利用者である児童の福祉を追求しているか、そして保護者は児童の福祉を追求しているか、の両面である。なお、現行の保育サービスの提供は、あくまでも児童が保育に欠ける状態への対応であり、児童へ焦点化されていることにも注意しなければならない。

　まず、購入者である市町村の児童に対する福祉追求動機について考えてみよう。

　市町村は保育所に対して応諾義務を課すことにより、公的な保育責任を負っているものと考えられるが、それが児童の福祉追求と等しいとは必ずしもいえない。保育所への入所という意味では児童の福祉を確保するといえようが、保育の内容は保育所によって異なっており、入所を希望する児童に対してふさわしい保育が提供されるとは限らない。

　そこで問題になってくるのが、次の保護者の児童に関する福祉追求動機である。これに関しては保育所の選択権が保護者に明確に位置づけられたことによって、児童の福祉の追求と保護者自身のニーズとが両立する可能性を持っている。厚生労働省は2000年12月に保護者向けに「よい保育施設の選び方　十か条」という手引きを作成し、「個々の園の特色や状況はだいぶ違いますし、皆さんの事情も一人一人様々でしょうから、どの園がよいかは、皆さんが目で見て納得することが大切」であると述べ、保護者の興味関心と自己責任に基づく慎重な選択を求めている。

　こうしてみると、提供者の動機づけは、特に公費が投入されている認可保育所において利潤追求型になっておらず、競争が生じにくくなっていること、また、購入者の動機づけにおいては、市町村による児童の福祉追求に対する動機

づけが不明確で，実態は保護者の動機づけによるところが大きいといえよう。

最後はクリームスキムの防止に関してみてみよう。

ニーズのある者が公平にサービスを利用できるかどうか，提供者から不当な選別を受けないかどうかということである。このためには費用の減免策が求められる。

保育サービスの利用に関する保護者の保育料負担は，利用するサービス水準と直接関係せず，費用の支払い先は事業主体である市町村である。したがって，提供者である保育所からは不当に選別されることがない。ところが保育料負担は所得課税区分に応じて決定され，年収300万円程度の低所得世帯において負担の増加をもたらし，保育所利用者の家計実態から乖離した負担水準になっているという。[26]

これらから，サービス提供者の一部を構成する市町村から積極的ではないにしても，低所得層における負担の過重感から，結果として制度そのものを利用できないという，消極的なクリームスキミングを否定できない。保育料負担のあり方を見直す必要があろう。

以上，わが国の保育サービス提供体制を準市場形成の成功条件から整理した。

これをまとめると，第一に市場構造については，措置制度時代と大きく変化した点に乏しく，提供者が小規模化・分散化したとはいえないこと，実態として，統一的な公定価格が設定されていないことを指摘した。第二に情報をめぐる動向では，情報開示の性格があくまでも利用者の選択に資するためのものであり，契約内容を担保するための情報開示ではない点に特徴がある。第三に取引費用の確保については，現在はその必要がないものの，今後は求められる可能性があることを指摘した。第四の動機づけについては，購入者を市町村とすれば児童の福祉追求は難しいが，保護者が選択する場合には児童の福祉追求と保護者のニーズとが両立しうる可能性があることを指摘した。最後のクリームスキムの防止には，保育料負担が低所得層に対して過重になることによって，消極的ではあるがクリームスキムが起こりうることを指摘した。

これらの状態が準市場形成の目標をどの程度実現しているかを，次に「評価

基準」に照らして検討してみよう。

第一に効率性の観点である。

準市場における効率性は，質の確保とコストの抑制が両立する生産性効率を意味する。

まず質の確保の観点からは，措置制度時代に比較して情報開示が一定程度進んだことから評価が可能である。しかしながら，コストの抑制についてみると，総体としての保育費用は一時保育や延長保育の自主事業化によって削減されてきており，それは利用者負担の強化と表裏の関係にある。

さらに，所得階層によって負担額が異なる現行制度においては，購入者の一部を形成する保護者の視点からは，不公平感や割高感がもたらされることになっている。また，短時間勤務保育士の導入はコストの抑制が意図されているものの，それは直接的な利用者負担の軽減にはなっておらず，加えて提供される保育の質も不安定になりがちである。

したがって，サービス提供における事業主体と運営主体の境界が不明確であること，サービス購入における市町村と保護者の関係が不明確であることによって，措置制度時代と比較して効率性の上昇には至っていない。

第二に応答性の観点である。

多様なニーズへの柔軟な対応という意味での応答性は，乳児保育の一般化や延長保育の実施等によって確保されつつある。しかし，サービス量に関する応答性は，待機児童の解消策が進んでいないことからも，向上したとはいえない。[27] 都市部・郡部間における資源の偏在が解消されておらず，都市部では待機児童の滞留が，郡部では依然として定員割れの状況がみられる。定員の弾力化によって対応しようとしているものの，その背景には市場構造における多様化が進展していないことが大きな要因として考えられる。したがって，メニューの多様化にとどまるような限定的な応答性の向上がみられるといえよう。

第三は選択性の観点である。

利用者における選択性の向上は，まず希望するサービスの量や種類が増加したかという点，次に「声」や「出口」が確保されているかという点から検証が

可能である。

　そこでサービス量・種類の増減についてみてみると，限定的ながらサービスの幅の拡大がみられる。しかし，認可保育所に関するサービス量の圧倒的な不足によって，やむなく無認可保育所を利用するなど，希望するサービスの選択に至らないのが実情である。

　次に「声」や「出口」についてである。「声」に関しては，行政不服審査法に基づいた苦情申し立ての手続きが設けられている。しかし，「出口」については，何らかの理由によって利用を中止した後の「乗り換え」の保障がないため，現在の状況ではサービスに不満があっても利用を継続するか，中止するかという二者択一に陥りがちとなる。

　したがって，保護者の選択権が位置づけられたといっても，選択性が向上したとはいえない。選択はできるが，その利用や代替策は保障されておらず，実質的な選択性が保障されているとはいい難い。

　最後は公平性の観点である。

　所得・収入や社会的地位とは無関係に，かつニーズの有無によりサービスの利用が判断されるという「公平性」の観点からは，一連の制度改革に関して疑問があるといわざるを得ない。

　その理由の第一は保育料負担が低所得層にとって重くなっていること，第二は事業主体である市町村の裁量によって負担額が変わってくるからである。

　もちろん，国徴収基準額に対する市町村における徴収率は低く設定されているが，それでも低い市町村では30％台前半，高い市町村では80％台とかなりの格差がある。[28]このことにより，保育ニーズの発生と保育サービスの利用との直接的な関連というよりも，保護者の所得水準と保育ニーズによって，保育サービスの利用が決定されるという事態を招いている。つまり，準市場の枠組みで達成される公平性とは程遠い状況にある。

　以上，わが国における一連の保育制度改革を準市場の枠組みから分析した結果，以下のことが明らかとなった。

　まず，成功条件に関しては，第一に市場構造の転換がなされていないこと，

第二に情報の非対称性の緩和・防止は，保護者の選択を可能にする点に重点がおかれていること，第三に不確実性への対応は，保育所が運営主体として位置づけられたにもかかわらず，いまだ対応策が検討されていないこと，第四にクリームスキムの防止が不完全であり，消極的クリームスキムともいうべき事態が生じていること，が明らかになった。

その結果，保育サービス提供体制における準市場の形成は，効率性の向上と公平性の確保の視点からは措置制度時代と比較して変化していないか，低下しており，選択性と応答性に関しては限定的な達成という水準にとどまっている。

高橋万由美は一連の制度改革を，「政府が着手しやすい市場導入のための条件整備のみが先行している状態[29]」であると指摘し，政府の意図が市場化への移行にあるとしつつ，「準市場化にとどまっているのが現状である[30]」と述べている。しかし，今までみてきたように，わが国の保育サービス提供体制における準市場の形成は甚だ不完全である。その理由には公的部門によるサービスや質に関する積極的な規制がほとんどみられないことがある。

規制の緩和がひたすら追求され，質の切り下げをともなう認可基準の緩和による「認可保育所」の量産は，質とコストをめぐる競争への発展を困難にする。そして，それは無認可保育所との質的境界を曖昧にし，保育サービスを単なる「児童を預かる場」にしかねない。

さらに保育ニーズが保護者の就労によって発生し，その就労が私的な選択であるという点から応益負担化を拡大し，準市場の枠組みにおいて求められるような規制をともなわない市場化が進行するとすれば，普遍的な育児支援策としても，また児童自身の発達にも好ましからざる影響を与えることになる。

垣内国光は高品質で低コストの保育を実現するために，「3つのベクトル」が不可欠であると指摘している。その第一はミッション性（使命の意識）である。第二は豊かな人間関係形成の「カナメ」となることのできるような専門性の維持・発展である。第三はミッション性と専門性の基礎要件ともなるべき労働条件というベクトルであるという[31]。

垣内のいうベクトルは，いささか個々の保育者のあり方に焦点を当て過ぎて

いるように思われる。しかし，保育サービスが私的なニーズによって必要とされるとし，一般的市場における対応が適当であるという考え方だけではなく，保護者のニーズと児童のニーズの両立が，そのベクトルに組み込まれてもよいと考える。

当事者にとっても，社会全体にとっても，いずれの利益にも結びつくような理念と，それを具体化する仕組みづくりが求められている。

(1) 厚生省発児第12号。
(2) 佐藤進『社会保障と社会福祉の法と法政策（第5版）』誠信書房，1998年，236頁。
(3) 「児童福祉法等の一部を改正する法律の施行に伴う関係政令の整備に関する政令等の施行について」Ⅱ-4に規定されている。
(4) 厚生統計協会編『国民の福祉の動向 2002年版』厚生統計協会，2002年，115頁。
(5) 高田清恵「保育費用負担額の決定──清水訴訟」佐藤進・西原道雄他編『社会保障判例百選（第3版）』（『別冊ジュリスト』第153号）2000年，213頁。
(6) 同上。
(7) 浅井春夫『市場原理と弱肉強食の福祉への道』あけび書房，2002年，72頁。
(8) 児童家庭局長通知，児発第85号，1998年2月18日。
(9) 最終的に，年度当初では定員+15％まで，年度途中では最大で定員+25％までの受け入れが可能となった。
(10) 杉山隆一「改正児童福祉法で保育保障はどうなるか」『賃金と社会保障』第1216号，1997年，6頁。
(11) 橋爪幸代「社会保障判例」『季刊社会保障研究』第37巻第1号，国立社会保障研究所，2001年，106頁。
(12) 浅井春夫『社会福祉基礎構造改革でどうなる日本の福祉』日本評論社，1999年，101頁。
(13) 福田素生「保育サービスの供給について」『季刊社会保障研究』第36巻第1号，国立社会保障研究所，2000年，97頁。
(14) すし詰め保育や職員による虐待によって大和市の「ちびっこ園」において園児が死亡した事件は記憶に新しい（2001年）。
(15) いわゆる無認可保育所に対しても指導監督が行われることになっているが，「劣悪な施設を排除するためのもの」であり，無認可保育所では，児童福祉施設最低基準を遵守することが「望ましい」とされている。したがって，サービス基準が異なる認可／無認可保育所を同一視して市場構造を検討することは不適当であると思われる。厚生労働省雇用機会均等・児童家庭局長通知「認可外保育施設に対する指導監督の実施について」（雇児発第177号）2001年3月29日。

⒃　厚生労働省大臣官房統計情報部「平成14年地域児童福祉事業等調査の概況」。
⒄　西郷泰之「保育サービスと地域子育て支援」『別冊発達25』ミネルヴァ書房，2001年，176頁。
⒅　中村強士「保育所保育料の利用者負担の実態と保育料政策」『総合社会福祉研究』第19号，総合社会福祉研究所，2001年，131頁。
⒆　厚生労働省大臣官房統計情報部，前掲調査。
⒇　同上調査。
㉑　福田素生，前掲論文。
㉒　橋爪幸代，前掲論文。
㉓　民法第644条に規定される「善良なる管理者として要求される注意義務」のこと。委任契約における受任者の義務を規定している。
㉔　横浜市における保育室制度など，行政が主導的に市場構造の転換を図った場合には限定的ではない。矢寺太一「保育サービス供給の変化とその利用構造」『経済地理学年報』第48巻第2号，2002年を参照。
㉕　厚生労働省「社会福祉施設等調査」のデータを1999年と2001年とで比較。
㉖　中村強士，前掲論文，141頁。
㉗　厚生労働省は2001年に実施した待機児童の調査において，「実質的な待機児童」という概念を用いて，待機児童数を操作した。『日本経済新聞』2001年12月31日付を参照。その後，正式な「通知」によって，地方公共団体が実施している単独事業を利用している児童や，保護者が希望する保育所以外の保育所に入所することができる児童はその数に含まれないとされた。
　　　厚生労働省雇用機会均等・児童家庭局長通知「児童福祉法に基づく市町村保育計画等について」（雇児発第0822008号）2003年8月22日。
㉘　全国保育団体連絡会『保育白書（2000年版）』草土文化社，2000年，228頁。
㉙　高橋万由美「多元的福祉と当事者選択の拡大」武智秀之編『福祉国家のガヴァナンス』ミネルヴァ書房，2003年，227頁。
㉚　同上論文，228頁。
㉛　垣内国光「小泉内閣の保育改革——その思想と手法」『賃金と社会保障』第1308号，旬報社，2001年，11～12頁。

第2節　介護サービスの準市場化

　わが国の高齢者介護は措置制度を中心として対応されてきたが，1990年代中盤より，措置制度に対する批判がバブル崩壊後の経済情勢ともあいまって，声高に叫ばれるようになった。批判の論点は措置制度が持つ行政処分としての性

格，また税を中心とした応能負担方式であり，それが負担の不公平や非効率をもたらすとされ，その論調は社会福祉基礎構造改革にも引き継がれた。[1]

　介護保険制度はそのような諸問題に対応すべく導入されたが，これは社会保険方式の採用により，以前の措置制度に比較して，以下のような特徴を持つ。

　すなわち，市町村が運営主体＝保険者となる一方で，40歳以上の国民が保険料納付義務を負う被保険者となり，反対給付としてサービスの利用が可能になること，費用負担方式は応能負担から，原則1割の応益負担となったこと，要介護度に応じた保険給付の上限が設けられていること，在宅福祉事業に営利企業を含む民間事業者が参入し，従来は税＝措置費を中心としていたものを，公費と利用者負担（保険料・利用料）によって収入を得ること，また多様な提供者の参入によって競争原理が導入されたこと，などが挙げられる。

　つまり，介護保険制度は介護サービスの提供において，提供者間への競争原理の導入，介護報酬単価という公定価格の設定，応益負担化への転換を遂げたといえる。

　これらの動向は，福祉分野の市場主義的再編とその影響であるともいえるが，介護保険制度は貨幣を媒介とした取引にもかかわらず，価格や負担のあり方，利用水準等に関して，要介護認定や報酬単価といった公的規制が存在し，かなり準市場の形態に近いと考えられる。

　すなわち，介護保険制度のねらいをみれば，利用者本位の選択やサービスの効率的提供，価格統制の実施による公平性の確保など，準市場の原理における目標と同じくし，多様な競争主体の参入と利用者の権利性が重視されるなどの市場構造の変化，さらに情報開示制度，権利擁護制度，段階別保険料設定や高額介護サービス費にみられるような公平性の確保は，制度面でも準市場の原理と共通する部分が多い。

　以下，介護保険制度における準市場的要素を抽出・検討したうえで，その成功条件の現状と特徴を考察する。

　まず，介護保険制度におけるサービスの提供者と購入者の各機能や相互関係の中から，準市場の要素の抽出を行う。

第3章　わが国の福祉サービスにみる準市場化の共通性と差異性

　最初に提供者の特徴を検討する。

　介護保険法上の介護サービスの提供は，知事から指定・許可を得た事業者が行うため，事業者を提供者であると位置づけることができる[2]。また，提供者は利用者の要介護度に応じ，利用者の承諾を得て介護サービス計画を作成する。費用は介護報酬単価にしたがって，1割を利用者が支払い，9割は国民健康保険団体連合会の審査を経て市町村から支払われるが，日常生活費や食費などのホテルコストは，基本的には利用者の全額負担となり，サービス提供者はこの支払いを要求できる。

　つまり，提供者の準市場的要素には，知事の指定・許可が参入要件という公的規制となる一方で，多様な提供者の参入が促進されていること，出来高払いによる保険者からの確実な支払い，利用者の意向の尊重が挙げられる。

　次に購入者であるが，法理上償還払いであり，また，サービス内容と提供者の選択権があることから，サービスの利用者が購入者であると位置づけられる[3]。また，利用に際しての要介護認定は，保険給付を前提に原則6カ月を単位として確認されるだけでなく，要介護認定の区分変更はその状態像が変化した場合には申請によって行われる。仮に顕著に改善した場合には市町村の職権に基づいて区分変更が行われる。

　またサービスの利用開始は事実発生主義に則り，第1号被保険者の保険料は，市町村が所得に応じて徴収し，第2号被保険者は医療保険料と一括して徴収される。なお，保険料等の徴収に関する処分に不服がある場合には，介護保険審査会に審査請求が可能であるが，保険料の未納が発生すると，その期間に応じた給付割合の引き下げや，高額介護サービス費の支給停止処分がなされる。

　さらに介護ニーズの発生時には，以下の手続きに従い，サービスを「購入」する。

　まず被保険者は市町村に要介護認定の申請を行い，訪問調査員による面接や判定の後に要介護度等が決定される。これは原則として6カ月（更新認定については12カ月間）有効な行政処分であり，不服申し立てが可能である。サービスの利用は，要介護認定の度合いに応じて利用できるサービス量の上限が定め

られており，介護支援専門員がケアプランを作成するが，市町村が個別に基準該当サービス等を認めることがある。

サービス利用にあたっては，利用者は提供者を選択し，基本的に利用料として介護費用の1割を支払うが，負担が著しく高額な場合には高額介護サービス費・高額居宅支援サービス費が所得や世帯の状況に応じて払い戻される。

つまり，購入者にみる準市場的要素は購入者と利用者が一致していること，公的規制・行政処分として要介護認定があること，効率性や公平性を確保するために1割の定率負担があることや段階別保険料の設定，高額介護サービス費の給付にみることができる。

また，提供者と購入者の関係は，介護報酬単価が連接していること，双方に公的規制が存在すること，利用者に選択権・同意権があり，提供者にはそれを尊重する義務があること，低所得者への配慮によって供給者には費用の回収が保障される一方で，購入者の購入活動を容易にさせるということが挙げられる。

次にこれらの要素をさらに分析し，現状での課題を，①市場構造の転換，②情報の非対称性の緩和・防止，③取引費用と不確実性への対応，④動機づけのあり方，⑤クリームスキミングの防止，の五点から検討してみよう。

第一に市場構造についてである。

まずサービスの提供方法についてみれば，準市場の原理では購入者をめぐる提供者間の競争が必要であること，また，イギリスの場合では行政が購入者となり，サービスを利用者に配分し，公定価格を設定することによって価格の効率的設定が求められている。

具体的に購入者をめぐる提供者間の競争の特徴をみれば，イギリスでは，利用者―購入者―提供者という構造であり，購入者は競売的な方法を通じてサービスを利用者に購入・配分する。したがって提供者は「落札」できるようにサービス内容や価格を提示し，提供者間での競争を発生させるという仕組みであるが，その一方で，わが国では利用者と提供者を介護報酬単価が媒介する構造となっている。

次に提供者について検討してみれば，準市場の原理では，参入促進・退出防

止を通じて多数の提供者による購入者をめぐる競争が効率性を向上させる。わが国の場合，提供者は一定の要件下で法定サービスを提供するが，訪問・通所・短期入所生活介護は基準該当サービスが認められ，基準要件を満たさずとも可能である。(4) その一方で退出については，指定要件を基準に淘汰される仕組みにもなっている。

さらに購入者については，購入者が小規模で，かつ多数存在することで利用者本位の達成と一方的価格設定が防止されることになるが，わが国の場合，利用者＝購入者という位置づけのため，提供者に対する買い叩きの危険性は低いといえる。

最後に公定価格である介護報酬単価について検討してみよう。

一般的市場では，需給の一致点において価格が決定され，その関係に応じて価格は変動しつつ，消費者の選好・選択や財・サービスが持つ代替性によって価格調整が行われる。しかしながら，準市場ではそのような一般的市場に資源配分を委ねた場合に偏在を生み出す種類の財・サービスに対し，価格を公的に規制する。

こうしてみると，介護報酬単価は上記を前提として，質と効率性を達成するものであるといえる。

すると，介護報酬単価は事業者が提供するサービスの対価について質の担保をも考慮して，国が一定の基準を定めるものと位置づけられることになる。さらに介護報酬の価格体系は，利用者，提供者間での公正な取引および提供者同士のフェアな競争の基盤となり，同時に情報の開示・流通・保護を必要とする。(5) そのために減額／加算が設けられ，サービスの提供内容・水準が対象となるのはもちろんのこと，それにかかわる職員の資格要件や時間的問題が対象となっている。(6)

つまり，わが国の介護保険制度における報酬単価の設定の特徴には，費用の抑制を利用者の自己負担と連動させつつ，具体的サービスの提供に関する政府の関与を低下させている点が挙げられる。また，その設定水準は，現行制度との整合性を勘案しつつ，減算・加算を設け，効率性と質の確保を意図している

が，訪問介護では時間とサービス内容を細分化したために，制度開始当初には民間事業者の撤退という現象がみられた。

　第二に情報の非対称性の緩和・防止策のあり方についてみてみよう。

　ここではまず，モラルハザードの防止について検討する。

　モラルハザードは契約構造に由来するといわれているが，わが国の場合，イギリスで問題となっているような「一括契約」(block contract)の形式はとられていないので，その点からは問題はない。しかし，その契約締結には重要事項に関する書面交付義務が課されているものの，統一書式は定められていない。なお，事後の対応策として，事業者や市町村の苦情解決とならんで，成年後見制度，地域福祉権利擁護事業でも利用者の人権が擁護されることになっている。

　さらに，サービスの提供者側が購入者側を選択する「逆選択」の防止には，質の監視や情報開示が必要であるとされている。その観点からすれば，介護保険制度では事業者およびそのサービスについての情報を提供する仕組みが作られつつある。これは都道府県が指定事業者に関する情報を作成して市町村に送付し，市町村ではこれをもとに被保険者や事業者の照会に応じるというもので，独立行政法人福祉医療機構（旧社会福祉・医療事業団）の情報ネットワークシステム「WAM NET」上で提供される。

　第三に取引費用と不確実性への対応策について整理しよう。

　取引費用とは，社会的不確実性と比例する取引にかかる費用，もしくは取引を行うことで失われる費用のことであり，[7]準市場の原理では生産性効率との関係で検討される。

　ルグランとバートレットらの理論によれば，取引費用の低減は効率性の確保を意図するものである。それには不測の事態に対応可能なように提供体制の小規模化が必要となるが，わが国の場合，取引費用の確保は介護報酬単価には含まれておらず，その設定は困難である。

　また，保険制度の活用による不確実性への対応であるが，わが国の場合，サービス提供者がそのリスクのための保険に加入することは義務づけられていない。したがって，不確実性への対応は脆弱な状態にとどまっている。

第四に動機づけのあり方についてみてみよう。

まず，新規参入者は，ビジネスチャンスと捉え，利潤追求動機を一つの目的としているが，従来の社会福祉法人を中心とする入所施設の場合などは，いかにして利益を出すか，というよりも出さざるを得ない状況におかれていると思われる。職員のパート化や人件費の削減などが進むなど，現場のおかれている状況は深刻であり，単価水準によってはドラスティックな対策をせざるを得ない。

一方，購入者側の動機づけについて検討してみると，わが国では利用者が購入者と一致している。しかし，利用者のサービスの利用・購入に際して介護支援専門員の果たす役割が中立的なものとはなりにくく，購入者の意向が歪められる可能性があり，動機づけの観点からは問題である。

最後にクリームスキミングの防止についてみてみよう。

まず，低所得者層への配慮はあるが，介護給付適用外のホテルコストは，特に施設入所者にとってはその恐れがある。

次に，一定の予算の中で追加的なサービスを行う際の費用・サービス量の抑制防止であるが，わが国の場合，サービス提供者に予算が配分されることはなく，個々の利用者の要介護度に応じた限度額等によって，提供者に介護報酬が支払われるため，問題は少ないと思われる。

以上の分析から，市場構造は購入者（利用者）と提供者（事業者）を介護報酬単価が媒介し，介護報酬単価を通じた質や効率性の達成を意図していること，また，淘汰を通じた質の向上，一定の情報提供体制があるものの，不測の事態への対応策の不備，ゆがめられた動機づけ，提供側によるクリームスキムの可能性があることが明らかとなった。

以下では，これらの限界が準市場の原理が意図する効率性，応答性，選択性，公平性の達成に，どのような特質を生じさせているかについて検討する。

第一は効率性の観点からである。

準市場の原理における効率性の概念は生産性効率であるが，現状は購入者＝利用者そのものをめぐる競争よりも，提供者間の報酬単価と実際に要するコス

トからの乖離水準を争う仕組みである。

　生産性効率の考え方は，初期費用が多額であっても，最終的には質を維持・向上させるサービス提供を目的とするが，現段階ではコスト削減を指向する粗効率性[8]のレベルが中心であり，一般的市場における効率性に近いと考えられる。このような場合，水野博達は，「他の事業者より，損失を少なくする方向で業者間の競争は働くであろう」[9]と指摘している。その結果，取引費用の発生への対応は困難となっている。その背景には，全体の費用の抑制――支出のキャップ制（上限価格方式）と応益負担の導入――が政策目標として存在し，それに飲み込まれていく事業者の姿が浮かび上がる。そもそも，キャップ制がとられている介護保険制度は，報酬単価の決定権を持つ中央政府を単一的購入者とみることもでき，総体的な予算の中で一定の制約が課された場合，保険点数である報酬単価の設定を低目に誘導しがちになることは想像に難くない。これでは結果として，サービスを「買い叩く」ことも可能になりかねない。

　また単一的購入者は，提供者側から圧力があった場合，それに抵抗することが難しくなる危険性をも併せ持ち，薬価差益の問題をいうまでもなく，利用者＝購入者に跳ねかえる危険性を持っている。

　また，利用料の1割負担は，介護サービスの利用抑制をもたらし，財政負担の軽減につながる。その一方で報酬単価という管理価格の設定は，生産性効率の追求を可能にさせる側面も持つ。さらに当該サービスに関しての一定の金額の保障，加算・減算が設けられている点からすれば，サービスの質の確保に結びつく場合もある。

　また，不確実性への対応の観点からは，保険加入が任意である現状においては，母集団が限定され，かつ任意加入ならば，危険分散機能が作用せず，脆弱な体制にならざるを得ないであろう。

　第二は応答性の観点からである。

　応答性の確保に必要な成功条件は，購入者が小規模で利用者のニーズに応えられるかどうか，需給間の分散や対抗勢力の有無，利用者の福祉追求の姿勢が購入者にあるかどうか，予算やサービス量について計画的提供がなされるかど

うか，という論点が存在する。

　介護保険制度では購入者と利用者が一致しているので，自らの福祉追求が可能である。したがって，一応の応答性は確保されているといえる。

　しかしながら，わが国の課題は保険給付の対象となるサービス水準・内容に存在する。社会保険制度における保険給付の対象は，必要最低限とされる水準になるが，その基準設定が課題である。例えば，認知症高齢者のグループホームの家賃相当額は全額自己負担であり，所得水準によってはその利用が困難である。そもそもグループホームが保険給付対象として認められたのは，認知症状の改善・緩解効果の大きさでありながら，そのホテルコストは保険給付対象外であるとすれば，経済状態の悪い被保険者は排除されることになる。

　また，提供量について運営者たる市町村は，直接的に関与しない仕組みである。つまり，金銭給付の責任は持つが，サービスの直接的な供給は行わないというスタンスなのである。

　そこで，ニーズに応答しうる提供体制の整備は，規制改革という時代の中で参入障壁を極力回避するような要件が設定されている。一方では退出に当たって質の担保を意図しつつも，競争を通じて淘汰される「過程」が重要で，「よい」サービス提供者が生き残ることになるとされている。

　第三は選択性の観点からである。

　選択性を高めるためには情報開示の徹底が必要である。情報は財やサービスの品質の推定を行うために必要とされ，そのためには，属性や指標と品質とが相関を持っていること，相関関係を過去の購買経験によって買い手が知りうることが必要である。

　しかし，現状では情報の量，内容，アクセスの容易さのいずれも不足している。特に，「WAM NET」で提供される情報は，指定事業者管理台帳の記載内容が中心となり，ソフト面であるサービスの質の情報については乏しい。

　現在のところ，ソフト面での情報は民間団体やオンブズパーソン組織の調査によるものが中心であり，一般の人が容易にそのような情報を得ることは困難である。結局，一般的な人々は提供者側の情報に頼り，それを信用して契約を

結ばざるを得ない。したがって，第三者機関による情報の入手と開示が必要になる。

また，ケアの質の評価基準も必要になるが，専門家の査察の実施，内容の公表，介入が前提になる。介護保険制度では消費者主権という声もあるが，サービス自体の特徴や利用者の特性から，契約関係にある一方，対面的な利害関係にもある。「不満をいうと手荒な扱いを受けたり，してもらえなかったりするのではないか」と考える利用者もいるであろう。特に，ケアマネジャーの非中立性が利用者の福祉を歪める可能性があり，適切な選択が阻害されつつ，結局は「選択」や「自己責任」の範疇に含まれてしまう。駒村康平は，介護保険制度におけるケアマネジャーが「期待通りの機能を果たしていなかった」と指摘している[15]。その理由の一つに，介護サービスのサービスたる理由が曖昧なままであったこと，そのうえで「保険機能を生活機能に変換すること[16]」が，ケアマネジャーの役割として認識されなければならないと述べている。あわせて，利用者を中心としたシステムへとするためには，ケアマネジャーを代理人として明確に位置づけ，公共性の高い資格として見直し，独立して介護支援を営めるように介護報酬を改定し，ネットワーク化，組織化を図ることなどの必要性を提案している[17]。

駒村が指摘するようなケアマネジャーに関する問題点が改善されず，一方的な宣伝か，もしくは「せいぜい情報誌を育成し，完全状態に近づけようとする策しか提言されな[18]」ければ，選択性が関係する効率性の達成は困難となり，適正な選択と効率性の同時達成は困難とならざるを得ないであろう。

最後は公平性の観点からである。

公平性の確保には低所得者対策が必要である。しかしながら，介護給付適用外の費用を負担するのが困難な利用者はクリームスキムされる可能性がある。

サービスの提供者には応諾義務が課せられているが[19]，利用者には伝わりにくく，また，重度者の優先という通達はあるにせよ，提供者が経営に先立ってコストを計算し，それに見合うような利用者の選別が「正当な理由」の拡大解釈によって合理的に可能である。

第3章　わが国の福祉サービスにみる準市場化の共通性と差異性

　一方，クリームスキムを防止するために，低所得者には負担の軽減措置が取られている。これによりサービスの需要が少ないものであっても，それを必要としている人にとってサービスの性質上，手が届くものにしておくことを意図していると考えられる。しかしながら生活保護法上の介護扶助を申請する場合には，スティグマをともないやすい。

　また，ニーズに応じた平等なサービスの提供は，要介護状態にのみ着目するため，状態像が同じであれば金額的に同水準のサービスの受給が可能である。しかしながら，具体的なサービス利用については，提供者と利用者間での民事上の契約に委ねられている[20]。

　つまり，金銭給付の形をとる一方で，ニーズに応じた平等な「具体的サービス」の提供は，原理的にわが国の場合は困難である。さらに所得を考慮してサービスが受けられれば公平であるという思考は，公平性概念を歪曲するものである。

　準市場の原理に基づくイギリスの制度における公平性は，利用者が購入者ではなく行政が購入者となるため，サービスの利用に際しては公平性が比較的担保されやすいと考えられる。しかし，わが国の場合，利用者が購入者でもあるために，公平性の問題がイギリスとは異なった形で出現することになるだろう。

　例えば，介護保険制度施行後1年足らずで，北海道の212市町村のうち，保険料の減免措置を講じた市町村は，厚生省の指導にもかかわらず41市町村にものぼり[21]，そのような利用者への配慮が不十分であったことを裏づけている。

　以上，わが国の介護保険制度を準市場の原理から，その特徴・特質について分析を進めてきた。

　まず明らかになったこととして，市場構造では，同一サービスでもコストの削減が指向されやすく，また提供者に対する積極的退出防止策が講じられていないこと，さらに，報酬単価水準とも関連して，提供者の効率性や競争促進は準市場の原理とは異なっている。一方で購入者についてみるならば，報酬単価により不当価格が防止され，一定の利用可能性が与えられているものの，価格等についての購入者＝利用者の意見を反映させる場が不足している。第二に情

報については，モラルハザード・逆選択の防止策が不足しており，健全な「自己決定」が行使されるようにすることが必要である。第三に取引費用と不確実性の観点からは，在宅サービスでは提供者の小規模化が認められる一方で，施設サービス提供者の取引費用は，制度の転換によりその確保が困難な状態にある。第四に動機づけであるが，特に施設サービス提供者においては非自発的な動機づけのもとで，ともすれば生産性効率より粗効率性の達成が重視されやすい。第五にクリームスキミングであるが，保険給付対象の設定についてグループホームのホテルコストなどにみられるように設定に齟齬がある。

このような状況下でのわが国の介護サービスにおける準市場化は，それが目標とする基準に照らすと，現状では達成途上か，もしくは方向性が異なるものである。

達成途上のものには，応答性や選択性が挙げられる。応答性については保険給付対象に由来する限界があり，選択性については情報公開のあり方を中心とした制度的な保障が乏しいことが原因と考えられる。また，方向性が異なるものとして，効率性は生産性効率よりも粗効率性を指向し，公平性は責任の所在を契約化により曖昧化させながら，サービス供給における行政の関与の度合いを低めているのである。

さて，介護保険制度開始初年度には，およそ2000億円の黒字が計上された一方で，種々の課題が指摘されてきている。施設整備の遅れや，認知症高齢者のサービス利用契約に際して「家族やケアマネジャーが本人に代わって契約書にサインをしている」ことがみられたり，訪問介護の報酬区分の簡素化が求められたなど，利用者負担の公平性の確保にも紆余曲折がみられた。すなわち，介護サービスにおける準市場化が着実に進展しているとはいい難い。そこで以下ではその具体像を述べ，わが国におけるその到達点を検証する。

なお，先述したように，準市場の形成については成功条件と，判断基準の両面から検討する必要がある。ここでは，第一に成功条件の状況についての特徴を述べ，第二に後者に関する具体的な到達点を把握し，サービスの提供体制に与えている影響を明らかにする。

ここで準市場形成の成功条件の状況をもう一度振り返ってみよう。[23]

成功条件の第一である市場構造の転換をみれば，わが国の場合はイギリスとは異なり，利用者とサービスの購入者が一致している点に特徴がある。また，利用者とサービス提供者を媒介するものは公定価格であるが，介護報酬単価において，減算・加算策が講じられており，効率性と質へのインセンティブが認められる。さらに，多様な提供者の参入促進策として，民間営利部門や非営利部門の参入，基準該当サービスが容認されている。一方，市場からの退出は，指定要件からの逸脱を基準に行われ，積極的な防止策は講じられていない。

成功条件の第二は，モラルハザードと逆選択の防止のための費用と質に関する情報提供のあり方である。まず，モラルハザードの防止に必要な情報開示は，提供者に契約時の重要事項に関する書面交付義務が課されているほか，苦情解決体制，権利擁護事業が実施されている。さらに，提供者には応諾義務が課されており，逆選択の防止策が講じられている。

成功条件の第三は，取引費用への対応である。その確保には，公定価格である介護報酬単価と実際に要するコストとの差を拡大しなければ困難である。また，保険制度の活用による不測の事態への対応策は提供者に義務づけられていない。

成功条件の第四は動機づけである。提供者側では，民間部門の新規参入者に利潤追求動機がみられる一方で，非営利事業者も参入しており，総体として積極的な利潤追求型になっているとはいいがたい。さらに，購入者の福祉追求動機については，利用者と購入者が一致しており，理論的には自らの福祉追求が可能である。しかし，介護支援専門員（ケアマネジャー）が中立的に機能しにくい。その結果，「囲い込み」や「抱き合わせ」にみられるような，購入者の意向が歪められる実態が指摘されている。[24]

成功条件の最後は，クリームスキム（いいとこどり）の防止である。

介護保険制度は保険方式を採用し，基本的に要介護・要支援と認定された者が，保険給付対象のサービスを利用すれば，その提供者に費用の9割が代理受領方式により支給される。さらに，要介護度は介護に要する「手間」と費用と

に，相関関係を持たせている。特に在宅サービスでは，それぞれに応じた上限の設定がなされており，重度者の排除といったクリームスキムの恐れは少ない。しかし，1割負担の過重感から利用を手控える動きがあり，施設サービスの場合でも，ホテルコストの負担の可否から，結果として提供者から選別される恐れがある。

次に，準市場化の達成度について現状を整理してみよう。

評価基準の第一は，生産性効率の観点からである。この観点から把握されるべきことには，①サービスの質に関する実態，②サービスの量に関する実態，③サービス費用の変化，という事項が挙げられる。

厚生労働省は，サービスの質は運営等に関する基準の設定，事業者への指導監査，身体拘束の廃止，「チェックリスト」の作成などを通じて確保されるとする。「チェックリスト」[25]は，利用者に対して説明されるべき項目として，重要事項説明書の内容，料金の支払い方法や金額，苦情対応・事故処理の体制，契約内容の遵守，ケアマネジャーを含む職員の応対や技術，人員基準といった項目を想定し，それらに関して利用者がチェックを行うものである[26]。

そこで，サービスの質に関する現状の把握には，契約時における実態，直接援助活動における実態，苦情解決や事故解決に関する実態，の三つの角度から整理することが必要となる。

契約時における実態には，「希望していないサービスがケアプランに組み込まれていた」，「ショートステイを取りやめたらキャンセル料をとられた[27]」などの事例が導入当初より相次いだ。また，全国8カ所の特別養護老人ホームを対象にした調査によれば，サービスを行う職員の業務内容がほとんどの施設で重要事項説明書に明記されておらず，損害補償責任に関しても，半数以上の施設で触れられていなかったり，さらにレクリエーションにかかわる費用をすべての施設で「実費」と表現するなどの問題点がみられたという[28]。

また，直接援助活動の実態に関しては，2001年の『厚生労働白書』が，利用者の86％はサービスに満足であるとの調査結果を提示する一方で[29]，次のような事例も散見された。例えば訪問介護では，ホームヘルパーの資質や派遣方法，

第3章　わが国の福祉サービスにみる準市場化の共通性と差異性

時間や援助の範囲，あるいはケアマネジャーとの連携不足が指摘され，介護保険制度開始以前からの利用者からは，サービスの質が低下したとの指摘がある[30]。なかには，家族介護者に対して「説教・指導」を行ったホームヘルパーもいる[31]など，その態度が悪いとの声も聞かれるという[32]。

さらに，苦情解決に関する実態では，2001年において全国で398件にとどまっている（うち3県は2件しかない）。窓口の一つである国民健康保険団体連合会の中には「苦情のないのはいいこと」と勘違いしている例もあり，その公表も多くの都道府県で進んでいない[33]。

次にサービス量の増加についてみてみよう。サービス量といった場合，定員数や事業者数の増減，メニュー別の量の増減という観点からの把握が必要である[34]。

まず，施設サービスにおける定員数の増減をみると，1999年から2002年にかけて特別養護老人ホーム（介護老人福祉施設）では16％の伸びが，介護老人保健施設では23％の伸びがみられる。一方，在宅サービス事業者数をみると，訪問介護事業者は73％の増，通所介護事業者では87％の増，居宅介護支援では24％の増，また，認知症対応型共同生活介護（以下認知症高齢者グループホーム）は3.3倍の伸びをみせている。なお，認知症高齢者グループホームには2002年度から2004年度までの緊急措置として，NPO法人によるその設置に国庫補助を行うことになっており，さらなる提供量の増加が見込まれている[35]。

一方，メニュー別の量でみてみると，1999年度平均と2002年4月現在で比較した場合，訪問介護の回数は2.3倍の伸びを，通所介護の回数では1.8倍の伸びを示し，サービス量でみた場合，施設サービスに比較して在宅サービスでの整備が進んでいることが一目瞭然である。実際，厚生労働省が2002年6月現在で集計した「介護サービス量等の見込み」では，第二期介護保険事業計画期間（2003～07年）における各市町村の見込み分は，居宅サービスでは32％の伸びを，施設系で10％の伸びを想定していることを明らかにしており[36]，今後もこの傾向は一層拡大していくであろう。

最後に費用の変化である。1996年における高齢者介護費用額の推計では，

2000年度に4.1兆円から4.8兆円の間としたが[37]、2000年4月から2001年2月の介護サービス費支払い実績をみると、在宅サービスには1.1兆円が、施設サービスには2.1兆円の合計3.2兆円が支払われている[38]。この推計と実績値の乖離の原因は、2002年5月の集計においても平均で42.0%という[39]、支給限度額に対する利用割合の低さがその背景にあるものと考えられる。

評価基準の第二は応答性の観点である。

硬直性や画一性といった福祉官僚制の弊害を克服し、ニーズの種類や程度を判断基準としてサービスを提供する準市場において、この観点はきわめて重要である。それでは市場化のメリットとして強調される供給者の創意工夫はみられるのだろうか。また、それによって応答性は向上しているのだろうか。

そこで、①サービスの種類に関する多様性はみられるか、②利用者の必要とするサービスが利用できているか、③ニーズに関する判断基準は適切かつ妥当なものであるかどうか、の三点から整理する。

まず、サービスの種類の多様性についてみてみよう。介護保険制度以後では認知症老人グループホームが法定サービスとして位置づけられた。これによって認知症老人グループホームは、2000年11月現在で870カ所と制度開始以前と比較して3倍以上の伸びをみせた。「ゴールドプラン21」においては2004年度に3200カ所の設置が目標とされたが、2005年には7000カ所が設置されており、急激な伸びをみせている。

また、ケアプラン作成義務化にともなう「計画費」、保険方式の導入にともなう「高額介護サービス費」の設定といった利用者補助がみられる。さらに、介護保険法第62条には、「市町村特別給付」が、同じく第175条には、「保健福祉事業」が規定されており、市町村の独自性を打ち出すことが可能になっている。

次に必要とするサービスが利用できている状況にあるかどうかについてみてみよう。サービス量の問題や利用抑制に関してはすでに述べたので、ここでは資源の偏在に着目して整理する。

介護保険制度では、民間事業者の参入を通じた効率のよいサービス提供体制

第3章　わが国の福祉サービスにみる準市場化の共通性と差異性

の構築を目的としている。しかし，制度開始後には，訪問看護の報酬単価が訪問介護などと比べて高く設定されていたにもかかわらず，訪問看護事業所では高齢者10万人当たりの事業所数が全国平均で17カ所なのに対して，5000～1万人未満の人口の市町村においては平均12カ所，さらに5000人未満の市町村では平均6カ所という状態であった。

　また，ある大手介護事業者は制度開始後まもなく拠点の多くを閉鎖した。その経営者は「統廃合対象は顧客が2人以下の拠点。利用者確保が予想以上に難しかった」と述べている。さらに，ある町では社会福祉協議会に委託している訪問介護事業の採算がとれず，事業を民間事業者に引き継いだという例もある。見方によっては相反するこれらのケースが存在しているのは非常に興味深いことだが，いずれにしても利用者数の多寡が資源の不安定化や偏在を招いていることを示唆している。

　さらに，施設サービスにおいては小規模特養の不安がささやかれている。介護保険制度下での特別養護老人ホームの経営基盤が安定するには定員が80名前後とされることから，小規模特養では経営努力が収益改善につながりにくく，当該地域に1カ所しかないような過疎地域での施設の経営が悪化したときの影響が懸念されている。

　最後にニーズ判断のあり方について，現状をみてみよう。介護保険制度では要介護認定によってニーズが判断される。これは心身の状態にのみ着目した基準であり，第1段階は認定調査員による訪問調査，第2段階はコンピューターによる一次判定と介護認定審査会による二次判定からなっている。訪問調査においては高齢者の特性から，「本人は何でも『できる』といい，同席する家族は『できない』」という傾向がみられるという。また，第二段階の判定作業では，コンピューターソフトの不具合もさることながら，二次判定は「認識を共有化」するために実施されるので，平均審議時間は1ケース当たり4分足らずとなっている。2002年6月実施の「要介護認定事務に係わる現況調査結果」では，月間の平均審査件数が47.6件，1回当たりの平均審査件数は28.8件であり，短時間で量をこなす二次判定であることが裏づけられる。さらに，審査委員の

133

内訳は医師や歯科医師，看護師などの医療専門職が全体の約6割を占めているのに対し，社会福祉士や介護福祉士など福祉系専門職が占める比率はわずか10％にとどまるなど，偏りがみられる。[48]

　また，サービス利用時の制限事項から，ニーズがどのように判断されているかみる必要がある。ホームヘルプサービスにおいて家事援助の範囲内に含まれない，いわゆる「不適正事例」[49]としてあげられている行為には，「『直接本人の援助』に該当しない行為」として，利用者以外の者にかかわる家事，利用者以外が使用する居室の掃除，来客の応接などが挙げられ，他には草むしりや水やり，ペットの世話などが挙げられている。さらに「日常的に行われる家事の範囲を超える行為」には，家具の移動や模様替え，大掃除や窓ガラス磨き，正月や節句のために「特別な手間」をかけて行う調理などがあり，「本人に対する介護」は最低限度の水準で位置づけられることになっている。

　評価基準の第三は，選択性の観点である。質に関する情報を利用者自身が収集することが求められているが，「WAM NET」によるインターネット上での情報公開・収集などにはデジタル・デバイド（情報格差）の観点からも限界がある。

　また，サービスの種類に関する選択は，利用者自らがケアプランを立案しようとしない限りは，ケアマネジャーが主導的に立案することになる。さらに，提供者は，指定基準や保険請求に関する違反があった場合の指定取り消しによって，市場から排除されるが，それはあくまでも最低線をクリアしなかったものに対するペナルティである。つまり，外形的な指定基準や保険請求に欺罔がなければ提供者であり続け，事業者間のサービスの質に関するばらつきは存在し続ける。そこで，提供者が多数存在する地域ならば，その提供するサービスの質を比較しての選択は理論的に可能となるが，過疎地域や小規模市町村などでは提供者が参入しにくいため，質の比較は困難となる。そこでは利用者による提供者の選択は画餅となる。

　評価基準の最後は公平性である。低所得者対策を中心として，サービスの必要性がニーズの種類・程度だけで判断され，購買力や地位で差別されていない

かどうかを整理する。そこで，第一に低所得者層がサービスを利用できているか，第二に行政は公平性を担保できるような取り組みを事業者に課しているかどうか，について検討する。

まず，低所得者層のサービス利用に関する実態である。介護保険制度では保険料と，利用料の減免制度が存在する。保険料の減免は前年所得に基づいた五段階の段階別保険料額によってなされている。これは住民税非課税世帯（者）については基準額の0.5～1倍の保険料を，住民税が課税されている者については基準額の1.25～1.5倍の保険料の徴収を基本とするものである。

しかし，これは徴収額の違いこそあれ，無収入・無年金でも徴収することを意味しており，老齢福祉年金の受給者であっても「(そもそもその程度では生活ができないはずなので) 誰かに扶養されているはずであり，保険料も扶養者に払ってもらえばよい」という厚生労働省の論理があるという。その結果，「第1号被保険者本人に収入がなく，非課税であっても同居する子にわずかばかりの収入があり，市民税が課税されていれば」，「基準額相当の保険料が徴収される」ことになるのである。

さらに徴収方法に関しては，「天引きされたら灯油を買えない。凍死か餓死かの二者択一」を迫られているとの声もある。そこで保険者である市町村の中には，独自の減免策を打ち出すものも出てきた（2002年4月現在で431市町村）。このような市町村の動きに対し，厚生労働省は，①保険料の全額免除，②収入のみに着目した一律の減免，③保険料減免に対する一般財源からの繰り入れ，を不適当とする「減免三原則」で対抗するものの，その遵守率は上記市町村のうち，72.9％にとどまっており，事態の深刻さをうかがわせる。

次に利用料の減免についてみてみよう。介護保険制度では高額介護サービス費の支給と，食事代標準負担額について低所得者への配慮がされている。高額介護サービス費は所得段階に応じて利用料負担の上限を設定し，過度の負担を回避しようとするものである。その実務的なポイントには，第一に領収証の提示，第二に負担限度額を決定するために本人申告を原則とする所得把握の実施，第三に給付制限の有無の確認，第四に申請の2～3カ月後の支給の四点が挙げ

られる。また，食事代標準負担額については，「所得その他を斟酌して」決定されることとなっているが，「介護保険標準負担額認定証」を利用者に交付し，提供者に提示することが必要であり，手続きが煩雑である。また，生計困難者に対する利用料負担額減免措置事業での社会福祉法人における対象は，「当該市町村における第1号被保険者の中で，最も生計が困難なものから1割程度の範囲内まで」とされている。この「1割」という水準設定が，いかなる合理性のもとに決定されたかは知る由もないが，先に結論ありきの印象は免れない。

　最後に公平性の確保の方法についてみてみよう。介護保険制度における公平性の確保には二つの方向性があるように思われる。すなわち，第一は低所得であっても保険料や利用料の納付が求められるとする方向性（負担の公平性）であり，第二は実際の利用に当たっての公平性（利用の公平性）であるが，ここでは特に「利用の公平性」に着目してみよう。

　制度開始後，施設サービスの基盤整備が利用者増に追いつかない中，かけもちで複数の施設に入所申し込みをしている事例が多く見受けられるようになった。これに対処するため，2002年8月に厚生労働省は老健局計画課長名で，指定介護老人福祉施設の入所に関する「指針の作成・公表に関する留意事項」を，都道府県介護保険主管部（局）長宛に通知した（老計発第0807004号）。通知における留意事項には，「指針」は関係自治体と関係団体が協議し，共同で作成すること，入所の必要性の判断基準は要介護度，家族状況や居宅介護サービスの利用状況などをもとにして作成すること，地域代表や第三者委員を含めた関係職員で構成される委員会を設けること，指針の内容を希望者に説明すること，が挙げられている。

　これはニーズのみに着目してサービスを提供するという意味での公平性，すなわち「利用の公平性」を確保するための取り組みであり，一定の評価は可能であるといえよう。

　以上，わが国における介護サービスの提供体制の変化は様々な状況を生み出しているが，ここからは準市場の原理における評価基準の観点に基づいて，わが国における到達点を整理する。

第一に効率性の観点からは，契約時にはサービス提供者の説明不足にともなうトラブルが散見される。利用者の消費者としての位置づけが未成熟であることも手伝い，苦情申し立ては少ない。サービス量は在宅分野に極端な増加がみられるものの，質の向上は乏しい。さらに費用面では，訪問介護サービスの提供における「直行直帰方式」に代表されるような単純な効率化の追求だけではなく，利用者が負担感から利用を控えることによって生じた費用の削減とがあいまって，総体としてのコスト削減をもたらしている。このように，質の向上とコスト削減を達成するという生産性効率が向上したとはいえない。

　第二に応答性の観点からは，法定化されたサービスメニューは以前と比較しても大きな変化はみられず，多様性を打ち出すには市町村における特別給付や保健福祉事業といった独自の事業が期待されている。しかし，それらは，あくまでも「できる」規定である。介護サービスの利用拡大が自治体財政を圧迫し，2001年度では赤字の自治体が前年比5倍の390市町村になっている現状からすれば，メニューの多様化は当分見込めないであろう。

　さらに民間事業者の参入を一律的に容認することによって，資源の不安定化や偏在を生み出し，結果として競争を起こす条件を欠落させている。しかも万が一，それらの事業者が撤退すれば，被保険者に保険事故が発生したにもかかわらず，その権利を行使できない可能性がある。

　また，ニーズ判定のシステムは数段階で構成されているが，その時間的短さや，審査会の構成メンバーに職種的な偏りがみられ，本来的な機能が果たされにくい。加えて，あくまでも介護サービスは最低限度の「介護」ニーズに限定して提供されるものであるとの認識がある。したがって，ホームヘルプサービスの「不適正事例」にみられるような，介護が必要になった状態からの派生的ニーズは，保険給付として不適当であると位置づけられ，きわめて狭小化されたニーズ解釈となっている。

　このようにサービスの多様性に関しては，「できる」規定に代表されるような不確実性がつきまとうこと，必要時のサービスの利用は，資源の安定性の面や偏在状況から必ずしも保障されていないこと，また，ニーズの判断は，現在

の要介護認定の仕組みでは実効性のあるものにはなり得ていないこと，またニーズ解釈の狭小化がみられる。これらから総合的に考えると，以前の措置制度下におけるサービス提供体制と比較して，明確に応答性が向上したとはいえない。

　第三に選択性の観点からは，サービス選択に関する情報開示・流通については一定の評価が可能であるが，中立性が担保されていないわが国のケアマネジャーは，利用者の意向よりも，所属機関・施設の利益を優先する可能性を排除できない。介護支援専門員の現任研修事業のカリキュラムにおいては，ニーズ把握に必要かつ最も基礎的と思われる「対人援助技術演習」は，選択科目として位置づけられているだけである。[61]介護支援専門員がこのような位置づけにとどまる限り，利用者が自らの希望を主張しうる能力やパーソナリティを持たず，自発的に要望を伝えられなければ，すべての利用者が必要なサービスを選択することは困難になろう。

　また，提供者に対する選択性は当該地域における参入・退出状況に影響されることから，地域間格差をもたらしており，必ずしも保障されていない。なお，大手民間事業者は新聞広告で「お客様の負担額」や利用人数を掲載するなど，[62]低料金と実績を強調し，サービスの質や理念にはほとんど触れられていない。

　したがって，利用者の多くは広告に記載されるイメージで提供者を選択することになり，このようなイメージ先行型の選択は，適正な契約に結びつきにくい。今後は介護サービスの特殊性に鑑み，広告に記載すべき事項，記載禁止事項の両方について，明確・厳格な規定を設けることが利用者の適切な選択に資することになろう。

　これらから，サービス内容の選択は制度導入以前よりは可能になったが，あくまでも可能性のレベルにとどまっていること，またサービス提供者の選択は地域間格差が大きいことから，利用者の普遍的な選択性は向上したとはいえない。つまり，不均衡な選択性の向上がみられるといえよう。

　最後に公平性の観点である。わが国の介護保険制度における公平性は，程度の差こそあれ，被保険者には負担をする（させる）という「行為」において，

強権的に「公平」性を保とうとする特徴がみられる。保険料に関する低所得者への負担の軽減策はあるが，逆進性が高く，市町村が独自に減免策を講じるという「市町村の反乱」とでもいうべき事態を結果として招いている。社会保険制度の特徴である反対給付には，保険料納付が原則的に必要であるが，この減免策は未納者の防止とサービス受給権の確保を両立させる苦肉の策であり，今後の不安は払拭できない。さらに，利用料の減免は手続きの煩雑さだけでなく，所得申告や認定証の提示による恥辱感，支給までに長期間を要するなど，ハードルが多い。また，利用時点における公平性については，入所指針の策定に関して一定の評価はできようが，保険者としての市町村とサービス提供者での協議に委ねるというスタンスになっており，規制主体としての国の役割が後退している。

したがって，わが国の介護保険制度における公平性は，費用負担行為そのものの公平性が強調される一方で，実際のサービス利用に際しての公平性は当事者の「自治」に委ねられているという点で，曖昧化されている。

以上，わが国における介護サービス供給体制の再編成を準市場の原理からみた場合，現段階の到達点として不完全なものにとどまっているだけでなく，それが志向する諸目標とは異なる方向性にあることが確認できる。

効率性の観点からは，コストの削減が第一義的に指向され，介護サービスは社会福祉の一翼としてのものではなく，社会に活力をもたらす介護ビジネスとしても重視されている。

応答性の観点からは，「介護」そのものに特化することによって，派生的なニーズには自己責任で対応することが求められており，それが可能なのは富裕層かインフォーマルな援助者がいる者に限定される。その一方で，生活上の諸困難が「派生的ニーズ」として位置づけられることによって，とりわけ独居高齢者には制限的に作用し，普遍的な応答性にはなり得ない。

選択性の観点からは，居住している地域や情報量の差から，サービスが利用できるにしても，相対的に低水準のサービスに甘んぜざるを得ない利用者の出現が懸念される。都会に住む豊かな高齢者はパソコンに向かい，情報を検索す

る光景の陰で,「ありがたいことだ」と不満を漏らさずサービスを利用する高齢者がいることは,不満はあるが苦情申し立て件数は少ないという実態から想像に難くない。

公平性に関しても逆進性の問題は放置されたままである。

市場の「チカラ」は,万人に活力を与えるものではない。むしろ,活力を得るものとそうでないものとに選別していく過程が見え隠れするのである。介護保険制度は費用支払いシステムとして機能し,介護サービスの直接的提供が社会福祉の一つとして位置づけられるという。しかし,同時にゲート・キーパーとしての介護保険制度が機能不全を起こせば,介護サービスという福祉サービスが保障されなくなるという危険な事態を引き起こすことになろう。歳をとっても安心して住み慣れた地域や家で暮らすという理念がキャッチフレーズに終わらず,国民に現実的普遍的に保障されるための取り組みが今後必要である。

(1) 例えば八代尚宏「市場原理に基づく社会福祉改革」『週刊社会保障』第1963号,1997年で,措置制度は要介護者数の増加にともなって,従来の税＝措置制度方式では負担が過重となるばかりか,「受益者にとって選択のない行政処分」として批判している。
(2) 清正寛・吉永彌太郎編『論点社会保障法』中央経済社,2000年,300頁では,「サービス供給者は……指定居宅介護サービス事業者,指定居宅支援事業者,介護保険施設」とされている。
(3) 例えば,介護福祉ビジネス研究会『10兆円介護ビジネスの虚と実』日本医療企画,1999年,93頁では,「介護分野においては従来ほとんど市場が存在しなかったところへ保険給付によりサービスを買う,選別するという行動を要求する」と述べられており,利用者が購入者であると明確に位置づけられている。
(4) 事業者の申請基準は,供給するサービスの種類によっては法人格を必ずしも持つ必要はなく,特に在宅サービスにおいては多様な提供者の確保の観点から,一定の要件を満たせば特例居宅介護サービス費の受領が可能である。
(5) 「第4回介護関連事業振興政策会議」議事録（2000年1月）。厚生労働省ホームページ http://www1.mhlw.go.jp/shingi/s0001/txt/s0131-1_4.txt を参照。
(6) まず質の確保にかかわる部分でみてみると,3級ヘルパーによる訪問介護は減算,施設の夜勤体制が基準以下の場合は減算,食事供給サービスにおいて栄養士が不在あるいは不適時不適温の場合は減算,あるいは逆に施設でもリハビリテーション体制をとったり,常勤医師を配置すると加算される。あるいはコストを織り込んだと

考えられるのは訪問介護の時間帯加算，入浴サービスの特別地域加算，施設サービスでの特別食加算などが挙げられる。
(7)　この取引費用は事前のものと事後のものとに分けられる。詳しくは，山岸俊男『安心社会から信頼社会へ　日本型システムの行方』中央公論新書，1999年，72頁。この中では例として，取引相手の信用調査，契約書作成における弁護士との相談料（事前取引費用），相手にだまされたりして失う費用（事後取引費用）を挙げており，取引関係者相互の取引に対するコミットメントに関連させて論じられている。
(8)　LeGrand, J. & Bartlett, W., *Quasi-markets and Social Policy*, Macmillan, UK, 1991, pp.14-15.
(9)　水野博達「2000年4月が過ぎて……――介護の社会化とは，『市場』での自由のことか？」『大阪社会福祉研究』第23号，大阪市社会福祉協議会・大阪市立社会福祉研修センター，2000年，37頁。
(10)　介護保険法は「市町村は被保険者が○○サービスを受けたときは当該被保険者に対して，○○費を支給する」という形式をとり，これは運営主体＝市町村が財政面での責任を中心に負うことを意味する。
(11)　この考え方は介護保険制度導入以前から存在した。「第3回社会福祉トップセミナー」（1991年）では，当時の厚生省老人福祉課長が「国としては……教科書は作ります。それを読んで，やるかどうかは市町村の責任という時代になる」と述べ，供給体制の整備は市町村が側面から支援するとし，「福祉が伸びない市町村に住んでいるのは，そこの住民が不幸であきらめてもらう」という。全国社会福祉協議会『福祉改革Ⅲ』（『月刊福祉』増刊号）1991年，36頁を参照。
(12)　最近では「規制改革」という語が公式に使用されている。これは「緩和」から「改革」に移行することで「規制」の存在そのものを見直そうとする新自由主義的立場を一層進めたものである。詳しくは，川本明『規制改革』中央公論新社，1999年を参照。
(13)　倉澤資成『価格理論』日本評論社，1992年，293頁。
(14)　介護の社会化をすすめる1万人委員会・札幌「特別養護老人ホーム実態・調査分析報告」1999年を参照。これは北海道ならびに札幌市が厚生省（当時）に提出した「老人福祉施設指導台帳」を原資料としているものである。
(15)　駒村康平「介護保険給付の利用状況と利用者中心型システムに向けた課題」『季刊家計経済研究』第52号，家計経済研究所，2001年，18頁。
(16)　同上論文，20頁。
(17)　同上論文，20～21頁。
(18)　平野泰朗「福祉サービスにおける市場と制度の問題」岡村豊光ほか『制度・市場の展望』昭和堂，1994年，336頁。
(19)　厚生労働省は「正当な理由」として，①当該事業所の現員からは利用申し込みに応じきれない場合，②利用申込者の居住地が当該事業所の通常の事業の実施地域外

である場合，③入院治療の必要がある場合，の三点を示している。
　厚生労働省ホームページ http://www.mhlw.go.jp/general/seido/syakai/kaigo/jimu/jimu05.html を参照。
⒇　佐藤進・河野正輝『介護保険法』法律文化社，1998年，124頁には「法令に規定される各条項（いわゆる法的約款）に基づき当該被保険者にサービスを供給することを約定して締結する片務的不従的契約」と述べられている。
(21)　厚生労働省は第1号被保険料の減免要件として，①全額減免しないこと，②所得調査に加え資産調査も行うこと，③減免分を一般会計から補填しないこと，を満たすこととしている。しかし，全国の自治体のおよそ4.9％に該当する139市町村が減免措置を講じているが，そのうち，この要件を満たしている市町村は，わずかに43市町村に過ぎない。『北海道新聞』2001年5月29日付。
(22)　「介護保険3年目の課題」『日本経済新聞』2002年3月23日付。
(23)　佐橋克彦「わが国の介護サービスにおける準市場の形成と特異性」『社会福祉学』第42巻第2号，日本社会福祉学会，2002年，142〜144頁。
(24)　沖野達也『介護事業の「誤解」と「鉄則」』中央法規出版，2001年，6〜12頁。
(25)　厚生労働省『厚生労働白書　平成13年版』ぎょうせい，291頁。
(26)　「より良い訪問介護事業者を選ぶためのチェック項目例（案）」「介護保険サービス選択のための評価のあり方に関する検討会」資料，2002年8月。
(27)　健康保険組合連合会編『2001年版社会保障年鑑』東洋経済新報社，2001年，79頁。
(28)　『日本経済新聞』2002年8月15日付。
(29)　厚生労働省『厚生労働白書　平成13年版』ぎょうせい，289頁。
(30)　廣瀬真理子「介護給付の実態と課題」日本社会保障法学会編『講座社会保障法第4巻　医療保障法・介護保障法』法律文化社，2001年，177〜178頁。
(31)　沖野達也，前掲書，8頁。
(32)　健康保険組合連合会，前掲書，79頁。
(33)　『日本経済新聞』2002年7月14日付。
(34)　厚生統計協会『国民の福祉の動向　2002年版』ならびに『厚生（労働）白書』各年版を参照。
(35)　厚生労働省老健局長通知「NPO法人等に対する痴呆性高齢者グループホームの施設整備に係る助成について」（老発第318号）2001年8月29日で，その具体的な該当要件が示されている。
(36)　厚生労働省老健局「全国介護保険担当課長会議参考資料」2002年9月4日。
(37)　厚生省『厚生白書　平成8年版』大蔵省印刷局，132頁。
(38)　厚生労働省『厚生労働白書　平成13年版』ぎょうせい，288頁。
(39)　厚生労働省老健局，前掲資料。
(40)　『日本経済新聞』2000年6月6日付。厚生省訪問看護統計調査を扱った記事である。

(41) 『日本経済新聞』2000年6月22日付。実際，道内の在宅サービスの利用者が70名程度のある村では半年で民間事業者が撤退した例も報告されている。『日本経済新聞』2000年11月22日付を参照。
(42) 『日本経済新聞』2000年10月21日付。
(43) 『日本経済新聞』2000年11月23日付。
(44) 「ゆたかなくらし」編集部編『介護保険を告発する』萌文社，2001年，115頁。
(45) 「痴呆性高齢者の要介護度が低く判定されてしまうという指摘があり，技術的な検討を行っている」。厚生労働省『厚生労働白書　平成13年版』ぎょうせい，291頁。
(46) 「ゆたかなくらし」編集部，前掲書，119頁。
(47) 鍋谷州晴「介護保険施行1年の現実と理論の検証」『総合社会福祉研究』第18号，総合社会福祉研究所，2001年，93頁。
(48) 厚生労働省老健局，前掲資料。
(49) 介護保険事業運営点検の手引き編集委員会『介護保険事業運営点検の手引き』中央法規出版，2001年，40～41頁。
(50) 鍋谷州春，前掲論文。
(51) 日本社会保障法学会，前掲書，157頁。
(52) 同上。
(53) 鍋谷州春，前掲論文。
(54) 厚生労働省老健局，前掲資料。
(55) 富士総合研究所編『実務者必携　介護保険制度のすべて』じほう，2001年，152頁。
(56) 同上書，156～157頁。
(57) 厚生労働省老人保健福祉局長通知「低所得者に対する介護保険サービスに係る利用者負担額の減免措置の実施について」（老発第474号）2000年5月1日。
(58) 厚生労働省老人保健福祉局計画課長通知「社会福祉法人等による生計困難者に対する介護保険サービスに係る利用者負担額減免措置事業の推進について」（老計第50号）2000年11月24日。
(59) 直行直帰方式は「仕事の効率を高め，コスト削減につながるような工夫」とされる。『日本経済新聞』2002年9月22日付。
(60) 『日本経済新聞』2002年7月22日付。
(61) 「介護支援専門員の支援等による介護サービスの質の向上について」厚生労働省老健局，前掲資料。
(62) 介護保険制度開始直後には紙面の3分の1を占めるような大々的な広告が打たれた。ある事業者の広告掲載中の写真は全6枚。そのうち，利用者の姿が写っているのは2枚だけであるのも象徴的である。『日本経済新聞』2000年8月3日付。
(63) 鍋谷州春，前掲論文，91頁。

⑹4　磯野有秀「介護は社会福祉サービス,保険はその費用支払いシステム」『総合社会福祉研究』第15号,総合社会福祉研究所,1999年,97〜104頁。

第3節　障害者福祉サービスの準市場化

　すでにみたように,保育サービスでは利用制度が導入され,2000年からは高齢者福祉サービスの領域で介護保険制度が導入された。

　保育サービス提供体制の改革が求められた理由には,「発足以来その基本的枠組みは変わって」いないことが挙げられ,高齢者福祉サービス提供体制の改革は,老人福祉と老人保健を「再編成し,……新たな仕組みを創設」するものであった。保育サービス提供体制における利用制度の導入は,保護者の選択権を法的に位置づけると同時に,提供者の多様化を通じて保育所間での競争を意図したものであった。また,介護保険制度における契約制の導入は,利用者を被保険者として位置づけて選択権を認める一方で,サービス提供者の多様化が図られ,利用者間と提供者間での直接的な契約が重視された。

　これらの動向は,改革の経緯や対象者による個別領域的な特徴を持ちつつも,一定の共通性を持つ。すなわち,一定の要件を充足した場合に限り,市町村や社会福祉法人以外の民間事業者でもサービスの提供が可能になった点である。つまり,営利部門や非営利部門による保育所の開設,在宅福祉事業の展開などが可能となった。

　2000年の「社会福祉法」の成立によって,身体障害(児)者・知的障害(児)者の分野においても,同様の制度改革が実施された。すなわち2003年度からの支援費制度の導入である。これは社会福祉基礎構造改革において「国民の増大・多様化している福祉需要を効率よく満た」すために,他領域における制度改革の「方向をさらに深化」させた結果であった。ここにわが国の福祉サービス提供体制は,児童,高齢者,障害(児)者の三領域にわたって大転換を遂げた。

　支援費制度は,身体障害者福祉サービス,知的障害者福祉サービス,障害児

第3章　わが国の福祉サービスにみる準市場化の共通性と差異性

の在宅福祉サービスについて，利用者が事業者と契約を結び，サービスの提供を受ける利用制度である(5)。介護保険制度と同様に，利用者が民間事業者を含む多様な提供者からサービスを選択・契約し，市町村から支給される「支援費」と，自己負担でサービスを購入するものである。しかし，事業者不足への懸念(6)，補助金交付基準をめぐる混乱(7)が報じられるなど，必ずしもその移行への道程は平坦ではない。そこで，本節では支援費制度の特徴について分析する。

ところで，保育制度改革，介護保険制度の導入も，福祉分野への市場原理の導入として指摘されることがある。例えば，杉山隆一は保育制度改革を，「競争を通じて公的保育から民活型保育へ転換する(8)」ものとして位置づけ，企業参入による影響を懸念している。また，介護保険制度についても岸田孝史は，「介護の市場化，営利化を意図したものである(9)」と分析している。このような指摘は正鵠を得ていると思われるが一面的である。保育制度改革においては措置制度から抜本的転換がなされたわけではないという指摘もみられ(10)，介護保険制度においては，提供者が指定事業者に限定される仕組みとなっている。

以上のように，昨今の社会福祉サービスの提供体制の改革に関する特徴は，一般的市場とは異なる文脈においての「市場化」であり，支援費制度の枠組みも，同様の理解が可能である。

以下ではまず支援費制度の枠組みを，「社会福祉法」をはじめとした関係各法における制度改正の内容を手がかりに把握する。さらに，従来の措置制度との差異からその特徴を述べ，支援費制度における準市場形成の要件の充足状況を分析する。

まず，支援費制度の枠組みを「社会福祉の増進のための社会福祉事業法等の一部を改正する等の法律」を中心に整理しよう(11)。

厚生労働省によると，支援費制度は「障害者福祉サービスの利用制度化」と位置づけられ，その基本的な仕組みは次のように要約できる。第一は支援費支給を希望する者は知事指定事業者（施設を含む）に直接利用を申し込むと同時に，市町村に支給申請を行うこと，第二に契約に基づいて提供されたサービスに関する利用料は，代理受領と応能負担方式でまかなうこと，第三に「やむを

145

得ない事由」に限って，市町村による措置によりサービスが提供されるものである。

さらに，これらを詳細にみると，以下のようになる。

まず，支援費制度の利用希望者（障害児の場合はその保護者）は，主に市町村から情報収集を行い，自らに必要なサービスを特定し，市町村に支給申請を行う。次に，市町村は申請にしたがって支給決定を行い，受給者証を交付する。そして，支給決定を受けた申請者は，受給者証を提示して指定事業者・施設と直接契約を結び，サービスの利用を開始する。さらに，サービスの利用者は，本人・扶養義務者の支払能力に応じて定められた額を事業者等に支払う。同時にサービスの提供者は利用者負担分以外の費用を市町村に請求する。最後に，市町村はその請求を審査した後，提供者に支払うこととなる。

次に，同法の「法律要綱」から支援費制度にかかわる部分を整理してみよう。

まず，身体障害者に対するサービスについてである。身体障害者の在宅福祉サービスは「身体障害者居宅支援」とされ，これには居宅介護，デイサービス，短期入所が含まれている。もう一つには施設サービスが「身体障害者施設支援」と位置づけられ，これには更生施設支援，療護施設支援，授産施設支援が含まれている。市町村は情報提供，利用調整，受給者証交付，居宅生活支援費（特例居宅生活支援費）または施設訓練等支援費の利用者に対する支給，加えて緊急時の措置の権限を持つ。

なお，支援費の支給，サービスの提供は居住地（現在地）主義に基づいて実施され，都道府県知事は事業者・施設の指定を行う。また，施設訓練等支援費は，都道府県または市が4分の1を，国が2分の1を負担し，居宅生活支援費では，都道府県が4分の1以内を，国は2分の1以内を補助できる。

次に知的障害者の更生援護にかかわる部分をみてみよう。

知的障害者に対するサービスも二種類に大別される。その一つは「知的障害者居宅支援」である。これには居宅介護，デイサービス，短期入所，そして地域生活援助事業（グループホーム）が位置づけられている。もう一つは「知的障害者施設支援」である。これは更生施設支援，授産施設支援，通勤寮支援など

がある。なお，市町村や都道府県知事の役割，費用に関する事項については上記と同様の仕組みである。

さらに，知的障害児に対する「福祉の保障」[17]として，児童居宅支援と位置づけられる在宅福祉サービス（居宅介護，デイサービス，短期入所）にかかわる費用は「居宅生活支援費」とされ，身体障害者・知的障害者の枠組みと同様の形態で提供される。

ところで，支援費と一口に言っても，その内容は居宅生活支援と施設訓練等支援では，その内容や算定方法は異なる。

居宅生活支援費の支給決定は，サービスの種類ごとの支給期間と，月を単位とした支給量に基づきなされ，この範囲内でサービスが提供される[18]。施設訓練等支援では支給期間と障害の種類および程度を判定した障害程度区分に応じて，支援費額が決定される。なお，障害程度区分の判定は市町村（の職員）が行うが，必要な場合には各更生相談所に意見を求めなければならない。

このように支援費の支給方法は，在宅と施設とに区分され，市町村が大きな役割を果たしている。さらに施設サービスに要する費用は，行政の「負担」であり，在宅サービスについては「補助」である。また，支給上限は時間・量・障害程度によって定められている。

以上，支援費制度の流れと支援費の位置づけを概観した。すなわち市町村と利用（希望）者，施設・事業者などの提供者との三者関係において，市町村の役割が支援費支給に，利用者と提供者の関係が，契約に基づくサービスの利用―提供関係へとそれぞれ特化するという，複線形の仕組みができあがったのである。

これを旧来の措置制度の枠組みと比較すると，以下のような特徴がみられることになる。

まず，「社会福祉事業法改正法」の「法律概要」において，措置制度は「行政が行政処分によりサービス内容を決定する」[19]ものとされている。それは行政庁が行う行政上の処分であるから，利用者の権利性が曖昧であり，サービスの選択ができないと指摘される[20]。この「行政上の処分」は，行政行為の一形態と

して「行政庁が公権力の主体として，国民・住民の具体的な権利義務その他の法的地位に変動を生じさせる措置」であり，事実認定，法律要件の解釈，法の適用，内容の決定と決断のプロセスを経て行われる「法の具体化作用」である。また，「処分」とは，「行政庁が法令に基づき優越的立場において，国民に対し権利を設定し，義務を課し，その他具体的な法律上の効果を発生させる行為」である。

　古川孝順は，申請および通告の受理と職権による認知，措置基準に基づく調査・審査と判定，福祉サービスの選定と措置・提供の決定，通知・送致までの「一連の手続きと過程の総体」を措置制度と位置づけている。その特徴には，一連のプロセスに「利用申請者が介入し，意見を表明するという機会が与えられることはない」ことを挙げ，同様に佐藤進も「非民主的，権力的，画一的，手続きの煩わしさ，非効率的なデメリット」を指摘する。

　このように，行政処分としての措置制度は，個人に優越する公権力によって，事実認定からサービスの具体的提供に至るまでのプロセスを，その立場ゆえに（申請主義に則り）一方的に実施可能とするものであった。

　ここで，より具体的なプロセスをみれば，まず，サービスの利用希望者は措置権者である都道府県や市町村に対し申請を行う。それを受けて措置権者はニーズ判定を実施する。その結果，サービスの利用が適当であると判断された者について，措置（もしくは措置委託）を実施する。また，費用は原則応能負担に基づいて，措置権者を経由して国庫に納付される。

　つまり，申請者は措置権者による措置（措置委託）を経由してサービスを利用すること，また，利用者の費用負担と，措置権者からサービス提供者に支払われる措置委託費（措置権者と同一の場合は措置費）が別個の位置づけにあること，したがって申請（利用）者とサービス提供者は対面的な関係ではなく，双方の視点からは「措置された」「委託された」という消極的な関係にとどまらざるを得ない面がある。

　以上のような措置制度と，新たに開始された支援費制度の枠組みとを比較すると，以下のような差異が認められる。すなわち，第一に措置権者から運営主

体への変化，第二にサービス提供者と利用者の関係，第三に運営主体とサービス提供者の関係，第四に運営主体と利用者の関係である。

　第一に措置権者から運営主体への変化である。

　措置制度では都道府県と市が措置権者として，申請，判定，措置決定，費用徴収・支払いまでの業務を行っていた。しかし支援費制度への移行により，市町村がその運営主体となり，支援費支給の判定と決定が業務の中心となった。なお，支援費の水準は，厚生労働大臣の定める範囲において市町村が決定するものとされる。

　第二にサービス提供者と利用者との関係である。

　利用者は支援費支給決定を受けていること（受給者証が交付されていること）を条件として，指定事業者との間で契約を締結する。措置制度では措置権者とサービス提供者との関係は公法上の委託契約であり，対利用者との関係は問題にされない。しかし，支援費制度ではこれと異なり，利用者とサービス提供者との間で民法上の契約関係が発生する。なお，指定居宅支援事業者は法人格を持ち，一定の人員基準や設備基準を満たしていればよく，民間営利・非営利法人でも参入が可能である。さらに，介護保険の訪問介護事業者の指定を受けている事業者は，支援費制度上の指定居宅介護事業者となることも可能である。

　第三は運営主体（市町村）とサービス提供者の関係である。

　措置制度下では，サービス提供者に対して措置権者がその費用と利用者を「割り振り」してきた。その一方で，支援費制度での市町村と事業者の関係は，便宜的に採用されている支援費の請求と支払い（代理受領方式）が主要なものである。したがって，費用と利用者の入所のいずれに関しても，原理的には市町村（運営主体）とサービス提供者の関係は，旧制度と比較して希薄となっている。

　第四は運営主体と利用者の関係である。

　運営主体である市町村は，第一に利用（希望）者に対して情報提供を行い，利用（希望）者には，それらの収集が求められるようになった。措置制度下では利用者の選択権が認められていなかったため，情報提供ならびに収集は軽視

されてきた。しかし，利用（希望）者の選択が可能になった支援費制度において，これらの仕組みは欠かせないものとなった。第二に，市町村の担当職員が障害の種類や程度に関する聞き取り調査を実施したうえで，支給の可否と水準が決定されるように変化した点が挙げられる。これはあくまでも「支援について公費で助成することの要否を判断するもの」[29]である。したがって，措置制度のように特定の施設・事業者によるサービス利用を強制するためのものではない。なお，利用者の状況が変化した場合には，支給量，障害程度区分の変更の申請も市町村に対して行うことができる。第三は，支援費支給対象である。措置制度では措置（委託）費によって定員・入所者数に応じた事業者補助の形態がとられていたが，支援費制度では，その対象は，知的障害児の場合は居宅支給決定保護者とされ，そのほかの18歳以上の知的障害者（18歳未満でグループホーム利用者を含む），身体障害者の場合には，本人（事業法等改正法第15条の6，第15条の12，第17条の5，第17条の11）となっており，利用者補助への転換がみられる。

　以上を踏まえたうえで，支援費制度における準市場の形成についてみることとする。

　まず，支援費制度における準市場形成の「主体」を整理してみよう。

　第一の主体は購入者である。支援費制度では措置（委託）費による事業者補助から，本人または保護者に対する支援費の支給という利用者補助へと変化を遂げた。支援費支給を受けた本人・保護者はそれをもとにサービス提供者と契約を結び，支払いを行う。なお，事業者は運営主体である市町村から支援費を代理受領するが，これは便宜的なものであるから，ここでの購入者は利用者本人，またはその保護者となる。

　第二に，提供者は都道府県知事が認可した事業者・施設であり，購入者との関係において契約の当事者となる。

　第三は規制主体である。支援費制度における公的部門の役割は，利用者のニーズ判定（市町村），事業者の指定・監督（都道府県），支援費の負担・補助（国・都道府県）となっている。また，自己負担額の決定も市町村に一定の裁

量を認めつつも，中央政府による基準が基本である。したがって，ここではサービス価格の決定，提供者に対する規制・監督などを行う市町村と都道府県を規制主体とする。

以下，準市場形成の成功条件の観点からこの枠組みを分析する。

第一に市場構造の転換についてである。

ここではまず，サービス提供者の小規模化・分散化の状況をみてみよう。

支援費制度で提供されるサービスには，施設訓練等支援と居宅支援の二種類がある。このうち，施設訓練等支援を運営する事業は第一種社会福祉事業として位置づけられていることから，提供者は，国，地方公共団体，社会福祉法人である。その一方で，居宅支援を運営する事業は第二種社会福祉事業と位置づけられているので，法人格を有し，人員・設備基準を満たせば参入が可能である。したがって，在宅サービスについては参入が促進されている。

厚生労働省の調査では，2003年1月の段階で，申請事業所は身体障害者分野で2218カ所，知的障害者分野で3433カ所，児童分野では1699カ所であった。このうち，実際に指定を受けたものは，それぞれ666カ所，1159カ所，533カ所であるが，その割合は全体の32.1％と低い。しかしながら，2002年10月と2003年1月との比較で参入の増減をみると，身体障害者分野では3.06倍，知的障害者分野では2.7倍，児童分野では3.41倍の伸びがみられ，全体では2.94倍の増加となっている。

以上のように，伸び率としては著しいものの，絶対数を増やすため「参入を進めていく」必要があるとされた。この状況を受け，厚生労働省は指定居宅介護事業に介護保険の訪問介護事業者が指定を受けることを可能にした。この場合，上乗せしての人員配置は求められず，介護保険の運営基準に準じるものとされた。2002年4月実施の調査では，介護保険制度上の訪問介護事業者数は約2万1000であり，これらの多くの参入が期待されている。また，デイサービスでは相互利用制度が設けられている。したがって，現時点での提供体制の小規模化・分散化は，その途上にあるものといえる。

次に公定価格である支援費単価の設定について整理しよう。

支援費単価は複合的な要素に基づいて設定されている。居宅生活支援費を除く領域では，障害程度区分はA・B・Cの三段階に区分される。また，居宅生活支援費のうち，居宅介護支援は障害の程度に関係なく，30分単位で算定される。デイサービス，短期入所，地域生活援助では区分1～3が設けられており，その障害の軽重に応じて単価差が設定されている。

　施設訓練等支援費では，当該施設の入所定員と障害程度区分に応じて，入所定員が少ないほど，また障害の程度が重いほど単価が高く設定され，実際に利用した日数での日割り計算となる。さらに，減算・加算措置が設けられている。例えば減算措置では，地方公共団体が設置した施設における支援費が，その単価に1000分の965を乗じて算出されること，利用者が入院をした場合には，100分の80を乗じることなどが定められている。加算措置には，常勤医師・看護師の配置がある場合，重度重複障害者が入所している場合（重度重複障害者加算），入退所時の特別支援加算，身体障害者に対する遷延性意識障害者加算，筋萎縮性側索硬化症等障害者加算，知的障害者に対する強度行動障害者特別支援加算，自活訓練加算などがある。

　一方，居宅生活支援費は，居宅介護支援でも30分を単位とした「標準的な時間で」算定される。介護保険制度と同様に，支援の態様によって類型が定められており，身体介護型，家事援助型，移動介護型などに分けられている。身体介護，移動介護と比較して，家事援助型の単価は低く設定される一方で，夜間，深夜，早朝における支援（18時から8時）には，加算が設けられている。さらに，一定の要件に該当する利用者1名に対して2名で支援を行う場合も，それぞれについて算定できる。また，身体障害者，知的障害者に対するデイサービス支援費は，障害区分とデイサービスセンターの設置形態と，4時間を境とした所要時間により単価が設定されている。なお，食事・入浴・送迎を行う場合にはそれぞれ加算が行われる。児童デイサービス支援費では，保育所に通っている児童の併給が可能であり，さらにその単価はサービスの提供を受ける障害児の数の平均が少ないほど高い。さらに短期入所支援費については，身体障害者の場合，障害区分のみによって単価が設定されている。ただし，遷延性意識

障害者等は別個に定められている。また，送迎についての加算も設けられている。知的障害（児）者の場合，これと異なり，障害区分での単価と，日帰り入所の場合の4時間を単位とした単価が設けられている。なお，重症心身障害（児）者の場合には別個に単価が定められている。最後に知的障害者地域生活援助支援費（知的障害者グループホーム）である。これは障害区分と入居定員によって単価水準が異なり，障害が重いほど，また入居定員が少ないほど単価が高い。

　これらの国基準単価はさらに，地域区分と支援の種類によって割り増しされる。そしてそれを下回らない範囲で市町村長が基準を定めることとなっており，全体的に細分化された単価設定となっている。この点は，介護報酬単価と異なり，支援費「基準」に基づいた自治体ごとのいわば「価格設定」が可能である。しかし，国の補助は，できる規定にとどまっている。

　次に情報の非対称性の緩和・防止に関する仕組みを整理してみよう。

　支援費制度における情報提供のあり方は，①市町村による相談支援業務，②事業者が行う契約内容にかかわる情報開示や苦情解決，が主要なものである。

　市町村による相談支援業務は，①サービス選択のための相談，②指定事業者の情報提供に関するものである。前者については，障害の特性に応じたパンフレットの作成[36]，ワンストップサービスの提供など円滑な手続き方法の確保，「WAM NET」による情報提供，地域福祉権利擁護事業の活用や手話通訳，生活協力員の紹介等に「努めることが必要である[37]」とされる。さらに広報やホームページ，パンフレットの活用が求められている。また，施設の空き情報の提供については，都道府県がその収集に当たり，市町村との連携が求められている[38]。

　一方，事業者が行う情報提供のあり方について，社会福祉法第75，78条では，サービスの改善を図るために，利用希望者に対する情報提供や自己評価等が定められている。また，社会福祉法第76条および第77条では，契約に先立つ重要事項の説明と，契約成立時における書面交付義務が課せられている。これには，名称と所在地，提供する福祉サービスの内容，支払額，そのほか省令で定める

事項が盛り込まれなければならない。また，障害の種類に応じて朗読や手話通訳，権利擁護事業や成年後見制度を利用しての契約締結が求められている。[39]

　なお，厚生労働省は全国共通の標準契約書を提示していないが[40]，全国社会福祉協議会が，「利用契約書」，「重要事項説明書」，「利用者のしおり」の三種類のモデルを提示している。「利用契約書」は「利用者と提供者の権利義務関係の骨格を明確にしたもの」として，「重要事項説明書」は「契約内容はその履行に関する重要事項を説明するもの」，「利用者のしおり」は「利用者ごとの個別の内容とサービスの利用に当たって特に理解が必要な点について絞って説明するもの」として位置づけられている[41]。また，居宅介護事業の事業実施地域に関する周知については，事業者自らによる情報提供に加え，「利用者としても『WAM NET』の積極的な活用が望まれ」ている[42]。

　以上のように，支援費制度における情報の非対称性の緩和・防止には，実施主体である市町村による相談・申請段階での情報提供が，また，契約締結に際しての書面による重要事項説明や「しおり」の作成，契約書による契約内容の明示がなされることになっている。

　しかし，厚生労働省は情報提供の枠組みは示しているものの，その収集の主体があくまでも利用者や保護者であり，最終的には「WAM NET」の利用といった「自助努力」を要求している。また，全国社会福祉協議会が提示しているモデル契約書では，障害の種類・程度を考慮したものとなっておらず，身体障害者向けにも，知的障害者向けにも同様の表記になっている。

　第三に，取引費用と不確実性への対応について検討する。

　これにはサービス利用のキャンセルや事故および利用料の滞納などへの対応方法と，その費用のあり方が該当する。支援費制度は，利用者とサービス提供者とが直接的な契約関係にあり，トラブルへの対応は基本的に当事者間で行う。したがって，その費用は支援費収入から充当される。これは支援費収入の使途が限定されていないために可能になったこともある。また，利用者負担の徴収などの債権管理は事業者が行うとされ，未納時には督促や民法の規定に従って契約解除が可能である[43]。

次にサービス利用のキャンセルへの対応方法と費用についてみてみよう。

支援費とサービス提供をめぐる扱いについては，在宅サービスの場合，事業者が訪問したにもかかわらず利用者が不在の場合，支援費は算定できない。さらに移動時間も基準単価に含まれるとされ，算定できない。一方では滞納予防を目的とした前納は禁じられている。

したがって，これらのキャンセルの発生にともなう費用の損失と，その取り扱いは事業者によって異なることになる。

さらに事故発生時の対応方法と費用についてみてみよう。

サービス提供中に何らかの事故が発生した場合，サービス提供者は損害賠償の責を負うことになるが，統一的・義務的対策はなされておらず，訴訟費用や損害賠償額によっては経営基盤が不安定にならざるを得ない。もちろん，そうした事業者・施設の淘汰が支援費制度の狙いでもあろう。しかし，淘汰によって利用者を引き継ぐ事業者や施設の位置づけが必ずしも明確ではない。

支援費そのものは，障害の種類・程度に応じて提供されるサービスに対しての純粋な価格であり，このような不確実性へ対処するための費用はあらかじめ計算に含まれていない。これらへの対応は直接的契約関係であるがゆえに，事業者・施設で独自に取り組むべきものとして位置づけられているのである。

第四に，提供者と利用者の「動機づけ」について検討する。

まず提供者の動機づけである。

準市場の形成において，提供者は利潤追求の動機を持つことが重要であり，効率化へのインセンティブとして作用する。支援費制度では支援費の使途制限が撤廃され，経営安定化のための剰余金の活用が認められている。したがって，施設経営の自由度は拡大した。しかし，単価水準の設定によっては，利潤の追求が一義的にコストの削減を指向し，質と効率の両立をめざす準市場の考えから乖離する可能性がある。厚生労働省は在宅事業者の参入が進んでいないとして，介護保険事業者に対して参入促進を呼びかけたのも，こうした問題点が背景にある。

次に利用者の動機づけである。

支援費制度では本人またはその保護者がサービスの購入者であるため，自らの福祉追求動機に基づいた選択が可能である。しかし，障害の種類や程度に対する配慮はあっても，基本的には契約締結が求められる。例えば，知的障害者における契約手続きには種々の配慮がみられるが，障害の程度や特性は一様でなく，サービスがより高度になればなるほど，契約内容は複雑になる。しかも，そのようなサービスを必要とする知的障害者には，その内容の理解は難しい。あるいは，利用したサービス内容と契約内容とに齟齬があった場合，このような状態にある利用者が訴えるのは困難である。

　支援費制度における契約は，その当事者を「障害者」として一括し，一律に「契約」を適用する。しかし，自らの福祉追求の動機づけが形式的には保障されたとしても，その実現にはかなりのばらつきが生じるであろう。

　このように，提供者の動機づけは効率化をもたらす利潤追求というよりも，支援費収入と実際に要するコストとの乖離を追求する意味での利潤追求にならざるを得ない。その一方，利用者の福祉追求動機は支援費支給申請の時点では可能であるが，その具体化・具現化は障害の種類・程度によって保障されるとは限らないのである。

　最後はクリームスキム（いいとこどり）の防止についてである。

　利用権を実質的に保障するためには，低所得層の負担軽減が行われる必要がある。支援費制度では応能負担方式が採用され，利用者と扶養義務者の所得に応じて負担額が定められており，その負担額を支援費から差し引いた分が，サービス提供者に対して市町村から支払われる（代理受領）。これによって，サービス提供者は当該利用者にかかわる支援費を確実に得られる。したがって，サービス提供者が利用者をクリームスキムする必要性は乏しい。また，サービス提供者には原則として応諾義務が課せられており，この点からもクリームスキムが生じる可能性は低い。

　しかし，厚生労働省は広報パンフレットの中で，国基準において「利用者の負担が著しく増加することのないよう配慮」[46]すると述べているが，実際には市町村が決定するものであり，応能負担基準の設定が過重であれば，申請者自ら

が利用を取りやめるという事態が生じる。つまり，提供者からクリームスキムされる可能性は少ないが，それ以前の段階で利用を取りやめるという「制度からのクリームスキム」が生じる可能性がある。

以上，支援費制度における準市場化には，第一に市場構造の転換に関して，①提供者の小規模化・分散化はその途上にあること，②公定価格，つまり支援費単価は，国が障害の種類や程度または提供時間によって異なる形で定めていることが明らかになった。

第二に情報の非対称性への対応は，①市町村レベルとサービス提供者レベルで実施されていること，②情報収集の主体は利用者であり，制度を利用しようとする者の「自助努力」が要請されていることを指摘した。

第三は取引費用と不確実性への対応である。その特徴は，①支援費そのものがサービスの価格であることから，取引費用が盛り込まれていないこと，②したがって，取引費用はサービス提供者が工面しなければならないことが明らかとなった。

第四に動機づけでは，①提供者の利潤追求という動機づけは効率性との関係では曖昧であること，②利用者の動機づけはあくまでも動機づけにとどまり，特に障害の種類・程度によっては，その実現可能性が懸念されることがある。

最後のクリームスキムの防止では，提供者によるクリームスキムの可能性は乏しいが，制度そのものからクリームスキムされる可能性が指摘できる。

このような諸条件の充足状況によって，支援費制度にみる準市場はどのような特徴をもって形成されることになるだろうか。以下では四つの評価基準から分析し，その特徴を明らかにする。

まず効率性の観点から検討してみよう。

準市場における効率性とは粗効率性ではなく，コストの低減とサービスの質の向上が両立する生産性効率である。サービスの単位当たりの費用が低下し，なおかつ従来の制度のもとで提供されてきたサービス水準からの向上がみられれば，生産性効率が向上したといえる。

それでは，支援費制度においてサービス提供者のコスト低減意欲は作用する

ようになっているだろうか。

　支援費制度では利用者補助に移行し，その確保が提供者に収入をもたらす。ところが，コスト低減のインセンティブが作用するためには，「（利用者にとって）低い料金で高い質のサービス」にならなければならない。しかし，利用者の自己負担額は介護保険制度とは異なり，応能負担方式である。つまり，利用者の負担の程度と提供されるサービスの費用との間に明確な関係が存在しない。そうなると，事業者が考慮することになる効率性は，利用者にとってのものではなく，市町村が定めた支援費基準に関心が向けられた効率性にならざるを得ない。したがって，支援費の設定水準によって提供体制やサービス水準が左右されることになりやすく，以下に述べるサービスの質の向上と矛盾する可能性が高い。

　そこで，サービスの質の変化についてみてみよう。

　まず費用の加算減算による誘引づけはもちろん，内部的には第三者を交えた自己評価や苦情解決体制の確保が求められるようになった。その一方で，外部からは，事業者指定基準や知事，市長による指導・監査の実施が求められている。「指導」は，集団指導，書面指導，実地指導の三種類にわたり，その結果は「できる限り利用者保護の観点から開示を行う」ものである。また，「監査」は不正・不当が疑われる場合に実施される。その具体的な要件は，支援内容ならびに支援費請求に不正・不当があると疑われる場合，指定基準に重大な違反があると疑われる場合，実地指導によっても改善がみられない場合などである。また，これにより指定が取り消されると，その旨が市町村に連絡される。

　このように，支援費制度におけるサービスの質の確保にかかわる取り組みは，サービス提供者自身によるチェックが前提であり，公的な取り組みは事後チェックにとどめられている点に特徴がみられる。

　また，2002年には厚生労働省が「障害者ケアガイドライン」[48]を策定し，この定着によって「障害者の地域生活が，質の高いものとなることを願っている」と述べている。そこでは支援費という一定額の範囲内で，ニーズを満たすためのケアパッケージの作成が，ケアマネジメントの技法を用いながら提言されて

いる。これは支援費支給決定の段階で市町村が行うべきものとされている。

こうしてみると，障害者ケアマネジメントの機能も注目されているものの，効率性は支援費基準との関係で指向されがちであり，提供者間での利用者をめぐる競争は発生しにくい。また，サービスの質に関しては基本的に事業者の工夫に委ねられており，ケア基準は明確化されていない。したがって，本格的な生産性効率の向上には至っていない。しかし，ケアマネジメントが導入されつつあることに鑑みると，今後はその向上が期待される。

次に応答性の観点から整理してみよう。

先にみたように，利用者のニーズに応答するサービス提供体制の構築は，まだその途上にある。しかし，基本的には利用者自身によるサービスおよび事業者の選択が行われるため，その意味での応答性は確保されている。さらに提供者が小規模化・分散化し，競争が進展すれば多様なサービスが生まれる可能性を持っている。ただし，これには支援費単価の設定水準が問題となる。設定水準いかんによっては提供者が参入してこないままになるという可能性が十分にある。その反面，住民に身近な市町村がその運営主体であるから，今後の財源委譲のあり方や，地域住民のコンセンサスのあり方も含めて考えた場合，その水準の改善は十分に可能である。

また，支援費制度における応答性の確保で特徴的なのは，都道府県における「支援費制度運用向上委員会」が設置されていることである[49]。これには利用者も参加し，介護保険制度や保育制度にはないシステムである。これにより，利用者の意向が制度に反映されやすくなり，応答性の向上が見込まれる。

以上，利用者によるサービス選択が可能であること，支援費の設定水準に関する可能性，さらに運営に関する意見を当事者が表明する機会が存在することなどから，支援費制度の導入による応答性は，条件つきでの向上がみられるようになったといえよう。

さらに選択性の観点から検討してみよう。

選択性の確保に最も重要とされるのは，情報提供やその開示である。

支援費制度では事業者にかかわる情報は市町村の支援を受けながらも，最終

的には利用者（保護者）自身で収集しなければならない。

したがって，情報の入手が容易であるかどうかは，サービスや事業者の選択に大きな影響を与える。厚生労働省はインターネットによる情報収集を強調しているが，「WAM NET」上の情報公開は，いわゆるデジタル・デバイド（情報格差）の観点からの問題がある。

総務省が2002年に行った調査では，自宅などからのパソコンの利用は全国で2976万人と推定され，これは全人口の23％程度に該当する。そのうえ，インターネットの利用には年収や居住地との間に相関性がみられる。したがって，厚生労働省が提示するような情報収集のあり方には限界があろう。

また，ケアの質に関する評価基準とその公表も曖昧である。不服申し立て制度はあるが，それは市町村の支給決定に対するものであり，サービス内容に関するものではない。サービスに不満がある場合は，当事者同士での解決に委ねられている。さらに，サービスの質に不満があり，その提供者から乗り換えようとした場合，契約解除は容易であろう。しかし，その後に新たな提供者を探して契約を結ばなければならない。つまり，途切れのないサービス利用に困難が生じる可能性がある。そして，そのような利用者に対する救済手続きは設けられていない。これらから，支援費制度における選択性は一定の手段が講じられているものの，その実効性には疑問符がつくことになろう。

最後に，公平性の観点からみてみよう。

準市場における公平性の確保には，低所得者対策が必要である。支援費制度における低所得者に対する配慮には，自己負担分の応能負担制が挙げられる。ニーズの有無やその程度によって支援費の支給が決定され，その利用に当たって応能負担を行う点は，介護保険制度と異なる。この点からはクリームスキムが生じにくく，特に，低所得層においては，ニーズに応じたサービスを購入しやすい。しかし，介護保険制度と同様に，支援費という金銭給付は必ずしもサービスの利用を保障するものではない点には注意が必要である。つまり，ニーズと所得が考慮されたうえでの支援費の支給というサービスの利用権は付与されるが，実際のサービス利用までは保障されていないことになる。

第3章　わが国の福祉サービスにみる準市場化の共通性と差異性

　以上，支援費制度の導入による準市場の形成には，以下のような特徴がみられることになる。

　成功条件の充足状況では，第一に市場構造の小規模化，分散化は参入要件の緩和による外形的誘引と，人数に反比例した単価設定による金銭的誘引から，その促進が図られている。第二に情報提供体制では，市町村がサービス選択と提供者選択に関する情報提供を行い，提供者は社会福祉法の規定に基づいて情報提供を行うという二段階の体制になっている。しかし，「障害者」と一括したうえでの情報提供体制には限界がある。障害の種類・程度・特性によっては実効性が確保されにくい。第三に取引費用と不確実性への対応である。これについては当事者間の問題として位置づけられ，利用者保護に結びつくような対応はほとんどなされていない。第四は動機づけである。利用者においては自己の福祉追求に基づくことが可能であるが，提供者においては新規参入の停滞という現象として表面化しているように，積極的な利潤追求とはなっていない。最後にクリームスキムの防止であるが，支援費制度においてはその可能性は低い。ただし，自己負担額の設定水準によっては「制度からのクリームスキム」が生じる可能性がある。

　上記のような成功条件の充足状況のもとで，支援費制度における準市場の形成は以下のように評価できよう。

　第一に効率性の観点からは，コストの削減が支援費単価をめぐるものであり，サービスの質は事後チェックによって確保されることになっている。この結果，競争が進展しにくく，生産性効率の向上につながりにくい。その一方で，障害者ケアマネジメントの進展によっては，市町村財政における生産性効率性の向上が見込まれる。つまり，事業者における生産性効率性の向上は困難であるが，市町村におけるその向上は可能である。第二に応答性の観点からは，市町村による徴収額の決定に不確実さはあるものの，利用者の選択や意見表明の機会が設けられていることから，応答性には一定の向上がみられる。第三に選択性の観点からは情報提供のあり方や内容，救済手続きの不備から，その実効性は乏しいといえる。最後に公平性の観点からは，応能負担方式による低所得層への

配慮がみられ，ニーズに対するサービスの利用という観点からの公平性は確保されている。

こうしてみると，支援費制度における準市場の形成には二つの特徴がみられる。

その第一は，効率性と応答性の向上がみられるものの，選択性や公平性の確保には疑問符がつくという点である。このことは，すでにサービスを利用している者にとっては比較的問題にならないが，サービスを必要としている者，あるいはサービスの利用を希望している者にとっては，大きな問題となる。対象者や希望者を範疇に含めた改善が求められるところである。特に，選択性の確保については，情報提供の内容と手段を再検討する必要がある。内容ではケアの質に関する評価を積極的に盛り込むこと，手段ではインターネットや市町村の工夫によるだけではなく，障害の種類や程度，特性に応じた方策が必要である。

第二は市町村の果たす役割が多大，多岐にわたっている点である。今までみてきたように，市町村は支援費の水準や支給決定，情報提供などの中核的な部分を担っている。「三位一体」での改革が求められている今後の地方分権改革の進展状況によっては，より理想に近い準市場の形成が十分に可能であると思われる。

以上，障害者福祉サービスにおける支援費制度の導入は，その対象者を利用者そのものに焦点化するという限界をもち，改善の余地がある。しかし，高齢者や児童分野における市場化の動向と異なり，準市場の枠組みに近似する点が多く，したがってその形成可能性は高いと考えられる。

(1) 柏女霊峰『児童福祉法の改正をめぐって——次なる改正に向けての試案』1996年度政策科学研究推進事業，日本子ども家庭総合研究所，1997年，5頁。
(2) 厚生統計協会『国民の福祉の動向 2002年版』廣済堂，2002年，218頁。
(3) 厚生省社会・援護局企画課監修『社会福祉の基礎構造改革を考える 検討会報告・資料集』中央法規出版，1998年，序文。
(4) 同上。

(5) 厚生統計協会, 前掲書, 150頁。
(6) 「事業者不足　利用者は不安」『日本経済新聞』2003年1月5日付。
(7) 「補助金『交付基準』めぐる混乱」『日本経済新聞』2003年1月21日付。
(8) 杉山隆一「改正児童福祉法で保育保障はどうなるか」『賃金と社会保障』第1216号, 旬報社, 1997年, 5頁。
(9) 岸田孝史「介護保険法と社会福祉法人経営」相野谷安孝・小川政亮・垣内国光・河合克義・真田是『2000年日本の福祉　論点と課題』大月書店, 1999年, 38頁。
(10) 福田素生「21世紀に求められる保育サービス提供システム」『月刊福祉』2000年2月号, 全国社会福祉協議会, 2000年, 56頁。
(11) 社会福祉法等研究会『速報　社会福祉の増進のための社会福祉事業法等の一部を改正する等の法律　新旧対象条文・関係資料』中央法規出版, 2000年を参照。
(12) 同上書, 6頁には, 市町村―利用者―指定事業者・施設の三角形図式によって説明されている。なお, 「基本的な仕組み」は5点にわたって説明されているが, 本文中ではそれを要約した。
(13) 同上書, 13～23頁を参照。
(14) 同上書, 17～18頁。
(15) 福祉事務所を設置しない町村には都道府県が負担を行う。同上書, 18頁。
(16) 同上書, 18～20頁。
(17) 同上書, 20～22頁。
(18) 同上書, 108, 162, 211頁。
(19) 同上書, 3頁。
(20) 山縣文治・柏女霊峰編『社会福祉用語辞典』ミネルヴァ書房, 2000年, 229頁。
(21) 河本一郎・中野貞一郎編『新版　法学用語小辞典』有斐閣, 1993年, 53頁。
(22) 原田尚彦『行政法要論　全訂第4版』学陽書房, 1998年, 133～134頁。
(23) 同上書, 293頁。
(24) 古川孝順『社会福祉改革――そのスタンスと理論』誠信書房, 1995年, 80頁。
(25) 同上書, 84頁。
(26) 佐藤進『社会保障と社会福祉の法と法政策　第5版』誠信書房, 1998年, 188頁。しかし, 同時に措置制度のメリットとして平等的, 安定的, 継続的であることが指摘されている。
(27) 厚生労働省社会・援護局障害保健福祉部企画課支援費制度施行準備室「支援費制度関係Q&A集」2002年4月。
(28) 厚生労働省社会・援護局障害保健福祉部「支援費制度担当課長会議資料」2003年1月28日。
(29) 同上。
(30) 同上。
(31) 厚生労働省障害福祉課長の発言。「第7回社会保障審議会障害者部会身体障害・

知的障害分科会議事録」2003年2月12日.
(32) 厚生労働省老健局「平成14年介護事業経営実態調査結果」2002年10月.
(33) 「支援費基準について」厚生労働省社会・援護局障害保健福祉部「支援費制度担当課長会議資料」2003年1月28日.
(34) 区分1は全介助,区分2は一部介助,区分3はそれ以外とされる.
(35) 厚生労働大臣の告示では,①利用者の身体的理由により一人での介護が困難な場合,②暴力行為等が認められる場合,③前記に準じると認められる場合,とされている.
(36) 知的障害者にわかりやすく書かれたものや,点字によるパンフレット作成などである.
(37) 厚生労働省社会・援護局障害保健福祉部「支援費制度担当課長会議資料(支援費制度事務処理要領)」2002年6月14日,10頁.
(38) 厚生労働省社会・援護局障害保健福祉部「支援費制度関係 Q&A 集」2002年4月.
(39) 同上.
(40) 厚生労働省社会・援護局障害保健福祉部「支援費制度関係 Q&A 集」2002年8月.
(41) 全国社会福祉協議会・地域福祉部「障害者福祉サービスに関するモデル利用契約書等について」2003年3月.
(42) 同上資料.
(43) 厚生労働省社会・援護局障害保健福祉部「支援費制度関係 Q&A 集」2002年4月.
(44) 厚生労働省社会・援護局障害保健福祉部「支援費制度関係 Q&A 集」2003年3月.
(45) 「支援費制度の円滑施行に向けた取り組み」第6回社会保障審議会障害者部会身体障害・知的障害分会資料.
(46) パンフレット「支援費制度が始まります」厚生労働省障害保健福祉部作成.
(47) 厚生労働省社会・援護局障害保健福祉部「支援費制度担当課長会議資料」2003年1月28日.
(48) 厚生労働省社会・援護局障害保健福祉部「障害者ケアガイドライン」2002年3月.
(49) 前掲資料「支援費制度の円滑施行に向けた取り組み」.
(50) 総務省「平成14年通信利用動向調査」2003年3月.

第4節　成功条件における共通性と差異性

　1990年代後半から進展してきたわが国における福祉サービスの「市場化」は,第1節から第3節まででみたように,福祉サービスの準市場化として分析することができる.

第3章　わが国の福祉サービスにみる準市場化の共通性と差異性

　本節と次節では，わが国における福祉サービスの準市場化について各領域の比較検討を通じて共通性と差異性を明らかにする。それにより，わが国で進行している福祉サービスの準市場化の傾向を明らかにする。

　本節では，準市場形成の成功に必要とされる諸条件の充足状況を領域間で比較する。比較項目は市場構造，情報，取引費用と不確実性，動機づけ，クリームスキミングの五点である。

　第一は市場構造の比較である。

　まず，準市場化の最大のポイントである購入と提供の分離についてみると，介護サービス，障害者福祉サービスでは利用者補助方式への転換がみられ，市町村が利用者に対してサービス費用の保障を行い，利用者の購入権を確保している。しかし，保育サービスでは事業主体と提供主体が未分化であり，購入と提供の分離が明確でない。

　また，提供者について比較してみると，いずれの領域も社会福祉法に規定される公的なサービスを提供するため，国による指定基準を満たした事業者でなければならない。すなわち，参入と退出に関する公的規制がみられる。さらに，小規模化や分散化という視点からは，いずれの領域においても民間事業者の参入が認められており，その促進が意図されている。ただし，介護サービスと障害者福祉サービスにおける入所施設への参入は認められていない。

　次に購入者についてみてみよう。

　介護サービス，障害者福祉サービスにおける購入者は原則的に利用者本人であり，その自己負担については前者が応益負担，後者では応能負担という差がある。保育サービスの場合，選択権は保護者に認められているが，最終的な費用面での購入者は市町村であり，この枠組みは措置制度時代と基本的に変化していない。また保育サービスの利用者は児童であるので，購入者と利用者は一致しないという差がみられる。

　最後に価格設定の特徴をみてみよう。

　保育サービスでは，保護者の所得や児童の年齢に応じた保育単価が定められているが，事業主体である市町村が「持ち出し」を行うなど，保護者から徴収

する金額には必ずしも実質的な統一性がみられない。つまり，保育サービスにおける保育単価設定の意義は，国庫補助の基準という意味でしかないということになる。一方，介護サービスにおいては全国統一の介護報酬単価が設けられている。医療保険制度と同様にサービスに関して「点数」が定められており，それにしたがって事業者が収入を得，また利用者はその1割を自己負担すればよいこととなっている。障害者福祉サービスでは国が設定する「支援費基準単価」を下回らない範囲で市町村が決定できる。この点は保育単価に類似しているが，あくまでもその設定基準は利用者に対する支援内容に特化している。さらに，施設規模に応じて加算減算が設けられており，供給主体の小規模化や分散化へのインセンティブが働きやすい構造となっている。

　第二は情報の非対称性の緩和・防止策の比較である。

　適正な選択とサービスの購入のためには，情報の非対称性が緩和・防止されなければならない。特に，福祉サービスの場合，その利用者（購入者）の特性によって契約への配慮が求められることになる。

　すでにみたように，福祉サービスのいずれの領域においても，社会福祉法に基づく契約の締結が求められており，利用者に対する情報提供が市町村に義務づけられている。ただしその役割は，保育サービスでは保護者に対する情報提供義務だけである。保育サービスの内容は，保護者が保育所を見学するなどして選択することになっているが，介護サービスでは情報提供に加えて苦情解決業務が，障害者福祉サービスでは相談支援業務が加わっており，保育サービスに比較して利用者の権利擁護の役割もみられる。なお，いずれの領域でもインターネットを活用した情報提供が実施されている。

　最後に，契約のあり方をみてみよう。介護サービスと障害者福祉サービスの場合には，情報提供内容と契約内容と実際に提供されるサービスとには密接な関係があり，齟齬をきたした場合には契約違反として契約を解除できる。その一方で，保育サービスは提供された情報内容と契約内容との関係が不明確である。

　第三は取引費用と不確実性への対応策の比較である。

第3章　わが国の福祉サービスにみる準市場化の共通性と差異性

　介護サービスと障害者福祉サービスにおいては，購入者と提供者が直接対峙するので，不確実性の度合いは，市町村がその最終的な購入者となる保育サービスに比較して高まる。

　しかし，介護サービスと障害者福祉サービスにおける「単価」には，不確実性への対応費用は含まれておらず，各事業者の「経営努力」によって対応するという，はなはだ心もとない状況である。一方の保育サービスの場合，事業主体である市町村が最終的にその責を負うことになる。したがって，取引費用の確保は他の領域に比較して事業者には求められにくい仕組みとなっている。

　第四は動機づけのあり方に関する比較である。

　まず，提供者の動機づけについてみてみよう。

　介護サービス事業者の場合，在宅サービスに民間事業者の参入が可能である。この場合，民間事業者は営利部門と非営利部門を含むため，これらの領域では比較的に利潤追求動機を持ちやすい。例えば受講料を徴収してホームヘルパーを養成し，その後，自社に就職させるという手法をとっている民間事業者も存在する。さらに，介護報酬単価では在宅サービスの報酬が引き上げられる傾向にあり，入所施設との温度差があることは否めない。しかし，入所サービスを提供する場合，参入制限が加えられており，報酬単価がコストの下方圧力として作用する。このため自発的な利潤追求動機は持ちにくく，むしろ黒字確保のために提供基盤そのものの見直しが迫られることになる。

　障害者福祉サービスにおける特徴も介護サービスの場合と同様であるが，サービス対象者の種類などによる課題がある。すなわち，高齢者向けの在宅サービスと，障害者向けのサービスとでは，必要とされる知識，技術が異なるために，単なる利潤追求動機によって参入することには限界があると思われる。

　一方，保育サービスの場合，費用の支払者は最終的に市町村なので，利用者に対するサービスの質と効率性の向上を通じた利潤追求動機は作用しにくい。この場合の利潤追求動機は，市町村から支払われる「保育に要する費用」との乖離をめぐる単純なコスト削減となろう。

　次に購入者の動機づけについてみてみよう。

準市場の原理では，購入者には福祉追求動機が必要とされる。介護サービス，障害者福祉サービスでは利用者と購入者が一致しているので問題は少ない。とはいえ，介護サービスでは，利用するサービスの決定に提供組織に所属するケアマネジャーが主導的に携わるため，利用者の意向が正確に反映されるとは限らない。また，障害者福祉サービスでは障害の種類や程度によって，福祉追求動機に限界や乖離をもたらす可能性がある。

　いずれの場合においても，「よき生活のために何が必要なのか」という判断が本人によって下しにくく，特に介護サービスでは，ケアマネジャーや介護者による「ケアの押しつけ」的な事態の発生が危惧される。

　一方，保育サービスは，市町村が最終的な購入者であること，そして，保育所の選択権が保護者に与えられていることに留意する必要がある。そうすると，市町村は個々の児童の状況を詳らかに知ることが困難であるため，一般的な意味での福祉追求にとどまる。つまり，行政サービスの一環としての保育対策であって，厳密な意味での「ニーズに応じたサービスの提供」という福祉追求の動機づけは持ち得ない。また，保護者のサービス利用の動機づけにおける「児童の福祉追求」は，保育対策が就労対策としてのものから始まったこともあり，場合によっては児童の福祉よりも，保護者の便益のほうが優先されがちとなる。つまり，「結果」として児童の福祉が確保されるに過ぎず，「目的」としての位置づけは希薄となる。

　最後に，クリームスキムについての比較である。

　準市場の原理では，提供者が自らの組織により多くの利益をもたらすことになる利用者を選別し，そうでないものを排除することをクリームスキムと呼ぶ。つまり提供者と利用者との関係で論じられているが，ここではそれに加えて「制度からのクリームスキム」の可能性をあらためて指摘したい。

　保育サービス，介護サービス，障害者福祉サービスのいずれの領域でも，提供者の収入は利用者を確保すれば公的に保障されることになるため，利用者の所得の多寡によって利用者が事業者によって選別される可能性は少ないといえる。

第3章 わが国の福祉サービスにみる準市場化の共通性と差異性

表3-1 成功条件にみる特徴

成功条件		保育制度	介護保険制度	支援費制度
市場構造	価格設定	所得,児童年齢に応じた「保育単価」	全国統一のサービスごとの介護報酬単価	支援費基準以上で市町村が設定
	提供者	事業主体と提供者の未分化 分散化,小規模化は未達成	指定基準に基づく参入,退出 在宅サービス事業者の要件緩和による多様化	
	購入者	市町村および保護者	利用者	利用者(保護者)
	負担方法	応能負担 市町村により異なる	定率応益負担(1割)	応能負担 市町村により異なる
	その他	利用者=児童・保護者	単価設定(加算・減算)による小規模化・分散化への誘引づけ	

成功条件		保育制度	介護保険制度	支援費制度
情報	提供内容		社会福祉法に基づく契約締結	
	提供方法	市町村の保護者に対する情報提供義務	市町村による情報提供,苦情解決	市町村の相談支援業務,広報等
			WAM NETによる情報提供	
	目的		事業者の選択と契約	
	その他	契約内容と情報との間の関係が曖昧	契約内容と密接に関係し,情報と異なる場合は明確に契約違反	
				ケアマネジメントの可能性

成功条件		保育制度	介護保険制度	支援費制度
取引費用	不確実性	少ない	上昇	
	取引費用確保	民間事業者で特に必要	「単価」に含まれず	
	その他	将来的には求められる可能性が高い	事業者等による独自の取り組みに依存	

成功条件		保育制度	介護保険制度	支援費制度
動機づけ	提供者	設置主体による差 市町村と事業者の境界の曖昧性	在宅事業者と施設事業者に差	未知(単価水準の設定)
	購入者	公的責任と福祉追求動機の曖昧性 保護者と児童の動機の一致の限界	一致しているために問題は少ない	
	その他		ケアマネジャーのあり方によっては歪曲化	障害の種類や程度によっては,利用者の福祉追求と保障に限界

成功条件		保育制度	介護保険制度	支援費制度
CS	提供者から		契約時点における可能性は低い	
	制度から	所得水準による負担の過重感	ホテルコストの徴収	
			応益負担水準の設定	応能負担水準の設定

＊CS=クリームスキミング

しかし，制度設計によって「制度からのクリームスキム」が生じる場合がある。例えば施設サービスにおけるホテルコストの負担は低所得層を排除する可能性を持つ。また，いわゆる「単価」の設定水準によっては，応益負担，応能負担のいずれの場合でも負担の過重感によって利用を控えることになるが，「サービスを利用しないという『選択』」として済まされてしまう。しかし，必要なサービスがその負担感ゆえに利用できないとすれば，そのような制度は形骸化することになろう。

これらをまとめたものが，**表3-1**である。

次に，上記に掲げた特徴から成功条件にみる共通性と差異性を抽出し，その傾向と特徴を明らかにする。

第一に全領域における共通性を挙げてみよう。

保育サービス，介護サービス，障害者福祉サービスのいずれにもみられる共通点は，まず市場構造における参入・退出要件の規定が存在することである。これは福祉サービスの公的サービスとしての性格を体現しているものであろう。

次に在宅サービスへの民間事業者の参入の容認が挙げられる。近年における在宅志向，地域志向の強まりは周知の事実であり，一貫して在宅サービスにおける提供者の分散化と小規模化が意図されている。

また，情報提供に関する市町村の役割の規定である。在宅志向，地域志向の強まりは地方分権とも関連し，住民に身近な情報提供者として適切な役割を果たすことが期待されている。また，インターネットによる情報提供にも共通性がみられる。

さらには，サービスの利用に当たっての契約締結が必須とされている点が挙げられる。これは措置制度からの転換にともなうものであり，わが国における準市場化の象徴であるといってもよい。

そして最後に，クリームスキムが防止されている。ただし，これはサービスの提供者が利用者を選別するという意味でのクリームスキムの防止である。つまり，利用者を確保する限り，サービスの提供費用が公的に保障されるという意味であり，事業者補助から利用者補助へと転換されたことによるものである。

より多くのサービス量が必要とされる利用者はそれに比例して補助額が高く設定されている。こうして手間がかかるという理由や，支払いに不安があるという理由で利用者が選別・排除されないことになる。

　第二に二領域における共通性を抽出してみよう。

　この場合，三つのパターンがある。その第一は，保育サービスと介護サービス，第二は，保育サービスと障害者福祉サービス，第三のパターンは，介護サービスと障害者福祉サービスにおける共通性である。

　以下，これらに従って，その共通性を抽出してみよう。

　まず，保育サービスと介護サービスの場合，これらに共通性は乏しい。

　次に，保育サービスと障害者福祉サービスにおける成功条件の共通性についてである。強いていえば，「公定価格」の設定に一定の共通性がみられるといえる。すなわち，保育サービスの場合は国基準による単価が定められているが，実質的には市町村の裁量が認められていること，一方の障害者福祉サービスでは同様に，支援費の額を市町村が決定できることとされている。

　最後に介護サービスと障害者福祉サービスの共通性は，上記の二パターンよりはるかに多くみられる。まず，利用者補助方式への転換である。事業者補助であった措置制度からの抜本的な転換により，サービスの提供者は利用者を確保しなければ「経営」が立ち行かなくなる。次に，入所施設設置への参入制限である。依然として入所施設の設置は第一種社会福祉事業であり，設置主体や定款に関する規制がある。また，情報提供のあり方に関する共通性である。市町村による情報提供は単にそれのみにとどまらず，権利擁護としての役割も担っている。さらに，情報提供の内容と契約内容が密接に関係しており，食い違う場合には契約違反を問うことができる。加えて取引費用が確保されておらず，不確実性に対応できていない点である。すでにみたように，「単価」には取引費用は織り込まれておらず，経営努力が求められる。そして，購入主体の動機づけである。基本的に購入者が利用者となるので，自らの福祉追求動機を持つことは可能であると同時に，判断能力に障害のある者については，その動機づけが歪められる可能性がある点でも共通している。最後は施設サービスにおけ

171

るホテルコストの負担である。ケアコストとホテルコストを区分している点に着目すると、「サービスの費用」とは、ケアに要する費用に特化している点に共通性がみられるのである。

　それでは、各領域間の差異性——換言すれば独自性でもある——を整理してみると、いかなる特徴がみられるであろうか。

　まず、保育サービスについて抽出してみると、他の領域と異なる点として四点を挙げることができる。

　第一に、購入者と提供者の未分化がみられる点である。1997年の児童福祉法改正は保護者の選択権を法的に認めたにとどまり、利用者補助への転換はみられず、従来どおり市町村が提供者に対して費用を支払っている。また、サービスの選択は利用者でもある児童が行わず、保護者が決定権を持っている。第二に、市町村の情報提供体制は苦情解決などの権利擁護的な要素を含んでいない。また、介護サービスや障害者福祉サービスにみられるようなケアマネジメントやケアプランに類似する概念はなく、サービス提供体制と契約内容の対応関係が不明瞭であり、個別的な保育内容に関する契約は締結されにくい。第三に不確実性への対応は、認可を受けた提供者の場合には、その努力を基本的に求められていない。第四に動機づけをみてみると、保護者の動機づけが優先されがちである。児童が実際の保育の対象になるが、「保育サービス」の「利用者」は保護者になりやすく、他の福祉サービスの領域とは大きく異なる特徴を持っている。

　次に介護サービスにおける差異性を抽出してみると、大きく二点がみられる。

　その第一は、定率応益負担方式を採用している点である。所得の多寡や年齢に関係なく、その負担額はサービス提供費用の1割とされている。第二は、提供者が持つ利潤追求動機についてである。購入者と提供者が明確に分離され、なおかつ在宅福祉サービスが1960年代から開始されてきたことから、サービス提供に関するノウハウはかなり蓄積されている。つまり、サービスの提供方法や人材の確保、収益の確保の見通しが立ちやすく、とりわけ在宅サービスへの参入においては容易に利潤追求動機を持ちうる。

第3章 わが国の福祉サービスにみる準市場化の共通性と差異性

表3-2 成功条件の共通性と差異性

	項　目	内　　　　容	
共通性	三領域共通性	①参入・退出要件の設定 ②在宅サービスにおける民間事業者の参入容認 ③市町村とインターネットによる情報提供 ④契約締結の義務づけ ⑤事業者による選別・排除の防止	
	二領域共通性	保育サービス×介護サービス	（共通性みられず）
		保育サービス×障害者福祉サービス	徴収額にかかわる市町村の裁量
		介護サービス×障害者福祉サービス	①利用者補助方式への転換 ②施設サービスへの参入制限 ③市町村による苦情解決，相談 ④不確実性への経営努力 ⑤購入者の福祉追求動機 ⑥ホテルコストの自己負担
差異性	保育サービス	①購入者―提供者の未分化 ②市町村の情報提供義務の限定と保護者による選択 ③事業者による不確実性への対応のインセンティブは働きにくい ④直接的なサービス利用者（児童）の意向に従った選択がされにくい ⑤負担額の算定が［年齢×保護者の所得］で算出，利用者側からの価格が不明確	
	介護サービス	①定率応益負担方式の採用 ②提供者の利潤追求動機は在宅サービス領域において容易に持ちうる	
	障害者福祉サービス	①応能負担方式の採用 ②支援費単価の設定にみる小規模化・分散化の誘引づけ	

　最後に，障害者福祉サービスにおける差異性を抽出してみよう。
　第一は，応能負担方式を採用している点である。介護サービスでは全国一律の定率負担であり，保育サービスでは児童の年齢と保護者の収入に応じて自己負担額が決定される。しかし，障害者福祉サービスでは利用者の所得に着目して負担額が決定される。第二は，サービスの価格設定である。障害者福祉サービスでは市町村から事業者に支払われる支援費の額に，その規模などに応じた加算減算措置が設けられている。つまり，提供者の小規模化，分散化が価格設定を通じて誘引づけられているのである。
　以上の「成功条件」における共通性と差異性を整理すると，**表3-2**のようになる。
　表3-2で整理したとおり，全領域における成功条件の共通性は，第一に，

参入と退出にかかわる要件が設定されている点である。特に，在宅サービスにおける参入要件の緩和が共通している。これは政策指向としての在宅福祉の重視だけでなく，提供者の増加を促すという準市場の枠組みに合致する。つまり，在宅サービスに限っては全領域で提供者の小規模化・分散化が進められていることになる。

　第二に，市町村の情報提供を前提とした契約の締結が求められている点である。これはインターネットによる情報提供を含むものである。さらに，これは「社会福祉法」で利用者の選択権に基づく福祉サービスが位置づけられていることからも，提供者と利用者の契約上の対等性を反映しているものといえよう。

　第三に，事業者による利用者の選別防止策がとられている点である。保育サービスでは市町村が費用の支弁を行い，介護サービスや障害者福祉サービスでは単価基準に従って，サービスに要する費用が公的に保障されている。ただし，後でみるように事業者補助か利用者補助かという補助対象で異なっている。

　次に，二領域にわたる共通性についてみてみよう。

　比較検討の結果，保育サービスと他の領域とで共通する要素は少ないことが明らかである。むしろ，介護サービスと障害者福祉サービスとでの共通性がみられる。

　保育制度改革では，措置制度からの大幅な変更がみられないという指摘は，この比較からも確認できる。介護サービスや障害者福祉サービスと異なり，保育サービスでは枠組みそのものの転換には至っておらず，それが他の福祉サービスとの共通性を乏しくさせた原因であろう。

　最後に，差異性についてみてみると，保育サービスは他の福祉サービスと異なる点が多い。二領域における共通性で指摘したように，保育サービスにおける成功条件の充足状況は，他に比べて明確さに欠ける。その一方で，介護サービス，障害者福祉サービスでは価格設定の明確さや，参入への動機づけがなされている。

　しかし，購入者である利用者の自己負担額については，介護サービスでは定率応益負担方式，障害者福祉サービスでは応能負担方式である。この背景には，

サービス対象者の差があるものと考えられる。介護サービスの利用者である高齢者は，年金制度の成熟化もあり，他の福祉サービスの対象者と比較して全体的に所得水準が高いだけでなく，仮に低所得層であっても，生活保護法上の介護扶助による対応や介護サービスの範疇に属さない養護老人ホームでの措置が可能となっている。

つまり，介護保険制度は「豊かな高齢者」を想定し，それゆえ定率1割の自己負担を求めている。その一方で，障害者の場合，わが国の年金制度や手当制度といった社会保障制度の不完全さもあり，高齢者と比較してその水準は決して高いとはいえない。これらが，負担方式における差異性を生み出すことになったものと考えられるのである。

第5節　評価基準からみた共通性と差異性

前節では準市場の成功条件における共通性と差異性について整理した。本節では各領域における準市場化の進展度について，効率性，応答性，選択性，公平性の四点の「評価基準」から比較検討を行う。そのうえで，それらの共通性と差異性を論じる。

第一は効率性の観点からである。

準市場の原理でいう効率性とは，生産性効率である。

そこでまず，保育サービスについて考えてみよう。保育制度改革では，旧来の措置制度から大幅に提供体制を変化させたわけではない。サービスの提供や購入における市町村と保育所，保護者の関係が曖昧なままであるので，サービスの費用を考慮する必要性に乏しく，生産性効率の上昇がみられるとはいえない。

次に，介護サービスについて考えてみよう。介護保険制度では介護報酬単価に基づいて事業者に費用が支払われる。しかし，それは，その水準とコストの乖離をめぐる競争であり，質を確保することには必ずしもつながらない。つまり，利用者に対して提供されるサービスの質の向上というより，報酬単価の水

準以下で，どのようにサービスを提供するかという方向に目が向けられがちである。すでに述べたように，単純なコストの削減の例には，ホームヘルパーの直行直帰方式がある。こうして介護サービスにおける効率性の追求は，結局のところ，一般的市場における効率性の概念に近いものであり，介護サービスの準市場化では生産性効率が上昇したとはいえない。しかし，その可能性は全くないわけではない。加算・減算措置のあり方次第ではその向上へとつながる可能性もある。

　最後に，障害者福祉サービスの場合についてみてみよう。この場合，利用者の支払う自己負担額と支援費の額との間の相関性は乏しい。こうして利用者負担に見合うサービスの提供というよりも，支援費基準に関心が向けられる効率性になりやすい。

　つまり，利用者をめぐる競争というよりは，支援費単価との競争の色彩が濃く，質の確保は一義的には自己点検によって行われ，公的なチェック体制は事後にとどめられている。しかし，障害者福祉サービスでもケアマネジメントの可能性が模索されている現在，提供されるサービス内容と支援の必要度との間に明確な基準が設定されるようになれば，生産性効率の向上をもたらすものと思われる。

　第二は応答性の観点からである。

　保育サービスにおける利用者のニーズへの応答性には，延長保育や夜間保育の実施など，メニュー自体の増加はみられるが，地域によってその偏在や不均衡が生じるという限定的な向上がみられる。特に都市部における待機児童の解消策と郡部における定員割れといった状況は，そういった傾向に一層拍車をかけることになる。また，保育対策が就労対策を出発点としたことから，児童のニーズに対する応答性というよりも，保護者のニーズに対する応答性といった要素が強い。

　そもそも保育ニーズは，他の介護サービス，障害者福祉サービスが対応するニーズに比較して明確さを欠くものである。児童に焦点をあてれば，保育保障，あるいは発達保障という非常に個人差のある，また絶対的な評価尺度を持たな

いニーズを満たすものが保育サービスの一側面でもある。しかし，保育サービスの準市場化で向上することになる応答性は，保護者のニーズに対しての向上が中心となってしまいがちである。

　次に，介護サービスでは，購入者は利用者であるので，サービス提供者の利用者に対する応答性は一応確保されている。しかし，介護「保険」制度であるため，どのような状態やサービスを保険給付の対象とするかは政策的な課題となる。給付の対象を拡大するのか，縮小するのかが政策決定の範疇に属することになり，利用者の意見・希望が給付対象の設定や水準に反映されにくい構造である。さらに，保険給付の対象となるサービスは明確に法定化されている。したがって，サービス開発による応答性の向上は期待しにくい。それを補足するのは市町村などの基礎自治体による独自の取り組みであり，地域間格差のさらなる拡大が懸念される。加えて，サービスの総体量の確保は提供者の参入・退出に委ねられており，特定のサービスへの偏りや不足なども懸念される。これは公的責任を費用保障に特化させたことによるものであり，サービス提供の視点における応答性の向上も見込みにくい。

　最後に，障害者福祉サービスについてみてみよう。介護サービスの場合と同様に，基本的には購入者と利用者が一致しているので，利用者は事業者とサービスの選択が可能である。したがって，利用者に対する事業者の応答性は確保されているといえよう。しかし，契約締結に必要な判断能力に障害をもつ対象者の場合には，購入者と利用者が一致しているといえども，その意向が確実に反映されるとはいえない。

　しかし，利用者の意見を反映する場として「支援費制度運用向上委員会」が設置され，これは他の福祉サービスにはみられない取り組みである。このようなシステムが適正に運用されれば，応答性の向上は十分に可能であると考えられる。

　第三は選択性の観点からである。

　保育サービスにおける選択性は，サービスの幅の拡大と苦情申し立て手続きや，サービス評価の導入によって，一定の向上がみられる。しかし，サービ

提供量の絶対的不足と、それに付随したサービス提供者の「乗り換え」に関する困難性がある。ある保育所の利用者が別の保育所に移りたいと考えても、現状では保育サービスそのものを継続して利用する権利が保障されておらず、実質的な選択性が確保されているとはいいがたい。

次に介護サービスについてみてみよう。

介護サービスにおける情報提供体制の不備はすでに指摘したところであり、一般的にはサービス事業者が提供する情報に頼らざるを得ない。その結果、対象者が事業者を比較することを通じて選択を行うことは困難である。また、わが国ではケア基準も不明確であると同時に、ケアマネジャーはサービス提供組織に所属するため、対象者による選択は誘導的になりがちである。

さらに、施設サービスの場合、保育サービスの場合と同様に待機者が多く、結果として「選択」は画餅である。一方、在宅サービスでは事業者の参入が容易であるので、待機者数を低く抑えることは可能である。しかし、サービスの質については事後チェックが中心になるため、利用者が不利益をこうむる可能性を回避しにくい。無資格者によるサービス提供や、数をこなすことに重点をおくようなサービス提供のあり方では、適切な質が確保されたサービスの「選択」は実現されない。

次に、障害者福祉サービスではどうだろうか。

提供者に関する情報は、基本的にインターネットや制度の運営主体である市町村から入手する。また、市町村は相談支援業務を実施し、利用者の適切な選択に資することとなっている。その一方で、提供されるサービスの質に関する基準は明確でなく、提供されたサービスの質に関する不服申し立てや「乗り換え」は、当事者による解決に委ねられている。

さらに、支援費制度は一括した「障害者」をその対象としている。しかし、そこには知的障害を持つ者も含まれている。提供されるサービスの内容や質、不服申し立てなどは彼らにとっては非常に困難であろう。つまり支援費制度における選択性は、限定的なものにならざるを得ないのである。

最後に公平性の観点からである。

第3章 わが国の福祉サービスにみる準市場化の共通性と差異性

　保育サービスでは保育ニーズとそれに対応するサービスがマッチしていないため，結果として公平性は確保されにくい。その背景には，第一に保育料負担の過重感，第二に保護者の所得水準と保育サービスの利用との間に強い関連があることが挙げられる。保育料の徴収率は市町村によって異なっており，ニーズとサービスの対応関係が不明確である。さらに，このことは，同一の保育所においてサービスを利用している場合でも，所得階層間での不平等を感じさせることになる。中間所得層などにとっては負担の過重感から，利用を手控えがちとなる。つまり，「制度からのクリームスキム」が，保育サービスにおける公平性の阻害要因となっていると考えられる。

　次に，介護サービスにおける公平性について検討してみよう。

　介護サービスそのものの利用に関するクリームスキム，つまり提供者側からのクリームスキムの可能性は低い。なぜなら，提供者には基本的に応諾義務が課せられており，正当な理由がない限りサービス提供を拒んではならないことになっているからである。

　しかし，「制度からのクリームスキム」の可能性として，第一にホテルコストの徴収に耐えられない利用者は，施設サービスを利用しない場合が予測されること，第二に費用保障に特化した介護保険制度では，「ニーズに応じた具体的なサービスの利用」が保障されていない点が指摘できる。ニーズとサービスのマッチがみられてこそ公平性が確保されると考える。しかし，わが国の介護保険制度では，利用したサービスとその費用との関係での保障となっており，準市場の原理でいう公平性とは意味が異なる。

　それでは障害者福祉サービスではどうなっているだろうか。

　支援費制度においても，基本的には介護保険制度と同様の枠組みを用いている。提供者には応諾義務が課せられ，ホテルコストも徴収される。ただし，介護保険制度と大きく異なる点として，費用徴収に応能負担方式を採用している点が挙げられる。そのため，低所得者に対する配慮の度合いは強く，低所得であってもサービスの「購入」が容易である。しかし，サービスの費用の保障はあっても，その利用までは保障されておらず，介護保険制度と同様に公平性は

表 3-3 評価基準からみた特徴

<table>
<tr><th colspan="2">評価基準</th><th>保育制度</th><th>介護保険制度</th><th>支援費制度</th></tr>
<tr><td rowspan="2">生産性効率</td><td>評価</td><td>かわらず</td><td>粗効率性のレベル</td><td>向上可能性あり</td></tr>
<tr><td>要因</td><td>事業主体と運営主体の未分化
購入者の未分化</td><td>単価基準との「競争」
ケアマネジメント
加算・減算による質の確保の可能性
提供体制の不安定性</td><td></td></tr>
<tr><th colspan="2">評価基準</th><th>保育制度</th><th>介護保険制度</th><th>支援費制度</th></tr>
<tr><td rowspan="2">応答性</td><td>評価</td><td>限定的確保（メニューの多様化など）</td><td>一定程度確保</td><td>向上</td></tr>
<tr><td>要因</td><td>サービス量の不足・偏在（待機児童）
個々の児童を考慮したメニューなし</td><td>購入者と利用者の一致
ケアマネジメント
保険給付対象設定に課題</td><td>当事者の意見表明の機会</td></tr>
<tr><th colspan="2">評価基準</th><th>保育制度</th><th>介護保険制度</th><th>支援費制度</th></tr>
<tr><td rowspan="2">選択性</td><td>評価</td><td colspan="3">実効性が確保されていない</td></tr>
<tr><td>要因</td><td colspan="3">情報提供手段の限界，提供量の絶対的不足
情報提供，ケア基準の曖昧さ
救済・代替策の欠如（＝自己責任としての「選択」）</td></tr>
<tr><th colspan="2">評価基準</th><th>保育制度</th><th>介護保険制度</th><th>支援費制度</th></tr>
<tr><td rowspan="2">公平性</td><td>評価</td><td>確保されていない</td><td colspan="2">ニーズと金銭給付の関係において確保</td></tr>
<tr><td>要因</td><td>所得水準×ニーズでの利用（保育料に整合性なし）
負担水準の市町村における格差</td><td>一応の低所得者対策
ニーズと具体的サービスの利用との関係が曖昧
応益負担方式の採用</td><td>応能負担方式の採用</td></tr>
</table>

費用面でのものにとどまっている。

　これらの特徴をまとめると，**表 3-3**のようになる。

　つまり，全領域での共通性は，実質的な選択性が確保されていない点である。情報提供体制や事後的な救済措置の不備によって，「選択」が情報収集のあり方に関する自己責任の範疇に含まれている。さらに，一度選択してしまうとサービス量の絶対的不足もあり，「乗り換え」が困難であるだけでなく，苦情解決などはあくまでも当事者に委ねられている。形式的に選択権が保障されても，他の選択が困難であるという意味で実質的な選択性が保障されていないのである。

　また，二領域における共通性では，第一に保育サービスと介護サービスから

の抽出を試みると，その共通性はみられない。これは制度の抜本的な転換の有無が原因である。第二に保育サービスと障害者福祉サービスの共通性であるが，これにもやはり共通性は乏しい。

　それでは介護サービスと障害者福祉サービスとの共通性はどうだろうか。

　まず，効率性の観点からみた場合，双方とも現時点では粗効率性のレベルにとどまっているが，将来的にはその向上が期待される。その理由として，加算・減算による誘引づけや，介護保険制度におけるケアマネジャーの位置づけを中立的なものとすることで，コスト削減が優先されるような傾向から，生産性効率の向上が可能になると考えられるためである。第二に，公平性の観点からは，ニーズの程度と金銭給付，すなわち購入費用の保障との関係においてのみ確保されている点が指摘できる。裏を返せば，ニーズとサービスの関係が不明確という点に共通性があるということでもある。これは費用が公的に保障される半面，その選択や利用が当事者に委ねられるという特徴に由来する問題点であるといえよう。

　次に，各領域にみる差異性を整理してみよう。

　まず，保育サービスにおける効率性の向上は，依然として市町村も購入者であるため法改正以後の変化はみられない。

　また，応答性に関しては，それぞれの福祉サービスの領域において達成状況が異なる。三領域の中で最も応答性に乏しいのは保育サービスである。サービスの種類は多様化するものの，サービス量の不足と偏在，提供者による個々の児童に応じた援助内容の策定が求められていないことなどから，応答性が向上する余地は少ない。この間隙を縫うようにして，いわゆる無認可保育所が増加していることは注目に値する。認可の有無にかかわらず，「保育所（園）」という名称に使用制限はなく，無認可保育所による応答性の向上がみられるのである。

　その反対に，最も応答性が向上していると考えられるのは，障害者福祉サービスの領域である。購入者と利用者の一致がみられるだけでなく，制度運営において当事者の意見表明の機会が存在し，他の領域ではこのような特徴はみら

表3-4 評価基準からみた共通性と差異性

	項目	内容	
共通性	三領域共通性	実質的選択性が保障されていない	
	二領域共通性	保育サービス×介護サービス	(なし)
		保育サービス×障害者福祉サービス	(なし)
		介護サービス×障害者福祉サービス	①粗効率性にとどまるも今後に可能性あり ②ニーズに対応するサービス費用の保障(サービス利用は保障されていない) ③購入者と利用者の一致で応答性の確保
差異性	保育サービス	①効率性の向上がみられない ②応答性に乏しく、「無認可保育所」がその隙間を埋めている ③公平性が最も確保されていない	
	介護サービス	政策に当事者の意見が反映されにくく、応答性に乏しい	
	障害者福祉サービス	当事者の意見表明の機会が設けられており、最も応答性が高い	

れない。つまり、当事者の「声」が反映されやすい仕組みがある。

そして、その中間に位置すると思われるのが介護サービスにおける応答性である。購入者と利用者の一致によって、自らの福祉追求動機と、提供者の応答性が見込まれる。しかし、支援費制度のような当事者の意見表明の機会は設けられていないのに加え、保険給付対象の設定は政策決定の範疇に属するため、総体としての利用者のニーズに対する応答性は乏しくなっている。

最後に保育サービスにおける公平性の確保に、独特の差異性をみることができる。すでに指摘したように、ニーズとサービスの利用がマッチしておらず、利用者間での不公平感も強い。保育料の徴収にも整合性がみられず、市町村ごとに負担額も異なる。

以上についてまとめると、**表3-4**の通りとなる。

この表に示したように、「評価基準」からみた場合の全領域における共通性は、実質的な選択性が保障されていないことである。一連の福祉制度改革では、しきりに選択性が向上すると喧伝されてきたが、それは形式的なものであり、準市場の原理における実質的な選択性の確保とは程遠いことが理解できよう。

また、二領域における共通性を抽出した結果、保育サービスと他の福祉サー

第3章　わが国の福祉サービスにみる準市場化の共通性と差異性

ビスとでの共通性はみられなかった。これは保育制度に抜本的な変化がみられないことが原因であると考えられ，その意味では他の領域における改革は準市場の原理に照らせば一応の評価が可能である。つまり，介護サービスと障害者福祉サービスにおける共通性では，不十分ながらも効率性の向上と応答性の確保がみられるのである。さらに，すべての領域における共通性として指摘した選択性の乏しさは，サービス費用の保障というレベルにとどまっている点に原因があろう。

利用者は支払うべきサービス費用を必要とすると同時に，サービスそのものをも必要とする。この不一致が実質的な選択性の保障につながっていないと考えられる。

最後に差異性を分析すると，準市場化が最も進展していないのは保育サービスの領域である。すべての領域における共通性を含めると，四項目にわたる評価基準のいずれも充足していない。

また，応答性に関して，介護サービスと障害者福祉サービスでは基本的には共通性がみられるものの，その水準は異なっている。ルグランらが応答性の向上に必要な要素として指摘した「声」に対応する仕組みが，障害者福祉サービスではみられるが，介護サービスでは設けられていない。それどころか，介護サービスでは枠組みの大前提が社会保険であるため，応答性に関する国の裁量性が高く，事業者単位でのサービス開発を通じた応答性の向上は困難である。

つまり，わが国福祉サービスにおける準市場化は，障害者福祉サービスの領域において進展の可能性が高く，保育サービスの領域で最も低い。そして，その中間に位置するのが介護サービスの領域であると考えられる。

第4章

福祉サービスの準市場化と福祉実践

わが国福祉サービスの準市場化にみる特徴の一つには，サービス提供者の多様化の促進がある。

とりわけ，わが国における在宅福祉サービスのあり方に着目すれば，一定の要件を満たした法人格を持つ組織ならば，その提供が可能である。したがって，在宅福祉サービスは，公的（行政）部門，社会福祉法人，民間非営利部門，民間営利部門の四領域から提供されることになる。

本章では，上記のような提供者の多様化をともなう福祉サービスの準市場化が福祉実践に与える変化について整理する。なお，この場合の「福祉実践」とは「人が人を援助する」という狭義のものだけではない。利用者に対する福祉サービスの提供には，何らかの組織が必要であり，そこに所属する援助者によって直接的具体的なサービスが提供される「入れ子構造」になっている点に注意が必要である。

以下，第1節「提供者の多様化と行動原理」では，先に述べた四領域の提供者の一般的な行動原理の特徴を整理する。第2節「福祉サービスの準市場化と福祉実践の変容」では，ソーシャル・アドミニストレーションとソーシャル・ワークに関する原理的な特徴に触れながら，わが国福祉サービスの準市場化がそれらにどのような変容をもたらすことになったかを明らかにし，その特徴を整理する。

第1節　提供者の多様化と行動原理

まず公的部門の行動原理について検討してみよう。

公的部門が提供するサービスの本源的性格は，「国民生活へ奉仕する活動」[1]であり，その根拠は国家契約説に求められる[2]。

公的部門は官僚制のもと，サービスを提供する。その特徴は，政治決定を合理的に進めていくために，権限の明確性，職制の階層性，報酬制度，文書事務の原則に基づいて行われる点にある[3]。行政官は専門的知識と経験に基づき，行政の総合性，継続性，合目的性を維持しつつ，効率的に社会の管理統合を図ら

第4章　福祉サービスの準市場化と福祉実践

なければならないとされる(4)。

　わが国はよくいわれるように中央集権的な民主制国家である。国は都道府県をコントロールし，都道府県は市町村をコントロールする。このコントロールは制度の運用面だけでなく，財源についても地方交付税制度や補助金制度を通じて強力になされてきた。それを評して「三割自治」とも呼ぶが，このような状態は基礎自治体である市町村において，特に顕著である。

　その結果，各種サービスの提供にかかわる行政の現場は，「通達行政」の様相を呈することになる。通達とは，「監督行政庁が，組織上の監督権に基づいて所管の下級行政機関に対し，法律の解釈や裁量判断の具体的指針等を示して，行政上の扱いの統一を期するために発する命令である(6)」。したがって，行政機関間での効力を持つものである(7)。このため，第一線の行政機関である地方自治体では，通達により動かされ「『法律による行政』の原理が空洞化されてしまう(8)」ことになる。以上のように，わが国では明示的ルールよりも，官僚による法令の裁量的な解釈と運用によって政策運営がなされる傾向が強い(9)。

　さらに，前田繁一によれば，「地方自治体は，自らの地方自治を行うにあたって，自治省の許可，認可を受けて，国の基準にしたがって行政執行をしなければならない点が非常に多い。特に予算不足から地方自治体が起債を行う際の認可権は，市町村は都道府県，都道府県は自治省が持っている(10)」ことで，「実質的には，国の出先機関，国の行政事務の下請け機関化し，地方の独自性，主体性(11)」が喪失されようとしているという。

　一方，わが国の国庫補助金制度は，「80年代末まで国際化・サービス化のような趨勢と国内政治過程の力学の交錯の中で，後発近代化型と福祉国家型を混成させた従来の制度からの転換を迫られている反面，なお官僚的な中央統制と一党支配のメカニズムが作り出す現存システムの固着力にも引っ張られて，明確な転換の構図を描きえてはこなかった」のであった。こうして，「カネ」の配分を通じた統制も強力なものになる。この配分は往々にして政治的性格を帯び，結果的に自治体に対して非効率性をともなう負担を増加させる(13)。

　つまり，中央による財政と決定権限に関する統制が，結果として地方自治

187

おける硬直性を生み出しているのである。また，公的部門は基本的かつ必需的とされるものについて公費を用いてサービスを提供する。収入と支出は議会でチェックされ，その使途や方法について吟味される。しかし，その過程で浪費が生じやすい。というのも，予算の未消化は次年度の減額査定につながるからである。そうなると，既得権益や自己保存の目的で予算の消化がすすめられる。これが公費の浪費につながり，非効率を生み出す。

　さらに，公費を用いたサービスの提供は，公平性を旨としなければならない。これが「悪しき平等」を生み出し，また，画一的なサービス提供にもつながる。いわゆる「お役所仕事」と揶揄される状態である。しかしながら，津止正敏はそれらの弱点が宿命的，不可避的なものだと断定できるかについて強い疑念を示している。[14]つまり，本質ではなく，運用のあり方に問題があると示唆している。

　その半面で，「お役所」だからこそ可能になることもある。公的責任の体現者としての役割の発揮である。例えば，ごみの不法投棄や無保険船舶の座礁への対応が（暫定的であったにせよ）公費を用いて行われたことは記憶に新しい。つまり，誰も手出しができない状況になった場合，最終的な救済者としての役割が存在する。

　以上，公的部門は硬直性，非効率性，画一性を生み出しがちであるとされるが，その一方で責任性という機能も有している。公務員はパブリック・サーバント，つまり「公僕」であり，その地域の住民の生活における基礎的・必需的サービスを提供しなければならない。一方，首長は選挙を通じて選出され，その首長が運営を行う。そして，本来的には，地域住民はその地域が必要とする住民サービスを，行政の責任として求めることも可能なのである。

　次に社会福祉法人の行動原理について検討してみよう。

　社会福祉法人は，「社会福祉法」に規定される公益法人の一種である。その設置には公費の助成や税制の優遇措置が設けられている半面で，設立，解散，合併や組織運営，会計などに関して，「公の監督」を受ける。また，その業務は第一種社会福祉事業として位置づけられる入所施設の運営が中心である。同

法第24条では,「社会福祉法人の経営の原則」として,質の向上と透明性の確保が謳われている。また,同法26条では,社会福祉法人が収益・公益事業を行える旨の規定がおかれているが,これらの規定は元来の社会福祉法人の特徴を表しているとはいいがたい。

そもそも社会福祉法人は,第二次世界大戦後に制定された「社会福祉事業法」を根拠とするものであった。その性格は第一種社会福祉事業を行うという点において,国や地方自治体と同等の資格を持つものであるから,公権力に基づく公共性が貫徹し,生存権の確保に資するものとされた。つまり,「人事や財政の面から行政機関の強いコントロール(公の支配)を前提として,政府の補助をうけて民間社会事業を行う」ものであった。

そうした社会福祉法人が施設を設置しようとする場合,国や地方自治体からの補助金で,その大半をまかなうことが可能であったが,それでも自己資金が必要とされた。大規模な施設を設置しようとすればそれだけ自己資金が必要になる。一方,小規模施設を設置しようとしても,それは補助の対象にならないことが多く,加えて施設志向が強い時代では,その設置は勢い大規模なものにならざるを得なかった。その結果,社会福祉施設の設置は自治体によるものが中心となり,その中で社会福祉法人によるものは相当の苦難を強いられることになった。換言すれば,慈善的な発想が根本にあったとしても,熱意に基づいて,多くの賛同者を得ながら社会福祉法人は施設を設置してきたのである。田中亮治は社会福祉法人がサービス供給の「代替的実働隊」であり,「国家責任と社会連帯を民間施設が直接の担い手として実践しえてきた」と述べている。

また,社会福祉法人が設置する社会福祉施設は措置制度のもと,その収入を措置委託費から得ており安定的な運営の確保につながったが,その一方で行政が規制・監督主体と同時に費用の支払者の役割を担っていた。これは社会福祉法人からすれば,入所者は措置委託によって行政から「送致」され,同時に費用の面倒もみてくれるという構図を生み出した。つまり,自らで利用者を確保する必要に乏しく,設立当初の熱意の希薄化を生み出す土壌となった。古川孝順は,民間社会福祉施設の存立基盤が措置費で確保されたことにより,自主的,

主体的に事業展開を試みる余地が国によって事実上の制限になったと分析し，その依存体質を「醸成してきた」と指摘している[19]。さらに，措置委託費の設定が，職員の人件費を含む「人頭税方式」であったことも，設置定員の充足状況に関心を向けさせることになったとも述べている[20]。

また，武智秀之は，措置制度の特質と問題点を，行政と施設との関係に焦点を当て分析した。

それによれば，第一に行政の業務独占により，実質的な施設間での競争が働かず，公務員か「準公務員」による供給が中心になったこと[21]，第二に措置制度では需要と供給の関係が契約関係ではないため，需要側の選択が困難となっていることを指摘している。この背景には補助金の予算項目や額に制約があり，競争原理が働きにくい点が指摘されている[22]。第三は所得再分配機能が組み込まれていることによって，所得の水準次第では，サービス供給が制限されることを指摘している[23]。第四に措置費の補助の対価として，基準や運営に関する全国画一的なコントロールが設けられることになったと指摘している[24]。第五に財源の行政依存によって，創意工夫や経営合理化，弾力的な運営が困難になったことを指摘している[25]。

さらに，山口泰弘と鵜崎明日香による社会福祉施設の施設長を対象に実施した意識調査[26]では，その役割の特徴として，第一に運営財源と人的資源を施設という場において，確実に利用者へのサービスとして創出していく維持管理的機能を果たしてきたこと，第二に指揮監督，調整機能を果たしてきたこと，第三に堅実さ，安全性を重視してきたことを挙げている。裏を返せば，第一に質の向上に向けた資源の効率的活用がなされにくかったこと，第二に職員間の相互の協力関係を乏しくさせたこと，第三に革新的試み，創造的実践を危険視したことであるともいう[27]。

結局，これらの措置制度にまつわる諸問題が，社会福祉法人の行動原理に大きく影響を及ぼすこととなった。

この問題が一気に噴出したのが，厚生官僚による汚職事件であった。これは単に公務員の汚職という問題にとどまらず，質の向上と透明性の確保を社会福

祉法人に対して要求する社会福祉法の規定を生み出すことになり，措置制度の廃止──すなわち，利用者補助に基づく契約制への転換──を通じて，行動原理の変革が迫られることになった。とりわけ，介護保険制度，支援費制度によって「自由競争の世界」[28]に突入した社会福祉法人は，人事面と財政面での行動原理の変革を余儀なくされることになった。石山眞男らによれば，人事評価制度，賃金・賞与制度，退職金のあり方を改革することで事業の存続が可能になるとし[29]，財政面では措置制度時代の財務管理が「家計簿的処理」であり，経営ではなかったと指摘しつつ[30]，今後は「利益」と「資金」の関係に留意すべきであると述べている[31]。

また，これらの雇用形態や賃金体系の変化を労務管理の視点から行うべく，東京都社会福祉協議会では「社会福祉施設のためのモデル就業規則」を作成するに至っている[32]。

こうして社会福祉法人は措置から契約への転換によって，その行動原理の転換を余儀なくされた。それは民間営利組織ときわめて似た要素を持つことにもなったのであるが，その説明については後に譲る。

次に民間非営利部門の行動原理について検討してみよう。

小島廣光は，オーウチ（Ouchi, W.）と，サラモン（Salamon, G.）の研究を手がかりにしつつ，非営利組織を以下のように定義した。

すなわち非営利組織とは，「ボランティアを含む組織構成員が利潤追求を目的とするのではなく，社会に対してサービスを提供する組織」[33]であり，「その活動資金は利他主義の立場から拠出される寄付金や会費等に依存している」[34]ものである。

その出現と存在理由として，第一に歴史的所産という理由が挙げられている。地縁組織と成熟した市民社会の到来によって，わが国では1980年代から広範かつ多様な活動がみられるようになったという[35]。特に，福祉関係八法の改正や介護保険制度の導入は，自治体レベルでの社会資源の整備の必要性の高まりを意味し，自治体の生活者による社会資源の整備を政策提案型NPOの組織化によって行うことの必要性が指摘されている[36]。第二は市場の失敗にみられる市場シ

ステムの限界性である。非営利組織を設立することで，組織成員が望む種類とレベルの公共財の生産・提供が可能になるという(37)。第三は政府の失敗にみられるような対応の遅さや官僚的な反応の回避が可能とされる点である。市場の失敗に対する有効性と同様に，非営利組織は政府の失敗にも対応できるという(38)。第四は「民主主義国家において非常に重要な自由と多元的価値を実現するために大きな役割を果たしている(39)」点である。第五には，平等な個人の間に協力関係を促進しようとする連帯動機に基づいている点である(40)。

非営利組織はこのような背景を持ち，発展してきた。根本にボランタリズムと贈与の原理を持ち(41)，賃金や給与などの経済的要因では動機づけられないことを前提とする組織でもある(42)。

それでは，そのような非営利組織は，どのような行動原理を持つのだろうか。その主要な特徴には三点ある。

その第一は「ミッション（使命）」である。ドラッカー（Drucker, P.）は，そのリーダーが「自らのあずかる機関が果たすべき使命を定めること(43)」と，その重要性を述べている。使命とは，具体的な行動目標のことであり，現実に動けるものでなければならない(44)。あるいはその組織が達成すべき究極の理想として語られるものでもある(45)。第二はカリスマをもつ起業家が必要とされる点である(46)。起業当初にこのような存在が必要とされるが，その退場後に，管理コアとサービスコアの分離を行えば，サービス過程と熱意を分離して保持し続けることが可能になるという(47)。第三は非官僚制的な特徴を持つ点である。その特徴を組織の拡大化とともにいかに保持していくかが課題とされる(48)。

さらに，非営利組織が事業を展開する場合，あるいは市場に参入する場合，どのような戦略をとりがちだろうか。田尾雅夫はその経営戦略を三段階に区分して明らかにしている。

第一段階は「エントリー戦略」である。エントリーのためには名声の確保，サービス経路の拡張，スケールメリット，政府規制のクリア，資産の確保が必要であるとされる(49)。

第二段階は「定着戦略」である。ここでは参入によって得られた地位の確立

のためにとられる戦略である。資源を安定的に供給することは組織の生き残りをかけた目標であり[50]，まず，利用者からの評価の確定が求められる。さらに，一方的な依存から脱却する必要があるという。そのためには資源依存の多様化や節約，代替資源の開発やネットワークの構築，地域に密着することが有効である[51]。

　第三段階は「成長戦略」である。成長戦略の一つには，他の組織を抜き去るという競争戦略，二つには逆に連合を形成し，利得を目的とする協調戦略，三つにはニッチ（隙間）を狙って他との差異を強調する差別化戦略が挙げられる[52]。

　このように，非営利組織はその形成の動機づけが，共同や連帯に基づくものであり，その行動原理にはミッションに代表されるような特色がある。しかし，市場参入に関する戦略面においては，その「らしさ」がみられず，非営利組織の行動を特徴づけるのは，その形成に関する動機づけが根本をなしている。ある課題に対する「おもいの共感」で結合され[53]，「火の粉が降りかかってくる日常の暮らしを自分たちの力で本能的に支えあい，防衛をしていく仕組み」[54]でもあるといえよう。

　最後に民間営利部門の行動原理について検討してみよう。

　民間営利組織は，事業の展開を通じて利潤を獲得するという動機に基づいて形成される私企業である。それは出資者のコントロールのもと，そのトップである経営者の経営判断に沿って事業が展開される。経営者には計画を立案し，組織を整備し，従事者のやる気を起こさせ，リーダーシップを発揮するという役割が求められる[55]。さらに企業の経営目標として，安定性と成長性を位置づけ，そのために収益性と社会性を必要とする[56]。

　そのためには，経営の基本的な戦略として，外部成長方式をとるか内部成長方式をとるかということが検討される。前者は外部から力を取り込み，一気に急成長を狙う方法であり，後者はそれ自身が力を蓄えて成長する方法である[57]。企業戦略の基本的な展開は，新市場に新製品を投入する多角化戦略であり，その理由は，製品にも「寿命」が存在するからである[58]。

　次に，経営組織における編成の特徴をみてみると，その役割は三種類に大別

される。すなわち，作業，管理，経営であり，経営職能を頂点とするピラミッド型の階層構造を持つものとされる。[59]

さらに，効率的な経営のために，製品設計，工程計画，生産計画，在庫管理からなる生産管理が求められ，マーケティング（市場における企業活動）を通じて生産管理へとフィードバックされる。一方，組織内では人事・労務管理と財務管理，情報管理を通じて組織の安定性と発展性を確保しようとする。[60]

その組織が市場において発展せず，利潤を得られなければ，そのような組織は市場から淘汰されるか，または他の領域へ移行したり，多角化して生き残る。[61]そして，従事者も同様に労働市場から排除されたり，配置転換の対象となる。以上のように，民間営利部門の行動原理は，参入と退出のどちらの意味でも自由であり，それゆえに利潤を追求し続けなければならない。その意味で，経営者も従事者も自己の組織の維持・発展にその活動の主眼をおくこととなるのである。そして，その結果，消費者ニーズへの対応，効率的供給方法の検討，「贅沢ともいえるサービス」の供給によって，「他の供給主体に刺激を与えること」が，民間営利（市場）部門に期待される役割となるのである。[62]

(1) 原田尚彦『行政法要論　全訂第4版』学陽書房，1998年，8頁。
(2) 同上。
(3) 前田繁一『現代政治と地方政治過程』晃洋書房，1999年，65頁。
(4) 原田尚彦，前掲書，12頁。
(5) 前田繁一，前掲書，29頁。
(6) 原田尚彦，前掲書，37〜38頁。
(7) 同上書，40頁。
(8) 同上書，41頁。
(9) 川野辺裕幸「日本型政策決定システムと制度変化」『東海大学政治経済学部紀要』第28号，1996年，234頁。
(10) 前田繁一，前掲書，111頁。
(11) 同上。
(12) 加茂利男『日本型政治システム　集権構造と分権改革』有斐閣，1993年，149頁。
(13) 川野辺裕幸，前掲論文，241頁。
(14) 津止正敏「NPO法と社会福祉――社会福祉の公私関係」『総合社会福祉研究』第14号，総合社会福祉研究所，1999年，173頁。

⒂　高沢武司『社会福祉の管理構造』ミネルヴァ書房，1976年，51頁。
⒃　武智秀之『行政過程の制度分析　戦後日本における福祉政策の展開』中央大学出版部，1996年，170頁。
⒄　郡部における小規模特養の例などを想起せよ。
⒅　田中亮治「変革と競争時代を迎えて――民間福祉事業の生き筋を考える」『生活と福祉』第562号，全国社会福祉協議会，2003年，13頁。
⒆　古川孝順「社会福祉施設改革の展望と課題」『社会福祉研究』第60号，鉄道弘済会，1994年，87頁。
⒇　同上論文，88頁。
(21)　武智秀之，前掲書，165～166頁。
(22)　同上書，166頁。
(23)　同上。
(24)　同上。
(25)　同上書，166～167頁。
(26)　山口泰弘・鵜崎明日香「社会福祉施設における運営管理者の役割意識と管理課題――施設長の役割意識調査より」『文京学院大学研究紀要』第3巻第1号，2001年。
(27)　同上論文，55頁。
(28)　石山眞男・小山邦彦・半田貢『変革期の社会福祉法人の経営』エヌピー通信社，2002年，10頁。
(29)　同上書，11頁。
(30)　同上書，135頁。
(31)　同上書，139頁。
(32)　東京都社会福祉協議会『社会福祉施設のためのモデル就業規則（改訂増補版）』2002年を参照。
(33)　小島廣光『非営利組織の経営　日本のボランティア』北海道大学図書刊行会，1998年，5頁。
(34)　同上書，5～6頁。
(35)　同上書，6頁。
(36)　阪口春彦「政策提案型福祉NPOの運営における課題――住民による社会資源の整備方法に関する事例研究」『龍谷大学論集』第453号，1999年，132頁。
(37)　小島廣光，前掲書，6～7頁。
(38)　同上書，7頁。
(39)　同上。
(40)　同上書，8頁。
(41)　吉田忠彦「非営利セクターの役割と形成――契約の失敗論から政府調整論へ」『公益事業研究』第44巻第1号，公益事業学会，1992年，44～45頁。
(42)　田尾雅夫『ボランタリー組織の経営管理』有斐閣，1999年，91頁。

(43) Drucker, P., *Managing the Nonprofit Organization*, Harper Collins, 1990, 上田淳生・田代正美訳『非営利組織の経営　原理と実践』ダイヤモンド社, 1991年, 6頁。
(44) 同上書, 7頁。
(45) 田尾雅夫, 前掲書, 92頁。
(46) 同上書, 97頁。
(47) 同上書, 105頁。
(48) 同上書, 107～108頁。
(49) 同上書, 162～163頁。
(50) 同上書, 164頁。
(51) 同上書, 165～166頁。
(52) 同上書, 168～176頁。
(53) 巡静一「行政とボランティア活動──役割分担を中心にして」『中部学院大学紀要』創刊号, 1998年, 32頁。
(54) 津止正敏, 前掲論文, 176頁。
(55) 佐々木恒男『マネジメントとは何か』文眞堂, 1992年, 89頁。
(56) 同上書, 92頁。
(57) 同上書, 100頁。
(58) 同上書, 102頁。
(59) 同上書, 131頁。
(60) 通常, 企業における多数の人間活動を結合することによって, その目的を達成する行為を「経営管理」という。後藤幸雄・三木信一・中橋国蔵『新経営管理論講義』中央経済社, 1992年を参照。
(61) 吉田忠彦, 前掲論文, 44頁。
(62) 城戸喜子「多様な福祉サービス供給主体の特質と分担関係」『季刊社会保障研究』第32巻第2号, 国立社会保障・人口問題研究所, 1996年, 174頁。

第2節　福祉サービスの準市場化と福祉実践の変容

　本節では, 福祉サービスの準市場化が, 前節で概観した提供者の行動原理に与える影響について, 福祉実践との関係に着目しながら検討する。
　まずサービス提供組織に対する影響について検討してみよう。
　提供体制の多様化をともなう福祉サービスの準市場化によって, 提供者間に競争原理が導入された。しかし, 前節でみたように提供組織の行動原理の出発点は基本的に異なる。それらがいわば「福祉の大競争」の渦の中に投げ込まれ

たといっても過言ではない。ここでは，サービスを提供する事業者（施設を含む）が利用者をどのように位置づけ，その行動原理を変容させているかについて整理する。

従来，福祉サービスの利用者は「クライエント」とも称され，その位置づけは「専門的な援助の利用者」という意味合いを持つものであった[1]。しかし，構造改革期における一連の改革は，利用者をクライエントとして位置づけるところから，利用者補助方式へと転換することによって，サービスの「購入者」という位置づけに変化させた。つまり，「専門的な援助の購入者」という意味合いを持つようになったのである。

そこで，サービスの「購入」は，二側面から検討することができる。その第一は「消費者」の側面である。財やサービスの購入は，対価の支払いという行為そのものだけでなく，必要な財・サービスの確定，選択，支払い，使用（消費）という一連のプロセスでもある。そして，それらの過程で主体的な役割を果たすのが「消費者」である。消費とは欲望の充足体系であり，効用を高める経済活動でもある[2]。さらに，消費者とは，自らの興味関心に従って，ある財やサービスを購入する者のことを指す。クラーク（Clarke, J.）によれば，消費者とは「選択を通じて非効率なサービス提供者を排除し，効率的なものに利益を与える経済主体」であり，提供者との間に「金銭的結びつき」（Cash nexus）をもつ者とされる[3]。したがって，福祉サービスの消費者とは自らの興味関心——福祉追求動機——に従って福祉サービスを購入（しようと）する者になる。ここで留意しなければならないのは，現にサービスを利用している者だけでなく，サービスの利用を希望する者も，いわば潜在的な消費者となる点である。本来，福祉サービスは「あってもなくてもいいもの」，あるいは「あったらいい」「なくてもいい」という性格のものではなく，生活を支えるためのものとして位置づけられるものであり，「必需財」[4]の概念に近い。したがって，ニーズはあるが，実際に利用していない者にも着目しておく必要がある。

さて，このような「消費者」に対する，サービス提供組織の行動はどのように変化するだろうか。

わが国の福祉サービスの準市場化の特徴は，提供者間における競争の導入であった。そして，その競争は「利用者」を確保したうえで，いわゆる単価水準とサービスコストとの乖離の拡大を指向する点に特徴がある。その意味では，利用者の確保をめぐる競争になる。それでは，「消費者」を確保するために，サービス提供主体はどのような行動をとるのだろうか。

　その第一は質の評価と公表である。保育サービスにおいては，第三者評価が中心である。なかには「実に稀なケースであるが，数百万円の経費を投入してISO9000シリーズの認証取得を目指して取り組んでいる保育所も出ている」[5]という。介護サービスにおいては，提供者自身による自己評価だけでなく，利用者が「チェックリスト」を用いてその質を評価することが求められている。支援費制度では，質の評価に関する明確な方針は打ち出されていないが，介護サービスの提供体制との共通性が多くみられることから，同様の枠組になるものと推察される。

　第二の手段はプロモーションを通じたイメージ戦略である。一般的な財・サービスの提供者は，それに加えて価格競争を行うことで，消費者から選択されることを目的とするが，価格統制が存在する準市場では難しい。したがって，上記の手段を駆使して「消費者」に対して自己アピールすることとなる。この多くは，いわゆるコマーシャルや広報による情報提供が，主要なものとなる。

　小室豊允によれば，そこで提供される情報は，「五つの次元」にわたるという。[6]

　第一は，機器や設備といった有形の部分に関するアピールである。第二は，消費者に信頼感を持ってもらうための「安心」のアピールである。第三には個別対応のあり方といった，対応の善し悪しに関するアピールである。第四には「確実性」に関するアピールであり，最後に，サービス提供者に親しみを感じさせる「共感」のアピールが必要であるという。

　このようなアピールは，主に介護サービスの分野でよくみかけることができる。

　例えば，ある大手の在宅介護事業者の新聞広告では1割の自己負担額を低料

金として強調したり，利用実績を中心にして写真を盛り込んだものが見られる。あるいは，体験会と称して見学を実施しているデイサービスセンターの「ご案内」では，「施設をご覧いただけるチャンス」として，バリアフリー設計や，レクリエーションルームの広さ，特殊浴槽や和室，静養室の設置，「車椅子のまま乗車できる送迎車」を前面に打ち出してアピールしている。しかしその半面で個別対応や確実性に対する要素はほとんどみられない。結局，「消費者」に分かりやすいアピールとは，具体的視覚的要素に特化しがちであり，サービスの品質を正確に伝えているとはいいがたい。

　以上のように，サービスの「消費者」として位置づけられることにより，提供組織においては，消費者に選択されるための取り組みとして，品質の開示とイメージ戦略の「二本柱」を立てさせることになった。

　次に，実際にサービスを「購入」した（している）者に対する，サービス提供組織の行動の変化についてみてみよう。この場合，購入者は「消費者」としてではなく，具体的な契約関係にある「顧客」として位置づけられる。その意味で，「消費者」よりは，その対象範囲が狭い。須加美明と宮崎まさ江らによるホームヘルプサービスの満足度に関する研究では，サービス評価を「専門家等による第三者評価と利用者による評価」に大別している。ここで述べられている「利用者」こそが，「顧客」である。また，小室豊允は，安全，衛生，健康管理などのほかに，「顧客満足度」(customer satisfaction) が，サービスの最大の基準となると述べている。

　さて，この「顧客」に対するサービス提供組織の行動はどのようなものになるだろうか。利用者補助への転換によって，代理受領の形をとるにせよ，その支払者は契約の相手方である顧客である。顧客には，契約の継続や解除の自由があり，サービスの提供者は基本的に契約の継続を求めるために「経営努力」をすることになる。その具体的方策の一つに，小室も指摘する顧客満足度の向上がある。

　しかし，顧客満足度の測定は，顧客の主観的評価に基づくものであり，「顧客の言うことはすべて正しい」という発想が強いとされるが，福祉サービスに

おいては利用者におけるその最大化だけでは不十分であるとされる(9)。そこで，援助理念や原則の貫徹と，満足度の最大化だけの両立が求められることになるが，二重基準に転化する危険性を持つ。

従来までは，専門職支配によるパターナリスティックな指導や保護のもと，利用者を説得し，納得させることが中心で，利用者がどのように感じているかを省みられることは少なかった。その点からは，顧客の満足度への注目は前進といえる。

しかし，主観的評価である満足度は，個々の経験や価値観と密接に関係し，サービス（またはケア）の質のあり方と乖離する可能性がある。満足度は，購入と消費の同時性を持つサービスの特性もあり，長期的にみた場合の測定は困難である。したがって，短期的な意味での評価につながりやすく，人間の生活に全体的・長期的にかかわる社会福祉援助の考え方との間に葛藤を生じさせる。その場合，サービス提供組織は，契約解除を覚悟しながら根気強くかかわっていくか，契約継続を念頭において妥協していくか，といった選択に追い込まれざるを得ないであろう。特に，サービス提供組織のうち新規参入者は，その経営を軌道に乗せるため，とかく「顧客」の確保を意識し，短期的な満足度を重視することになる。加えて，新規顧客の獲得が中心となる場合，サービスの質の比較が困難であるため，その傾向がより一層強まり，利用者の「囲い込み」のような粗効率性の追求がみられることとなる。

結局，この点において，クリームスキムは起きないが，そこで保障されるサービスの質は不安定になるだけでなく，生産性効率の向上もみられないという現実を引き起こすことになっているのである。

次に，サービス提供組織に所属する個々のサービス提供者（実践者）に及ぼす影響を抽出してみよう。

そもそも社会福祉実践とは，利用者の自己実現の援助という目的を追求するために，利用者と状況の唯一一回性，独自性を理解し，行われる個別的な援助であり(10)，その問題を全体的な視野で把握するものとされる(11)。以下，この視点から各領域における実践者への影響をみてみよう。

第4章　福祉サービスの準市場化と福祉実践

　第一に保育サービスにおける影響である。

　一連の保育制度改革で問題にされたのが，公立保育所における高コスト体質や硬直的なサービス提供体制であった。しかし，「制度的に変わった部分はあるが，それは内発的に変わったわけではない。実際，保育士レベルではほとんど変化の意識はない[12]」という見方がある一方で，前田正子は，「公的な管理のもとでの疑似市場の導入」の現実的方策として，公立保育所の民営化を主張する[13]。

　2000年12月，東京都下の某市で，公立保育所運営に関する入札が行われた。応札したのは当該地域の社会福祉法人と民間企業のA社であり，落札したのはA社であった。落札価格は社会福祉法人の入札額の約60％の水準であった。しかし，それを可能にした主な要因は，保育者を契約社員として雇用する人件費の抑制であった。すなわち，「賃金はほとんど上昇しないか，または数年で上昇が停止する賃金体系[14]」を構築するか，有期雇用による「保育者賃金のダンピング[15]」を行うことであった。その結果，A社は某市直営の場合の4分の1近くの人件費で事業を行うことになった。当然，民営化によって，職員は入れ替わり，「子どもにとって慣れ親しんだ先生が代わる影響は大きい[16]」と，保護者にも戸惑いがみられる場合がある。なお，2001年度版「改正保育制度施行の実態及び，保育所の運営管理に関する調査研究報告書」（日本保育協会）によれば，最低基準で定める保育士に「短時間勤務保育士」を導入している保育所は，全体の42％を超えている[18]。しかし，上で述べた人件費の抑制だけでなく，勤務形態上，職員会議に参加できない，正規保育士との意思疎通が困難となる，責任ある正規保育士の拡充がおろそかになるという問題点も指摘されている[19]。

　また，高コスト体質の是正の一環としての給食業務の外注化も，いわゆる「食育」の観点から望ましくないだけでなく，「職員にも食事に対する意識が薄れ」，「食事に関する親へのアプローチが弱くなる危険」性があるとの指摘もある[20]。

　第二に介護サービス分野を中心にみた影響である。

　1996年，埼玉県を舞台として発生した汚職事件によって，措置制度下での福

祉は「腐蝕せざるを得ない」[21]と批判された。それはゴールドプラン以後の大規模多機能型施設の一般化が大きな影響を与えたといわれる[22]。さらに，介護保険制度の導入においても，入所型施設の運営は第一種社会福祉事業として位置づけられ，その提供者は，公的部門か社会福祉法人に限定されたままである。しかし，要介護度に応じた介護報酬単価という公定価格の設定によって，施設経営上の課題が指摘されるようになった。そこで，まず，入所型施設への影響を整理する。

　介護保険制度が特別養護老人ホームにもたらす影響を予測した廣末利弥によれば，利用者に対する懸念の第一に，生活施設から「在宅の一過程」という位置づけへの変質があった[23]。第二の懸念は，入院時の在籍保障の解消であった。すなわち，生活施設と福祉施設の両面の機能をあわせ持つ特別養護老人ホームの機能の変質に対する指摘である。第三は「現場の努力」を無にしかねないという危険性などを挙げている。また，職員体制に関する懸念には，第一に，人員配置の低下に対する懸念，第二に職員と利用者へのしわ寄せに対する懸念などを挙げている[24]。特に，職員体制の問題では，欠員補充を非常勤，パート，アルバイト，派遣社員で行うだけでなく，職能給や年俸制の導入が，施設の専門性の希薄化と不安定雇用の拡大をもたらすと述べている。

　廣末の指摘は制度開始前のものであったが，実際にはどのようになっているのだろうか。

　道内の某市に本部を持つあるグループは，十を超える施設から構成されている。このグループでは，毎日の利用状況をまとめ，グループ内で空きが出れば，「即座にグループ内の他の施設の待機者を勧誘する」という，「囲い込み」を行っている[25]。加えて，合理化の進展もみられることになってきた。例えば，勤続十年の特別養護老人ホームの職員に対して，介護保険導入による経営難を理由に，一方的に40％以上の賃金カットが言い渡されたという事例もあったというが，それは氷山の一角でもある[26]。

　さらに，経営難の深刻化によって，施設そのものの閉鎖という事態に追い込まれる場合もある。乱脈経営により職員の給与の支払いが不能となり，閉鎖に

第4章　福祉サービスの準市場化と福祉実践

追い込まれた介護老人保健施設，介護報酬の不正請求や入所定員を超えた受け入れを行う特別養護老人ホームなどが，都道府県の監督によって明るみに出されている。厚生労働省老健局は自治体による監督に限界を認めつつも，「質が伴わず安心して生活できない施設が目立ち始め」ているといっている。[27]

　以上のように，入所施設においては，利用者の確保が優先されがちとなり，従来から勤務している職員に対しては，人件費の抑制が進行し，さらに雇用そのものの不安定化がみられる。その結果，質の確保へ向けた余裕は，乏しくならざるを得ない。

　次に，在宅サービス事業者へ与えた影響を整理する。

　入所施設と異なる点は，第二種社会福祉事業と位置づけられ，提供者の多様化が進行している点である。その意味では，入所型施設よりはパイの奪い合いが熾烈となる。こうして介護保険制度開始直後に大きく騒がれたのは，大手民間営利事業者による積極展開とその後の「リストラ」であった。

　その事業者の元幹部は当時のことを，次のように振り返っている。[28]

　拠点の拡大によって，「現場のヘルパーさんたちは，土日もなく体力の限界まで働きづめで，病気で倒れる人や勤務中の事故が続出し」ているにもかかわらず，[29]「（経営者の）鶴の一声ですべてが決まり，しかもその変更に当たって根拠は何一つ示されない」[30]ままに，膨張を続けた。ところが利用単価と利用者数の低迷によって，採算がとれず，「顧客の少ないセンター（営業所）から潰すことになりました。……実際には（顧客が）五人ぐらいいるところも将来性がないと判断し閉鎖」[31]することになった。リストラを繰り返す経営陣によって，現場の士気は低下し，「関東地区とくに東京では，余りに過酷な労働のためにセンターごと人がいなくなったケース」どころか，「机から冷蔵庫までなくなっているケースもありました」[32]という。

　そして，そのしわ寄せを受けたとされるのが，現場のヘルパーである。利用が伸び悩む中，待遇が悪化し，一方的な時給の切り下げ，超過勤務手当ての不払いなどがみられたのであった。[33]なかでも深刻なのが，登録型ヘルパーと呼ばれる身分のヘルパーであった。交通費が支給されなかったり，「生活が成り立

203

たない就業構造」になるだけでなく、ミーティングや報告書作成の時間は勤務時間に算入されず、「ボランティア精神に事業者側がのっかっている部分もある」との指摘もある。

その後の報酬単価の改定によって、在宅事業者はようやく安定的な成長をみせている。その中で、都市部におけるヘルパーの人手不足は深刻化している。主婦層を中心としたパートのヘルパーという構図は変わらないが、平均年収は300万円程度で、短期間で退職する者が多く、現場では人材確保に苦労しているという。

以上のように、在宅事業者では、特にホームヘルパーの待遇と確保をめぐっての「経営努力」が求められていることが分かる。一方の当事者であるホームヘルパーは、その意識の高さにもかかわらず、定着率が低く、対利用者との関係形成にも与える影響は大きい。たびたび担当する利用者が替わり（たびたび担当するヘルパーが替わり）、そのつど改めて援助関係を結ばざるを得ない。

このような施設と在宅事業者を並立させた構造は、支援費制度においても同様であるので、おそらく類似した形で問題点が生じよう。いずれにしても、入所サービスか在宅サービスの提供かにかかわらず、コストの抑制がそこで働く従事者に転嫁され、さらに利用者へしわ寄せされていくことになる。

以上までみてきたように、個々の実践者はその所属する機関において、援助者としての顔と、その組織の構成員としての顔をもつ。

一連の制度改革によって、利用者はサービスの「購入者」となった。しかし、今までみてきたように、サービスに価格を設定し、それに見合う補助を利用者に対して行うものである。つまり、サービスの価格とその組み合わせで費用を支払うものであり、そこでは利用者の自己実現はあくまでも利用者が「考える」自己実現にしかならない。援助者と利用者が共同作業を行う中で新たな可能性を発見し、目標を共有化して援助を展開していく役割の希薄化につながるのではないだろうか。

入所施設でも利用者のことを「お客様」と呼ぶところがみられる。しかし、本来、入所施設における利用者の立場は「お客様」ではないだろう。むしろ、

「主人」なのであり，援助者はその良きパートナーであろう。ここに，援助者の役割の希薄化があり，矛盾があるように思われてならない。そして，もしそれが「外からお金を持ってやってくる人」という程度の意味しか持っていないのならば，利用者の問題を全体的な視野で把握する援助者のあり方とは程遠いことになる。

さらに，福祉サービスの準市場化によって，その組織の形態が何であれ，提供者は競争に巻き込まれることになった。そのような環境のもとでの行動原理は，競争に勝利するということが第一義的な目的となり，その勝利によってサービスの継続的な提供が可能となる。

したがって，その組織の構成員には効率的なサービス提供が求められることになる。その場合，福祉専門職の持つ価値との対立を招く可能性がある。

ソーシャルワークにおける価値の一つとして，ブトゥリム（Butrym, T.）は，人間の変化，成長および向上の可能性に対する信念を挙げている。[37]準市場化された福祉サービスのもとで，職員はそのような価値を根気強く持ち続けることができるだろうか。元来，福祉サービスは労働集約的なサービスであり，まさに人間が人間を支えているといっても過言ではない。そして，専門職と位置づけられる援助者は人間に対する深い理解と技術を持って利用者とかかわっていくものである。

しかし，福祉サービスの準市場化によって，すでにみたように，賃金体系，雇用体系の見直しがもたらされている。一定の年齢以上で管理職になることのできない職員の賃金を頭打ちにし，パートタイマーを導入するような現実は，入所施設において特に深刻である。

そのような職員は，施設における日々の「援助」にインセンティブを持つことは困難となり，むしろ，組織の一員としての自己の存在に目が向きがちになる。また，組織の長はそのような職員が提供するサービスに対して，どのように責任をとることができるのだろうか。

福祉実践はコンビニエンスストアのレジを打つのとはわけが違う。果たして，自分の生活を支えてくれる人が「アルバイトです」と分かったら，われわれは

本当に安心して身を委ねることができるだろうか。

(1) 小松源助・山崎美貴子『ケースワークの基礎知識』有斐閣, 1983年, 37頁。
(2) 佐伯啓思・間宮洋介・宮本光晴『命題コレクション 経済学』筑摩書房, 1990年, 325頁。
(3) Hughes, G., *Imagining Welfare Futures*, Open University, UK, 1998, pp.17-18.
(4) 一般的に, 毎日の生活を営むうえで必要不可欠で, 所得弾力性が相対的に小さい財のことをいう。倉澤資成『価格理論 第2版』日本評論社, 1992年, 62頁。
(5) 菊池繁信「福祉制度改革で, 保育サービスは変わったか」『月刊福祉』2000年2月号, 全国社会福祉協議会, 38頁。
(6) 小室豊允『選択の時代を勝ち抜く 福祉マーケティング』筒井書房, 2000年, 26頁。
(7) 須加美明・宮崎まさ江「ホームヘルプサービスの利用者の満足度調査」『長野大学紀要』第23巻第2号, 2001年, 99頁。ただし, この論文の英文タイトルにおける「利用者」は,「user」である。
(8) 小室豊允『ポスト措置時代の福祉経営戦略』筒井書房, 1998年, 317頁。
(9) 須加美明・宮崎まさ江, 前掲論文, 100頁。
(10) 仲村優一『社会福祉方法論講座Ⅰ 基本的枠組み』誠信書房, 1984年, 227頁。なお, 原著では「クライエント」の用語を使用しているが, 本文中では「利用者」とした。
(11) 同上書。
(12) 山縣文治「福祉制度改革で, 保育サービスは変わったか──保育所の可能性としての5つの選択肢」『月刊福祉』2000年2月号, 全国社会福祉協議会, 46頁。
(13) 前田正子「保育サービスの供給サイドから見た改革──民営化について」『社会福祉研究』第77号, 鉄道弘済会, 2000年, 97〜98頁。
(14) 垣内国光「小泉内閣の保育改革──その思想と手法」『賃金と社会保障』第1308号, 旬報社, 2001年, 10頁。
(15) 同上。
(16) 保育士の賃金は年収で180〜240万円になるという。伊藤周平「社会福祉基礎構造改革と保育制度──介護保険をモデルにした改革の問題点と課題」『月刊保育情報』第312号, 保育研究所, 2003年, 8頁。
(17) 『日本経済新聞』2002年12月17日付。
(18) 日本保育協会ホームページ http://www.nippo.or.jp より。
(19) 『日本経済新聞』2002年1月31日付。
(20) 「新世紀の社会福祉法人 利用者のトータルな人生をサポートする福祉を目指して」『月刊福祉』2003年11月号, 全国社会福祉協議会, 74頁。

(21) 永和良之助「なぜ高齢者福祉は腐蝕するか」『世界』1997年4月号，岩波書店，153頁。
(22) 同上論文，156頁。
(23) 廣末利弥「介護保険と施設運営」『総合社会福祉研究』第15号，総合社会福祉研究所，1999年，29〜36頁。そのほかにも，経過措置の問題，福祉事務所との関係，介護の「本質」等の関係からの懸念を表明している。
(24) 同上論文，36〜40頁。
(25) 『読売新聞』(道内版)，2000年10月15日付。
(26) 同上記事。この職員は同僚と組合を結成し，通告を撤回させることに成功した。しかし，同記事中には，制度開始から半年間で札幌地域労働組合には3件の争議が持ち込まれたことが述べられている。もっと露骨な「合理化」には，「第二組合」を結成するなど，不当労働行為に及ぶ場合すらある。
(27) 「介護保険見直しの課題(下)」『日本経済新聞』2002年8月14日付。
(28) 中尾光明「『介護バブル』コムスンの虚飾」『文藝春秋』2000年12月号，文藝春秋，276〜285頁。
(29) 同上論文，277頁。
(30) 同上論文，278頁。
(31) 同上論文，282頁。
(32) 同上論文，285頁。
(33) 『日本経済新聞』2000年6月22日付。
(34) 『日本経済新聞』2001年12月14日付。
(35) 『日本経済新聞』2001年12月25日付。
(36) 『日本経済新聞』2003年4月4日付。
(37) Butrym, Z., *The Nature of Social Work,* Macmillan, 1976, 川田誉音訳『ソーシャルワークとは何か　その本質と機能』川島書店，1989年，63頁。

第 5 章
福祉サービスの脱市場化

第1節　構造改革期における福祉サービスの概念と特徴

　ここでは構造改革路線下での福祉サービスの枠組みについて，①社会保障構造改革，②社会福祉基礎構造改革，という二つの構造改革にみるその概要と特徴を述べる。

　まず社会保障構造改革のフレームワークについて整理しよう。

　社会保障構造改革は，橋本内閣によって1995年から96年にかけて行われた「財政構造改革」の一環である。この財政構造改革全体の特徴は，全般的な歳出削減の実施のみならず，同時並行的に国民に対して自己責任や自助努力を求めた点にある。そしてわが国の「活力」を維持すべく従来の財政構造そのものを大きく転換させ，究極的に「リーディング・カントリー」としてのわが国の立場を固守するところに収束するものである。

　さて，この財政構造改革の一環として位置づけられた社会保障構造改革は，「①社会保障制度を経済・財政と調和のとれたものとする，②官と民の適切な役割分担を明確化する，③民間活力の導入を促進する」ことを基本としているが，国民にはどのような役割が期待されているのだろうか。

　高齢者についてみてみると，1996年11月の中間報告では，「健やかで社会的にも自立した人生を過ごして」いけることを理想とし，「基本的には自らの生活を自らの責任で維持し，生活に必要なサービスについても自己の責任と負担において選択する」ことが求められている。また，サービス給付にかかわる部分では，利用者の立場に立った効率的サービスの実施と民間活力導入の促進を含む公私の適切な役割分担をも求めている。

　これを受けて同年12月に出された最終報告書では，社会保障構造改革の基本は効率化や公平・公正，競争や規制緩和といった市場メカニズムの活用に比重をおくものとされ，自己責任・自己選択を通じて民間サービスを活用し，公的サービスは基礎（限定）的給付にとどめるものとされた。

　このような社会保障構造改革の思考様式は，措置制度の弊害と国民の生活水

準の向上を根拠として打ち出され，歳出削減と一体をなす給付の抑制が図られたのであった。さらに単なる歳出削減にとどまらず，措置制度の持つ「欠点」を克服するために，効率性と権利性が強調され，選択の自由が求められた。

その一方で，生活水準の向上は応益負担原則拡大の根拠となり，費用面を中心とした自己責任原理が強調されることになった。すなわち，歳出削減分を自己負担につけまわすことにしただけでなく，さらに費用徴収の強化によって，サービスを利用する場合はもとより，サービスを必要とする場合の「備え」としての位置づけからも「自己責任」が求められた。

そして，わが国経済社会の「活力」の維持を最終的な目標とする「社会保障構造改革」は，選択の自由（契約化）と自己責任（市場化）を基軸とした「新たな社会保障制度」の構築を提案したのであった。

これらの議論を受けて具体化されたのが，「社会保障構造改革の第一歩」として位置づけられた介護保険制度であった。同制度の最大の特徴は，高齢者介護サービスの提供を措置から契約に転換した点である。要介護者は自らの要介護度を要介護認定という行政処分で決定された後に，サービス事業者と契約を締結し，基本的には要介護度に応じた範囲内で自らが希望するサービスを利用するという形態となった。

それにともない負担方式も応能負担方式から，基本的には定率1割の応益負担方式となった。さらに，サービスの利用にあたって，要介護者にはサービス事業者の選択という行為が要求されるようになった。

結局，介護保険制度は，利用者に対して自己責任に基づく選択と契約を，提供者に対しては競争を通じての質の向上を，そして中央政府を含む行政は総費用の2分の1を負担するほか，中央政府は報酬単価を設定するなどの財政的規制・支援を行うことで負担と給付の観点からも適切な介護サービスが提供できるとした。[5]

しかし，外形的には社会保険方式を用い，実質的なサービス提供の場面は「福祉」という位置づけをとるという「二重構造」であり，さらに「よりよい」サービス，すなわち保険適用外のサービスを望んだ場合には，全額自己負

担が基本である。

次に社会福祉基礎構造改革のフレームワークについて整理しよう。

ここでは、検討会・審議会の議事録や報告書の内容にしたがって、社会福祉基礎構造改革の枠組みについて検討する。

社会福祉基礎構造改革は二段階方式で展開された。第一は、厚生省の私的審議機関である「社会福祉事業のあり方に関する検討会」が、1996年9月から11月にかけて五回にわたって実施され、最終的に「社会福祉の基礎構造改革について」という報告を出すに至った段階である。第二は、中央社会福祉審議会構造改革分科会が1998年にまとめた「社会福祉基礎構造改革について（中間まとめ）」の提出であり、これらは最終的に2000年の社会福祉法の成立へと連なる動きであった。

まず、第一段階である「社会福祉事業のあり方に関する検討会」の動きをみてみよう。第1回から第5回までの検討会の内容が収録されている『社会福祉の基礎構造改革を考える』の序文で、座長の八代尚宏が、「福祉サービスが『特殊なものであり、公的部門によってもっぱら供給されなければならない』という大前提を見直す必要性がある」と述べているように、その討議内容は自己責任、自己決定を強調した市場原理と民間部門の活用が必要であるという論調が大勢を占めている。

例えば、1996年9月9日の第1回検討会での「福祉、医療は国がやるという方針で行ってきたことが制度の硬直化を招いていることを認識し、国民に自己責任原則を意識してもらうということが大切である」といった発言や、第2回検討会での「市場原理は、利用者の選択肢を最大限に増やせるとともに、事業者もよりよいサービスを提供すれば選択され、非効率であれば自然淘汰される」という、利用者のみならずサービス提供者に対する市場原理の効果を指摘する発言もみられた。あるいは介護保険制度で問題になっているような自治体間格差について、第3回検討会では、「地域によりバラツキが出ることはむしろ学習効果を持たせる意味においても大切ではないか」との意見も出されたのであった。

第5章　福祉サービスの脱市場化

　これらの議論を踏まえて発表された「社会福祉の基礎構造改革について（主要な論点）」では，昨今の福祉需要の変化に従来のシステムが対応できていないこと，不祥事が構造的問題に由来する点を出発点としたうえで，今後は質の高いサービスの効率的供給が必要であるとし，「（利用者の）要望とサービス供給者の都合とを調整する手段として」市場原理を活用し，「利用者とサービス提供者との対等な関係を確立する」ために消費者保護が求められると結論づけたのであった。[11]

　そして第二段階の中央社会福祉審議会構造改革分科会が提出した「社会福祉基礎構造改革について（中間まとめ）」（1998年6月）で，その路線は，より一層明確となる。社会福祉基礎構造改革は，社会福祉事業，社会福祉法人，福祉事務所を中心とする社会福祉の基礎構造全般について「抜本的な改革」を目標とした。

　しかしながらその一方で，「社会福祉の基礎となるのは他人を思いやり，お互いを支え，助け合おうとする精神である。その意味で社会福祉を作り上げ，支えていくのは全ての国民であるということが出来る」[12]と位置づけ，自助努力にとどまらず，相互扶助的観点までもが強調された。

　さらに，前段階で述べられていた利用者と提供者の「対等な関係」が，ここでは双方の「権利義務関係を明確にする」ことが，利用者の尊厳の重視につながるとされ，さらに「サービスの利用に当たっては利用者の倫理が求められる」とし，「消費者」としての利用者の義務も強調されるようになった。[13]

　これらを通じて2000年3月3日には「社会福祉の増進のための社会福祉事業法等の一部を改正する等の法律案」が閣議決定され，国会での審議を経て6月に公布された。

　新たに制定された「社会福祉法」の特徴は，旧社会福祉事業法ではみられなかった表現である「福祉サービス」，「利用者」という語が用いられるところにある。したがって，同法第8章（第75条から第88条）には，明確に「福祉サービスの適切な利用」として，利用者の権利擁護，苦情解決制度，情報開示等の「消費者保護」の規定が盛り込まれたのであった。

213

以上のように，構造改革路線下のわが国における福祉サービスの枠組みは，提供体制においては規制緩和を中心とした市場原理を活用し，利用者を「消費者」として位置づけるものであり，その「福祉」性は，介護保険制度における二重構造にみられるような，サービスの提供時点における一側面を表すに過ぎないものになった。

　ところで，この「福祉サービス」という用語における「サービス」とは，そもそもどういったことを指すのであろうか。一般的な意味でのサービスの概念は，辞書的な定義にしたがえば，「物を生産する以外に何らかの効用を生む働き。財とともに人間の欲望の対象となる。用役・役務[14]」とされたり，「その存在を直接確かめることはできないが，ある種の有用さを与えるものであり用役ともいわれる[15]」と規定される。もっと身近な用例を検討した長田浩は，奉仕や客あしらい，給仕やスポーツの「サーブ」「サービス」を挙げており，「ある者が他の者に対して作用を及ぼすこと[16]」としている。

　また，その本質的特性は，①需要と供給の即時性，②貯蔵・運搬の不可能性，③需給調節における時間的要素の重要性，④供給効率における消費者の参与，⑤価格はコスト中心ではなく，消費者の満足度に応じて支払われる，の五点である[17]。そして，その無形性・即時性ゆえに，「モノ」に比較して情報の重要性が高いという特徴があるという[18]。

　長田も指摘するように，サービスの前提は，その生産者と消費者の存在である。生産者も消費者も互いにそのサービスについての質や量，価格などに関する情報を持っていることが，貨幣を媒介とした適切なサービス取引に必要不可欠である。特に消費者はその商品に関する専門知識に乏しいため，客観的で理解しやすい公平な情報の入手が前提とされ，それに乏しい場合，あるいは提供者側が悪意を持って情報を隠蔽，歪曲した場合に，消費者は選択の失敗という結末を迎える[19]。

　このようにみてみると，たしかにサービスの本質的な部分では，いわゆる「福祉サービス」でも大差がない。しかし，問題はここで述べられたサービスが一般的市場におけるサービスという点である。

第5章　福祉サービスの脱市場化

　以下，構造改革路線における「福祉サービス」の概念を整理したうえで，その内実と問題点を検討してみよう。
　まず，構造改革における福祉サービスのあり方は，社会福祉基礎構造改革の「中間まとめ」における七つの「基本的方向」に代表される。すなわち，第一に利用者と提供者の対等な関係，第二に多様な需要と地域による支援，第三に提供者の多様化促進，第四にサービスの質と効率性の確保，第五に情報公開，第六に費用の公平・公正な負担，そして最後に住民参加による福祉文化の創造である。
　さて，これら七点の「基本的方向」の意味を，社会福祉法令研究会が編集した『社会福祉法の解説』[20]などを手がかりに検討してみよう。
　第一の「対等な関係」とは，わが国は市民社会の構成員がそれぞれ対等であるとする，市民法原理に基づく国家であるとの認識に立ち，それを福祉サービスの提供・利用の枠組みにも援用する。福祉サービスの提供・利用に際しても，誰もが自己責任に基づき，選択し，自己決定を下すことと，多様な自己実現にむけての支援（サービス提供）が，ノーマライゼーションの具現化に至るとされる[21]。なお，権利擁護制度をはじめとした多様な支援方法の整備は，実質的な対等性を確保するための「大前提」である[22]。さらに，手続き的観点からすれば，「要件該当性に関する資格問題とサービス内容の決定の問題を明確に分けて，その上でサービス内容の決定を利用者の選択に任す」[23]方法でもある。
　構造改革分科会のメンバーであった三浦文夫は，社会福祉の問題解決のアプローチのあり方が，「自らの努力で生活することのできない特定の者に対して，自立の確保のための支援・援助等を図るというアプローチ」から，自己責任・自己決定が可能な者を対象として，多様なニーズに着目し，充足ならびに解決を図るアプローチへと転換を遂げてきていると指摘する[24]。さらに接近方法の変化だけでなく，「従来の社会福祉から，社会サービスの一環としての広義の社会福祉＝福祉サービス，そして狭義の社会福祉および社会福祉事業を理論的に区別する必要がある」[25]と述べており，社会福祉対象者・領域の二分化を示唆している。また対等な関係を生み出すために必要な契約化は，「利用者補助への

215

移行であるが，利用者補助になると選択についての自己責任が強くなる」とい う指摘もあり[26]，自由意思に基づく選択の積極的な側面だけでなく，それにとも なう自己責任も背後に存在していることが指摘されている。

第二の「多様な需要と地域による支援」とは，マネジメントの重要性と地域 生活を両輪とする考えに立ち，利用者を中心に据えて，自立を目標とした効率 性の良いサービスの提供を意味するという[27]。

第三の「提供者の多様化促進」では，わが国における民間サービスの増加を 踏まえて，旧来の措置制度によるサービス提供の画一性・硬直性に問題があっ たとし，多様な提供者が存在してきたことをもって多様な需要が存在し，また それに応えてきたとする。そして，今後はその多様化を促進するために，行政 が定める基準を満たした提供者が参加し，構成する場を「福祉市場」と位置づ け，競争や規制緩和を通じてその環境整備を進めることが重要であるとした[28]。 その一方では資源の偏在を問題にしつつ，地方公共団体，社会福祉法人の役割 は減少しないとして，「サービスからの撤退に制限が加えられた存在が市場の 中心にあることが福祉市場の特徴のひとつである[29]」とも述べられている。

第四の「サービスの質と効率性」については，二側面から説明している。す なわち，利用者が「福祉市場」で良質のサービスを評価するという側面，もう 一つには利用者のみならず，税や保険料を納付している国民全体の「信頼と納 得」を得るものでなければならないという側面である。そのためには施設設備 といったハード面だけでなく，「サービス提供過程の標準化，人材の専門技術 の向上などソフトウェアに当たる部分の基準化も不可欠[30]」であるとされた。こ の点は一般的な意味でのサービスと共通している。つまり，「サービス供給の 場合には，供給の工程がどうなっているかが需要者が評価する質と密接なかか わりを持っている……工程の順序やある工程と次の工程の間の時間の長さに気 を使うことが『サービスのよさ』に通ずるのである[31]」。さらに，利用者と，税 や保険料を負担する国民を対置させ，「信頼と納得」という表現をするように， 従来の措置制度下でみられたような不公平感の緩和を示唆し，それは「効率 性」へとつながる。

第五に「情報公開」である。これは措置制度下における情報は，利用者への提供が目的ではなかったが，基礎構造改革においては，利用者の適切な判断に資するために財務状況の開示やサービス評価事業等を求めている[32]。これは単に措置制度時代の情報が利用者向けでなかったということが理由ではなく，むしろ，契約化にともなう情報の非対称性に関連する，提供者側のモラルハザードを防止するためのものであると考えられる。

　第六の「費用負担」は，費用の適切な管理と制度運営の適切さを求めている[33]。

　第七の「福祉文化の創造」について，「社会福祉の現代的形態」[34]ともいえる地域福祉の視点から，「公私の取組の連携を積極的に図ることによって，暮らし続けたいと思える地域を自ら生み出」すためには，当該地域の住民が自らの地域のあり方を決定していくことが重要であるとしている[35]。

　以上の「基本的方向」からみた構造改革路線における「福祉サービス」の概念は，普遍主義を謳っていながらも，あくまでもその対象は，「自立し，自己の責任において選択できる能力を持つ個人」を想定し，地方分権の側面からは，地方自治体単位での計画化と社会資源を活用したマネジメントを強調し，自治体間格差が生まれてもやむなしというスタンスでサービスを提供しようとしていることになる。また，地域福祉との関連では，「福祉文化の創造」主体としての地域住民，あるいはそれを「社会福祉の現代的形態」と位置づけ，施設福祉よりも地域福祉に積極的な価値がおかれている。そして，措置から契約への転換という視点からは，消費者保護を前提としつつも，基本的には対等な関係を指向し，提供者には規制緩和を通じた競争を，利用者側には選択を通じた質の評価を求めているという特徴がある。

　しかし，このような構造改革路線における「福祉サービス」にはいくつかの問題点があるように思われる。

　すなわち，構造改革路線下での「福祉サービス」は，購入に関して「自立」した状態にあるサービス利用者を対象とし，他事業者と競争関係にある事業者と対等な関係で契約を結んで利用（購入）する形態をとるようなサービスであるといえよう。さらに，それを支える基盤として，自治体間格差が生まれても

217

やむなしとする「社会福祉の現代的形態」という意味での「地域福祉」が重視されている。

こうして，構造改革期における福祉改革の特徴には，自立した個人を前提とした規制緩和と，競争原理に基づく福祉サービスの「購入」が指摘できる。以下では構造改革に流れるテーマを三つの軸に絞り，その問題点を検討する。すなわち第一の軸は，「自立した個人」を前提とした利用者（対象者）像である。第二の軸は，福祉多元主義といわれる「提供者の多様化」についてである。第三の軸は，「サービス」そのものの位置づけに関してである。

まず，利用者像・対象者像について検討してみよう。

本間重紀が「カッコつきの自由主義的戦略[36]」と位置づけた1990年代半ば以降の構造改革は，新自由主義をその根底においている。そしてその特徴は規制緩和と地方分権，行政手続法の三点セットにあり，とりわけ，規制緩和がその中核に位置しているという[37]。あるいは「公共部門を私的部門に移せば財政赤字が削れるといった単純なシナリオ[38]」であり，「グローバルスタンダードという名のアメリカンスタンダードの強制[39]」とも批判されている。

ところで，そもそも新自由主義とはどのようなものであろうか。

姫野順一によれば，「広義には個人と社会（国家）の両立を目指し，狭義には市場経済と国家介入（政策）を両立させようとする試み[40]」であり，吉田傑俊の言葉を借りれば「自由競争至上主義[41]」とも位置づけられる。そこでは「国家との新たな連携を模索しつつ，個人と企業に『自由な』（つまりは無規律的，競争的）営みを許容し強制する[42]」ところに強さがあるとされる。

それでは，「『自由な営み』を許容し強制」させられる個人の位置づけはどのようなものになるだろうか。ムラードとスピッカー（Mullard, M. & Spicker, P.）らの所説に従えば，個人は自らの権利について知っており，ほかに依存することなく様々な決定を下すことができるものとして位置づけられる[43]。つまり，自己のウエル・ビーイング（well-being）を最小のコストで満たすことができるような最適な選択を行える者であり，その一方の政府の役割は，すべての個人を平等に取り扱うための手続法を定めるにとどめられるとされる[44]。したがって，

第5章　福祉サービスの脱市場化

福祉サービスの領域では，その提供における国家の役割が個人の自由を守るための必要最小限度とされ，その弊害を回避する必要があるということになる[45]。

また，浅井春夫は新自由主義が想定する個人像が，「一面的で短絡的」であると批判しつつ，とりわけ規制緩和論との関係で，「『選択の自由』を行使できる人間であることを前提に描かれて[47]」おり，あくまでも限定的な枠組みの中で，賢明な選択をするという意味での自己決定能力が問われているものとした[48]。

すでにみたように，構造改革は基本的に自立した個人像，すなわち最小費用で最大満足を得られるような戦略を自己の能力で選択できる個人を，福祉サービスの「利用者」とみなしている。ちなみに「中間まとめ」では，利用者の他に登場するのは「国民」か「地域住民」といった表現である。注意すべきは，ニーズの広範化を前提とし，それに対応するサービスの購入を「自立した個人」に限定し，期待しているという点である。ニーズの広範化，あるいはサービスの普遍主義的拡大といいながらも，その利用・購入は「自立した個人」に限定されるという矛盾が存在するのである。

さらに「利用者」は存在するが，サービスの「対象者」の不在がみられるという点も特徴的である。実際にサービスを利用・購入した者に対する期待や権利・義務は語られているが，福祉サービスの利用・購入の前段階における存在のほとんどは捨象されている。また，私人としての利用者は，「対等な関係」である民法上の契約関係をもたらすが，費用は保険でまかない，購入は私人間の契約という構造は，「実体的権利」を侵害することにもなりかねない。つまりジリアット（Gilliatt, S.）らが指摘するように，「好みは選択することができるが，それを手に入れることは保障されていない[49]」のである。

さらに費用を保険と公費で折半し，利用料を徴収することで，総体的な公費支出削減志向は，富める者と貧しい者とを二極分化させるだけでなく，ニーズ充足を私的問題のレベルにとどめることになる[50]。利用者を自立した個人に限定し，その限りにおいて普遍的にサービスを提供するという思考様式が内在し[51]，利用・購入の前段階にある対象者の存在を捨象することで，社会問題としての福祉問題という視点を希薄化し，福祉問題を個人に還元するものになっている。

219

さらに「自立した個人」に焦点化する人間観は，非「自立した個人」を同時に生み出し，階層分化を生じさせる。これは対等な構成員で形成されるとする市民社会の理念との矛盾をも生み出す。また，「自立した個人」にとっても，福祉サービスにかかわる自らの選択や戦略に関する失敗が自己責任の範疇に含められることで，個人によるリスク対応の限界を補うという社会保障・社会福祉の理念との間に矛盾をもたらすことになる。

　次に提供者の多様化について検討してみよう。

　これは，福祉提供を公的部門による一元的なものから，それ以外の家族・近隣住民などのインフォーマル部門や民間（非）営利部門を含めたものによってまかなおうとするものである。

　1980年代のイギリスでは，国家は真にニーズを持つ者に対してのみ介入すべきだという「哲学」が唱えられるようになった。その代表的な考え方には，ローズ（Rhodes, R.）の「福祉の供給は国で担われているのではなく，家族によっても，また民間市場によっても果たされ……全体としての社会福祉の総量を（それぞれの）算術的総和として把握する」ことができ，それぞれが相補的に機能するとしたものや，「市場の役割を強調しつつも，福祉提供においては公有・計画化を基礎としつつ，民営・市場化とインフォーマル部門重視論を最適にミックスした複合システム」とするものがある。いずれの場合もシステムを構成するそれぞれの提供者が相補関係におかれている点に特徴がある。ローズの福祉ミックス論では，社会における福祉の総量はそれぞれが相補的な関係にあることで，ある部門の役割が低下しても，他の部門による提供が増加すれば確保・維持され，必要な量が確保されるとした。

　しかし，量的な側面に着目する論理に対して，松井二郎はそれぞれの提供者が担当すべき領域について曖昧化する点に問題があるとして，各部門の機能遂行の原理と方法が異なる点に注目し，それぞれの部門は等価項目ではなく，むしろ代用項目として捉えられると指摘した。

　このような福祉ミックス論は全世界的な低成長期に突入し，思想的には市場と自助努力や相互扶助を強調する新自由主義が台頭していく中で，公私分担論

как第5章 福祉サービスの脱市場化

として具体化され,特に構造改革期においてはその傾向が一層顕著になった。

ムーア (Moore, S.) は,この仕組みを支えるものとして,①支えあいに対する社会的な「気づき」(society weakens) がなされるような「地域のセンス」(sense of community),②良質のサービス (higher quality of services),③柔軟性 (flexibility),④消費者 (consumer) としての選択 (choice),⑤慈善組織,ボランタリー組織を活用することでのコストの縮小 (reduced costs),⑥慈善活動の奨励 (public preferences for charities),⑦社会サービスの役割への注目 (more focused role of social services),の七点を挙げた。

しかし,その一方では,次のような批判も存在すると指摘している。すなわち,第一に福祉国家の解体 (dismantling of the Welfare State) につながるという批判,第二に慈善組織や私的部門によるサービスの提供が質の低下 (lower quality) につながるという懸念,第三に公的部門によるサービス提供の縮小による選択の欠如 (lack of choice) が起こるという懸念,第四に利益を追求する民間事業者が参入することによって,コストが上昇する (increased costs) のではないかという懸念,第五に慈善部門が提供するサービスの利用は,スティグマ (stigma) を付与する可能性があること,そして最後に地方政府がサービスの提供を統一的に実施しないことから,サービスの質や領域についてまちまちになってしまう (haphazard provision) であろうという懸念,の六点である。

これらを踏まえて,わが国の構造改革期における福祉ミックスの特徴をみると以下のようになる。

第一の特徴は,措置制度には構造的な問題があるとして従来の行政による福祉提供を後退させ,それを補完するために民間営利部門,非営利部門を重視するという見方が進んだ点である。1970年代後半の「日本型福祉社会論」や「95年勧告」では家族責任論が強調されたが,構造改革路線ではむしろ市場メカニズムを通じた民間部門,ボランタリー部門の活用によるサービスの提供にシフトしている。

第二の特徴は,行政が提供する福祉の量を単純に減らした部分を市場部門が補い,肩代わりをするというかたちではなく,行政の果たすべき役割自体が

「条件整備主体」（イネーブラー）へと変化し，ローズの福祉ミックスがいう関係自体が解消されつつある点である。つまり，相補・代替関係ではなく，提供からの行政の離脱と市場による供給に収斂していく関係に変化しており，これは「構造改革的福祉ミックス」と位置づけられよう。

第三に，慈善組織が提供するサービスの利用がスティグマを付与するというムーアの指摘とも関連するが，自立した個人を対象とした民間部門によるサービス提供が中心となれば，公的部門による「（残余的）サービス」を利用する者は，非「自立した個人」として位置づけられることになる。これはスティグマの付与と強化につながりかねない。さらに，このような民間部門と公的部門の組み合わせは，公的部門を必要不可欠なセーフティネットとしながらも，その利用にあたって「落ちこぼれ」とみなされる抵抗感を通じて，利用を抑制し，それゆえ実質的にセイフティネットとして機能しなくなる問題性を孕んでいる。

こうしてみると，わが国における「構造改革的福祉ミックス」とでもいうべきサービス提供者の多様化は，そのサービスを必要としている者が利用する提供者と，自立的人間か否かとの相関をもたらし，大多数の権利性の強調と少数者の権利の希薄化を進行させる。後者に対するサービスの提供は，建前的には「公的責任」を標榜しながらも，より一層恩恵的なものになろう。

最後に，「福祉サービス」と「ニーズ」の関係について検討してみよう。というのも，一般的にはいかなる形であれ「サービス」が存在するということは，それが対応する何らかの「ニーズ」が存在することを意味する。「ニーズ」のないところに「サービス」は存在し得ないし，さらにいえば，前提となる「ニーズ」の位置づけが，「サービス」のあり方を規定するのであり，それらを分離してサービスのあり方は考えられない。

そこで，わが国の社会福祉における「ニーズ」の登場をみると，1970年代末以降の在宅福祉サービスの強調と密接な関係があるように思われる。イギリスの「シーボーム報告」（1968年）においては，コミュニティケアが謳われたのであるが，この概念をわが国で在宅福祉サービスという用語で定着させたのが，1979年の全国社会福祉協議会の手になる「在宅福祉サービスの戦略」において

であった。[58]

　ここでは，在宅福祉サービスが対応するニーズとして，三浦文夫のいう「非貨幣的ニーズ」の考え方がその根本に据えられることになった。三浦は社会福祉ニーズを操作的概念としながらも，依存状態とその解消のための社会的認識に注目しながら貨幣的ニーズと非貨幣的ニーズの二種類に区分し，前者には金銭給付での対応を，後者には具体的なサービス提供で対応するとした。この区分は「非貨幣的ニーズの充足が主要な課題になるであろうという認識[59]」のもとに，政策課題を後者にシフトさせる動きに連なり，このような「ニーズ論」は「社会福祉政策の体系的な見直しを図り，その転換を説くための論理[60]」として機能したのであった。さらに非貨幣的ニーズは，生活水準の成熟化にともなう豊かな社会の到来によって，費用負担の強化や応益負担化を当然のごとく進行させることになった。つまり，福祉サービスの市場化は，1970年代後半からの在宅福祉サービスの登場から連なっているともいえ，その基底には非貨幣的ニーズの論理が据えられているのである。

　それらを踏まえたうえで，もう一つの問題であるニーズの位置づけを検討してみよう。社会福祉がいわゆる個人や集団の利益を意味するウエル・ビーイングを達成するものとしての位置づけが主流になりつつある中で，事業者補助から利用者補助へ移行し，福祉サービスを「購入」する構造改革路線下のそのあり方は，「より良い生活」を送るためのものとしての色彩が強い。[61]生存するに必要な基礎的ニーズに対しては，生活保護制度に代表される限定的な公的給付を行い，自立生活に向けた「より良い生活を送るため」のサービスは，介護保険制度などに代表される普遍主義的サービスによって対応される。

　ここであらためて構造改革路線下におけるニーズとサービスの対応関係に目を転じてみると，次のことが明らかとなる。すなわち，生存に最低限必要とされるニーズは貨幣的ニーズであり，金銭給付によって対応されること，そして，「より良い生活」を送るためのニーズは非貨幣的ニーズであり，その対応は具体的なサービス購入＝給付によってなされることになっている。つまりニーズの種類・程度と，サービスの種類（具体的には金銭か，役務か）が対応する図式

となっている。介護保険制度を例にとれば，介護ニーズという非貨幣的ニーズは単なる生存のレベルにとどまらない，身体的・精神的自立を目標とした付加的位置づけに転化されている。そしてそれゆえに，サービスや事業者の選択にはじまり，契約，応益負担をめぐっても自己のより良い生活が目標に据えられる中で，サービスを購入することになっている。

　しかし，より良い生活を送るためのニーズを非貨幣的ニーズとして位置づける前提には，金銭的に不自由がなければ生活が事足りるとする認識が根底にある。とすれば，具体的な福祉サービスは必要最低限の生活の上位に位置することになるが，果たしてそうだろうか。例えば寝たきりの高齢者がいる。彼（彼女）は金銭的に不自由はないが，「より良い生活」を求めて介護サービスの利用を考えるだろうか。あるいは，保護者は裕福で衣食住どれをとっても満足のいく状態にある知的障害者がいる。しかし突然パニックを起こし自傷行為を行う。この保護者はその障害者に「より良い生活」を保障するためにサービスを利用するだろうか。どちらも否であろう。寝たきりの高齢者や知的障害者のいずれにとっても，サービスの利用は「より良い」生活のためではなく，「必要不可欠」なサービスである。林博幸も指摘するように，「ニーズ論は社会問題（生活問題）と社会問題対策（社会福祉）との関係を『ニード』と『サービス』『資源』の関係に置き換えてしまった」[62]がゆえに，福祉ニーズの理解に生活問題・社会問題としての視点を欠落させることになってしまうのである。

　「より良い生活」の前提に，「良い生活＝金銭的に不安がない」ということを据えるような福祉サービスのあり方には，次のような問題が生じる。すなわち，社会福祉はその出発点を金銭的問題の解決（貧困救済）に求めてきたが，それは時代的な制約の中で解決すべき問題としてプライオリティ（優先順位）を持っていただけに過ぎない。現代の社会福祉における「良い生活」は金銭面だけでなく，むしろ社会の中でその人らしく生きられることを可能にするという自己実現に価値をおき，「良い生活」の段階からすでに金銭給付，サービス給付のいずれをも必要とするものである。そして，それが実現されたときに初めて「より良い生活」を求める動きが生まれてくる。ところが，「よりよい生

活＝サービスの利用」という図式は，福祉的観点からの「良い生活」の意味を矮小化し，さらにその保障を公的金銭給付または公的扶助に限定することで，国家責任を果たしうるとしている。こうして，ニーズの意味は二極分化し，「より良い」生活という名のもとに，「良い」生活の意味が歪曲・矮小化されていくのである。

　結局，1990年代中盤以降のわが国社会福祉の「構造改革」は，利用者にも提供者にも，そして規制主体としての行政にも，市場原理に基づく行動様式を要求する福祉サービスを強調している。しかし，その内実は「福祉の（一般的市場における）サービス化」として位置づけられる。

　その理由として，第一に選択や自己責任といった理念を通じて，サービスの枠組みを「利用者」だけに焦点化し，一般的市場における購入者や消費者としての位置づけに近似させつつあること，第二に大多数のニーズに着目し，それらへの権利性の付与を重視しつつも，少数者のニーズやそれに対する権利性を希薄化しつつあること，第三に「福祉サービス」は「より良い生活」を求めるための，アメニティ（快適さ）的性格を強め，「不可欠なもの」として捉えられていないことがある。そして，生活上の問題を解決するサービスを，自己責任や選択といった理念を通じて「より良い生活」を求める個人に焦点化し，社会問題に対応するためのサービスという視点を欠落させている。これが構造改革路線における「福祉サービス」の本質である。

　ところで，こういった「個」の強調は，社会福祉の領域に限ったことではなく，その狙いは「リスク社会，不安社会へと人々を駆り立てるところに潜んで」[63]いる。しかし，社会福祉の領域でこのような状況に至ったのは，「福祉というもののあり方について『あるべき姿』を発見し，築き上げるための発想力，問題提起力を育てられなかった」[64]ことが原因であるとする指摘がある。かつて，糸賀一夫は社会福祉とは社会全体の福祉の総量ではなく，その中での一人一人の福祉が保障される姿を指す[65]と述べた。ところが構造改革路線では大多数の「個」が強調され，少数者を含めた「個」は強調されない。

　少数者を含めた個々人の福祉の追求は，社会問題としての福祉問題の側面か

らも把握される必要があり，それゆえに福祉の追求は決して個人の責任のみにおいてなされるべき性格のものではない。福祉の追求をそのニーズの客観的判断が困難であるという理由から「自己責任」に委ね，公的役割を条件整備にとどめるとする「福祉サービス」のあり方は，その社会において一人一人の生活が保障される「社会福祉」のあり方とは程遠い。そこにあるのは社会という文脈を放棄した自己中心的「福祉」を追求する姿が浮き彫りになるだけである。

さらに提供されるサービスが「福祉」たる姿をとりうるかどうかも疑問である。

「社会福祉事業のあり方に関する検討会」では，市場原理が提供者にもたらす効果として，より良いサービスを提供すれば選択され，非効率であれば自然淘汰されるとの指摘があった。これはサービスの質だけが選択と淘汰に関係するのではなく，選択されるか否かはサービスの質によって，存在し続けられるか否かは効率の程度によることが図らずも露呈されたことに他ならない。介護保険制度導入当初に喧伝された「サービスの質が良い事業者が生き残っていく」といった一面的な見方は，質と効率という別次元で扱われるべき問題を混同させ，いたずらな危機感や誤解を与えることになった。さらにこのような再編動向は，ニーズや傾聴そして介護という言葉よりも，経済性や効率性，効果性という言葉が強調されるようになり，専門職としての視点よりも「経営倫理」の優先をもたらすことになると，ドミネリ（Dominelli, L.）は指摘している[66]。そして，この指摘はサービス提供組織に属する個々の実践にも大きな変質をもたらすことを示唆している。

マクロな理念・思想や制度設計のあり方と，ミクロの実践場面との間に深い関連があることに今一度思いをめぐらせ，このような個人的・分断的「福祉サービス」のあり方を社会的文脈から再度捉えなおす必要がある。福祉問題を分断的「個」の問題としてみなし，市場原理に依存することで解決しようとする「福祉サービス」ではなく，むしろ適切な援助関係の維持・発展が社会的に支えられ，また，なされるような「社会福祉サービス」として再構築することこそが求められているのではないだろうか。

第5章　福祉サービスの脱市場化

(1) 佐橋克彦「社会保障構造改革の意味するもの」『帯広大谷短期大学紀要』第36号，1999年を参照。
(2) 石弘光『財政構造改革の条件』東洋経済新報社，1997年，19頁。
(3) メンバー用資料参照。
(4) 石弘光，前掲書，19～22頁。
(5) 佐藤進・河野正輝『介護保険法』法律文化社，1998年，124頁には，このような契約は「片務的不従的契約」であると述べられている。
(6) 厚生省社会・援護局企画課監修『社会福祉の基礎構造改革を考える』中央法規出版，1998年。
(7) 批判的な意見がなかったわけではない。例えば，介護保険の例を取り上げ，「結果的に福祉サービスとして弱者保護の機能が十分働かないことになるのではないか」と指摘する発言もあった。
(8) 厚生省社会・援護局企画課監修，前掲書，13頁。
(9) 同上書，16頁。
(10) 同上書，22頁。
(11) 同上書，3～6頁。
(12) 厚生省社会・援護局企画課監修『社会福祉基礎構造改革の実現に向けて』中央法規出版，1998年，8頁。
(13) 同上書，12頁。
(14) 『日本語大辞典』講談社，1989年，745頁。
(15) 近江谷幸一『市場システムの経済学』世界書院，1998年，68頁。
(16) 長田浩『サービス経済論体系』新評論，1989年，24～26頁。
(17) 『日本経済事典』講談社，1973年，754～755頁。
(18) 井原哲夫『サービス・エコノミー』東洋経済新報社，1997年，85頁。
(19) 山岸俊男『安心社会から信頼社会へ』中公新書，1999年，56頁には，その典型例として「レモン市場」が挙げられている。
(20) 社会福祉法令研究会『社会福祉法の解説』中央法規出版，2001年。
(21) 同上書，34頁。
(22) 同上書，35頁。
(23) 秋元美世「福祉サービスの利用手続きをめぐって」日本社会保障法学会編『社会保障法』第15号，法律文化社，2000年，162頁。
(24) 日本地域福祉研究所監修『社会福祉構造改革と地域福祉の実践』東洋堂企画出版社，1998年，22～23頁。
(25) 同上書，23頁。
(26) 駒村康平『福祉の総合政策』創成社，2001年，322頁。
(27) 社会福祉法令研究会，前掲書，35頁。
(28) 同上書，36頁。

(29) 同上書, 37頁。
(30) 同上書, 38頁。
(31) 井原哲夫, 前掲書, 80頁。
(32) 社会福祉法令研究会, 前掲書, 39頁。
(33) 同上書, 40頁。
(34) 日本地域福祉研究所監修, 前掲書, 25頁。
(35) 同上書, 41頁。
(36) 本間重紀『暴走する資本主義』花伝社, 1998年, 280頁。
(37) 同上書, 281頁。
(38) 金子勝『反経済学』新書館, 2000年, 30頁。
(39) 金子勝『反グローバリズム　市場改革の戦略的思考』岩波書店, 2000年, 4頁。
(40) 姫野順一「イギリス新自由主義とJ. A. ホブスンの市場・制度認識」岡村東洋光・佐々野謙治・矢野俊平『制度・市場の展望』昭和堂, 1994年, 244頁。
(41) 吉田傑俊『国家と市民社会の哲学』青木書店, 2000年, 39頁。
(42) 同上書, 47頁。
(43) Mullard, M. & Spicker, P., *Social Policy in a Changing Society*, Routledge, 1998, p.47.
(44) *Ibid.*, p.49.
(45) *Ibid.*, p.63.
(46) 浅井春夫『新自由主義と非福祉国家への道』あけび書房, 2001年, 28頁。
(47) 同上書, 29頁。
(48) 同上書, 30頁。
(49) Gilliatt, S., Fenwick, J. & Alford, D., "Public Services and the Consumer: Empowerment or Control?", *Social Policy and Administration*, 34-3, Blackwell, 2000, p.235.
(50) Dominelli, L., "Neo-liberalism, Social exclusion and welfare clients in a global economy", *International Journal of Social Welfare*, 8, Blackwell, 1999, p.240.
(51) *Ibid.*
(52) Moore, S., *Social Welfare Alive!*, Stanley Thrones, 1998, p.240.
(53) 松井二郎『社会福祉理論の再検討』ミネルヴァ書房, 1992年, 207頁。
(54) 丸尾直美「福祉ミックス社会とは何か」加藤寛・丸尾直美編『福祉ミックス社会への挑戦』中央経済社, 1998年, 3頁。
(55) 松井二郎, 前掲書, 208頁。
(56) Moore, S., *op.cit.*, pp.241-243.
(57) *Ibid.*, p.244.
(58) 中野いく子「社会福祉と公私関係」三重野卓・平岡公一『福祉政策の理論と実際』東信堂, 2000年, 69頁。

(59) 三浦文夫「在宅福祉サービスの概念枠組」『月刊福祉』1978年10月号, 全国社会福祉協議会, 1978年。
(60) 林博幸「地域福祉とニーズ論」右田紀久恵・井岡勉編『地域福祉　今問われているもの』ミネルヴァ書房, 1989年, 128頁。
(61) Mullard, M. & Spicker, P., *op.cit.*, p.67.
(62) 林博幸, 前掲論文, 136頁。
(63) 内橋克人『浪費なき成長』光文社, 2000年, 26頁。
(64) 同上書, 29頁。
(65) 糸賀一雄『福祉の思想』NHKブックス, 1968年, 67頁。
(66) Dominelli, L., *op.cit.*, pp.18-19.

第2節　福祉サービスの脱市場化
―― 福祉サービスから「社会福祉サービス」へ ――

　本章の冒頭では，わが国の構造改革期における福祉サービスの概念の特徴と問題点を整理した。構造改革は規制緩和をその主要な手段とし，福祉サービスの領域においても，措置から契約，提供者の多様化と競争への転換により，その市場主義的再編を進行させた。

　市場化という文脈から明らかになった福祉サービスの特徴と問題点を再度整理すると，第一に，「サービス」自体は普遍主義的なものと位置づけられながら，その対象は，「自立し，自己の責任において選択できる能力を持つ個人」と想定されている点がある。つまり，福祉サービスの利用者は「消費者」として位置づけられ，規制主体はその「保護」を，提供者はその「確保」を，そして購入者の選択による「質の評価」が求められるようになったのであった。これにより，サービスの性格とその利用・購入との間に齟齬や矛盾が生じるだけでなく，「対象者」が捨象されているということ，さらに，福祉問題の個人的問題への還元と，階層分化の危険性を生み出し，結局，社会保障・社会福祉の理念と矛盾することになると指摘した。

　第二の特徴は，地域単位での計画化やマネジメントと表裏をなす，提供者の多様化を通じた効率性の追求が導入された点であった。具体的には，行政によ

る福祉提供からの離脱と残余化,そして,福祉ニーズの理解に関する生活問題・社会問題としての視点を欠落させることである。

その結果,構造改革的福祉サービスは,私益の追求の一手段としての「福祉のサービス化」として位置づけられることになる。

ここでは,わが国の構造改革的福祉サービス＝市場主義的福祉サービスの問題点を,①公的部門の変質について,②効率性追求の一手段として位置づけられるケアマネジメントについて,③市場メカニズムへの「信仰」について,④「利用者」から「消費者」への変化について,の四点に絞って論じる。

第一に公的部門の変質についてである。

準市場は,規制主体としての公的部門,提供者としての事業者,購入者としての利用者,の三角関係が基本である。とりわけ,公的部門は直接的なサービスの提供を後退させ,規制主体としての役割に変貌を遂げた。

サービス提供におけるそれまでの公的部門の役割は,直接的,集権的なものであり,民業圧迫との誇りを免れなかった。しかし,わが国の措置制度への積極的評価にみられるように,それが国家責任の体現でもあるという側面を持っていた。古川孝順は,「国家責任」と「中央集権的・官僚主義的社会福祉システム」の差異性を指摘し,後者に対する批判は,「市民の生活保障に対する国家責任そのものの解除を求めるものではない」[1]と述べている。しかし,実際には,これらがセットとなって見直しの対象とされたのはすでにみたとおりである。規制緩和による集権的システムの改革と,公的責任は規制主体としての役割で果たしうるという構造改革が進められてきたのであった。

ところで,公的部門による規制は,福祉サービス提供体制の市場主義的再編が進行する以前から存在していた。政府規制は,経済的規制,独占禁止政策,社会的規制に分けられるが[2],わが国では政治システムやその過程に,消費者利益の代表が存在しないために,「消費者や利用者の利益が,規制政策において実質的に保護されない」[3]という特徴を持ち,それは規制緩和の対象を決定する過程においても同様の可能性があるという[4]。

それでは,「社会的規制」の対象に属する福祉サービスの領域では,どのよ

うに考えられているだろうか。2002年11月に公表された『政府規制等と競争政策に関する研究会報告書[5]』を手がかりに整理してみよう。

同研究会は,「社会的規制等ワーキンググループ」をおき,「今後わが国において競争原理の活用が最も期待される介護,医療及び労働の三分野について……その規制・制度のあり方について検討を行う」ものである[6]。同研究会は,過去のような需給管理を中心とした政府による事前規制は必ずしも必要ではないと主張する。その理由の第一に,情報開示を通じて(利用者による)提供者の選択が可能になること,第二に,需給管理の前提である個別分野の需要予測の困難性を挙げている[8]。したがって,規制そのものの縮小と事後規制の方法を基本として,イコール・フッティングを図ることが,規制主体としての公的部門の役割として位置づけられたのであった[9]。

そこで,公的部門に求められるその役割は,次の六点とされた[10]。

第一は,補助金や公設民営方式の活用による「すべての国民へのサービスの提供と競争の両立」である。第二は,広告の原則自由化など,情報提供体制の確立による「需要者によるサービスの適正な選択を可能とするための環境整備」である。特に,最小限の規制にとどめたとしても,利用者にとっては「特段の問題は生じない[11]」という。第三は,量的な側面,必要性の側面,代替性の側面から,「サービスの提供主体に係る許認可等の規制の見直し」を求めている。第四は,サービスの価格設定の基本的自由化を目標とする「サービスの内容や価格によるサービス選択を可能とする価格規制の緩和」である。サービスの質の面での改善や工夫が経営に直接反映されるようにすることで,効率性を高めることが可能とされた。第五は,サービスメニューを事業者が自由に決定できるような「業務規制の緩和」である。この場合の規制の対象は,「真に不適切なサービスの提供[12]」の禁止という観点から,現行規制を見直す必要があるという。そして,最後は「新規参入を促進するための既存事業者との公正な競争条件の確保」である。座長の宮澤健一は別稿において,社会的規制に経済的規制が過当混入している場合,その排除は競争政策の役割として重要であり,「規制と連立された市場(いわゆる"準市場")の領域が比重を増しつつある公

私ミックス社会では，問題の重要性は高まる」と述べ，効率性を重視する姿勢をみせている。

　以上のように，わが国における規制主体としての公的部門の役割は，経済活力の増進をもたらすとされる市場原理に対して事後規制を行うものへとシフトしつつある。これは規制の質的変化ともいえる。本来的な公共の論理は，「道徳」や「市場」では合意が得られないような資源配分問題についての決定を「よい権力」を用いて下すことであるという。しかし「よい権力」，すなわち規制のあり方が市場原理を信頼し，追認する方向へと変質することは，そのような問題が経済の論理に置き換えられ，包摂されていくことになる。そこに，公的部門が果たす役割の変質が持つ問題点があるといえよう。

　第二にケアマネジメントを中心とする管理主義化についてである。

　準市場化の特徴には，管理主義化の進行を見出すことができる。資源配分とニーズ充足を両立させるために，対費用効果が問題とされるようになった。その主要な手段として用いられることになったのが，ケアマネジメントの手法であった。このケアマネジメントの手法がいかなる問題を惹起するか，その本格的導入を行ったイギリスにおける先行研究を手がかりに検討してみよう。

　ケアマネジメントを定義することは一概に困難であるが，ペイン（Payne, M.）は，ニーズアセスメント，ケアプランの作成，ケアプランの実行，モニタリング，評価という流れから構成されていると整理し，それは常に，支出のコントロールという文脈から定義されてしまうことになっていると指摘する。

　また，クラーク（Clark, C.）は，中央政府が作成するアセスメントの準拠枠と，地方政府の対費用効果を重視する姿勢が，ニーズへの介入をもたらすことになったとし，複雑な要素や優先順位を持つケアに危険をもたらすことになると述べている。さらに，アセスメントや費用計算などに関する不適切な分析が，ケア計画の作成に不十分さをもたらすことになったとも指摘している。さらに，ケアマネジメントが想定するケアの要素は分割的に捉えることは可能であるが，実践は分割不可能という矛盾があるともいう。

　管理主義化によってもたらされた影響のもう一つに，中央政府のコントロー

ルの強化を挙げているものもある。資源量やサービス種類の規格化，標準化と効果測定の実施は，組織的規模を縮小させることから，「権限の『強さ』は減少させるかもしれないが，同時に規制の窓口を広げること[19]」にもなる[20]。

こうしてみると，予算統制だけでなく，ニーズ測定を含めた全般的管理主義化の進行が，中央政府レベルでの権限の強化と，実践レベルでの予算志向的（budget-led）サービス提供への変化が，人間生活を対象とする「ケア」に矛盾を生み出していることになるといえよう。

第三に市場メカニズムへの「信仰」についてである。

準市場の形成には当然のことであるが，市場メカニズムへの信頼が顕著にみられる。ルグラン（LeGrand, J.）の政策形成と，人間の動機づけと行動に関する所説は，人間の多様性を前提としながらも，マンデヴィル（Mandeville, B.）の「蜂の寓話[21]」を髣髴とさせる。つまり，アダム・スミス（Smith, A.）の「神の見えざる手」の思想につながる，「私悪すなわち公益」という発想が含まれている。

そこには自由を絶対視するイデオロギー的な傾向があり，必ずしも個々人の自由な決定の積み重ねが，予定調和的に新たなルールや信頼の形成を導くとは限らないという指摘がある[22]。さらに，コッタ（Cotta, A.）は，政治の優位性が資本蓄積の原理に侵食され始めると，「自己への配慮が市民の心を捉え，ついには政治的機能の独自な領域[23]」の減少につながると指摘している。

萱野三平は「資本の価値維持や外的部門の均衡にかかわる公理だけが保持され，住民の生存条件や権利にかかわる公理は積極的に廃棄される[24]」社会を全体主義国家とし，現在の世界の潮流を「社会政策的な介入国家から全体主義国家へ[25]」の流れと見る。つまり，予定調和的な市場メカニズムへの過度の信頼は，政治・行政機能の弱体化と変質をもたらすことになり，先に指摘した公的部門の役割の変質と密接な関連がみられるのである。

第四に「利用者」から「消費者」への変化についてである。

ここでは準市場の形成における「消費者」の問題について検討してみよう。

市場の主要なアクターである消費者は，自らの興味関心に従い，選択と決定

を下す。それによりサービスの提供者との対峙が初めて可能となる。つまり，選択の自由と自己決定，自己責任が要求されることになる。特に2001年施行の「消費者契約法」は，保護すべき主体としての消費者から，権利の主体への転換という方向性を持つものであり，「『取引者としての消費者』の対等性回復のための措置」[26]として位置づけられている。これらの持つ限界や問題点については，すでに多くの研究があるので直接言及しないが，本質的な問題の一つには，高度資本主義社会における消費者の位置づけがある。

　安田憲司は，現代社会において「生活する市民」を消費者として位置づけ[27]，「生活にかかわる領域に市場メカニズムを導入していく試みにより，市民の消費者としての側面は，ますます拡大するとともに，決定的になる」[28]という。そのうえで，市民を最終消費者として「生産と流通の過程で生み出されたすべての結果を，それがメリットであれ，デメリットであれ，最終的に受け取ることになる主体」[29]として位置づける。

　こうして福祉サービスの市場主義的再編の中で，その利用者には一定の限界が認められつつも，「賢い消費者」になることが求められる。そこでは主体的な選択と決定，そして責任を持つ個人が前提とされている。しかし，ジリアットら（Gilliatt, S., Fenwick, J. & Alford, D.）は，準市場の形成をともなう制度改革は「責任ある消費者」（responsible consumer）の登場を求めたが，彼らに対するエンパワメントはなされず，「消費者」として責任を持つ利用者は存在し得ないということを指摘している[30]。

　さらに，安田が述べているように，消費者は生産者との関係で成立するものであり，「最終的に受け取る」客体としての側面を持つ。高度資本主義社会における消費者には，その選択と決定，責任を果たすより以前に，ガルブレイス（Garbraith, J.）がいうところの欲望が生産に依存するようになる「依存効果」（dependence effect）[31]が存在する可能性を看過してはならない。市場における多様な提供者が，公的制度の枠外でのサービスを開発し，その購入を慫慂すると，依存効果をもたらしサービス利用の階層分化を促進させることになる。それはひいては，公的サービスの水準の切り下げをもたらしかねない。

つまり，一見すると主体的に行動するかのようにみえる「消費者」も，客体としての振る舞いを要求される場合が存在することになる。競争は，利用者に「選ばれる」側面と同時に，「選ばせる」側面をも持ち合わせているのであり，そこに福祉サービスにおける消費者主権，利用者主体の限界がある。「消費者」に咀嚼させる余裕を与えないままに進められる情報の開示や流通は，主体性を担保し得ないという本質的な限界を持つことになる。

このように，市場主義的福祉サービスがもたらす問題には，第一に，螺旋的な政治・行政機能の変質が私益の追求をもたらし，階層分化を生じさせる可能性があること，第二に，その「消費者」による選択や決定は，必ずしも主体的な判断に基づくものにはならず，むしろ客体としての「消費者」の側面を持つという限界があり，福祉サービスの利用において，主体性を強調した「消費者」は操作的概念にとどまるといえよう。

以上，市場主義的福祉サービスの主要な問題点として，行政機能の変質をともなう規制の質的変化と，測定不可能なニーズを計量化してサービスを提供することの困難性が，さらに主体的消費者という位置づけに限界を持つことを述べた。

以下では，これらの問題点を緩和し，「福祉サービス」から「社会福祉サービス」への再構成を試みる。

いうまでもなく，市場メカニズム自体は，たしかに自発性や創発性を通じて，個人の知識や行動を寄せ集めてくるコミュニケーションとしての機能を持ち[32]，生産と消費が市場と価格を通じて解決するという「奇跡」を起こす側面を持っている[33]。しかし，このような市場メカニズムの機能は，同時に限界を持つ。準市場の形成，あるいは福祉サービスの市場化における問題点は，まさに市場の持つ限界の顕在化であったといえよう。したがって，ここではそれらの緩和に焦点を当てて，脱市場化へ向けた方策を検討する。

なお，「脱市場」の「脱」の意味は，市場メカニズムを全否定する「非市場」や「反市場」のいずれをも意味しない。その意味は，市場原理の積極的側面に着目しつつ，生活の連続性や多様性，不確実性を持つ人間にとってもたら

される限界を緩和するという意味である。飯田経夫の言葉を借りれば,「狂気」を「飼い慣らす」(34)取り組みである。

　市場主義的福祉サービスの問題点には,規制主体である公的部門そのものの変質を背景とした規制の質的変化がみられること,提供者には,規制の質的変化にともなう実践レベルでの矛盾と,購入者(利用者)に対する操作的位置づけがみられること,さらにその消費における「主体性の揺らぎ」が予測されることが挙げられる。そこで,これらにおける問題点を緩和する方策を検討する。

　第一に,規制主体における問題点の緩和である。

　規制主体である公的部門は,国家を形成する主要な部分であり,その政策決定の方針から絶対的に自由ではあり得ない。また,基礎自治体レベルにおいても,わが国の場合,通知・通達や補助金による統制も存在し続けている。2003年4月から始まった支援費制度では,すでに補助金が不足している。税による補助金にしろ,社会保険方式による保険料収入にしろ,その配分水準は裁量に基づくものにならざるを得ない。

　このような状況に対応する方策の一つには,金子勝が「地方自治体が自己決定できる仕組み」と指摘する「分権化」が有効であるように思われる(35)。金子は,所得間格差の是正を中心とする集権的福祉国家体制から,ニーズの変化に対応する分権的・多元的システムへの移行を主張する(36)。そのためには,税財源も含めた分権化が必要であるとする(37)。ここでの金子の主張は,ナショナル・ミニマムの保障を分権化と代替させる二者択一的視点で捉えているが,ナショナル・ミニマムの確保と,地方の課税自主権も含めた各自治体(都道府県レベルから市町村レベルまで)の「ローカル・オプティマム」(地域ごとの最適状況)を上乗せしていく方法が重要であると思われる。この点で,「地方分権改革推進会議」が公表した「事務・事業のあり方に関する中間報告」(2002年6月)における「ナショナル・ミニマムから,ローカル・オプティマムへ」の移行の提唱とは異なる。「二者択一」の思考法ではなく,ナショナル・ミニマムを確保するための最低限の規制を中央政府が行ったうえで,独自に内容や質に関する規制を「ローカル・オプティマム」としての部分で,公共性の観点から行うことを可

能にするのが望ましい。さらに,「地方自治は民主主義の学校」と呼ばれるように,実質的な分権化は当該地域の住民による投票行動を通じた意思表明をもたらすことになり,行政と住民との民主的なパートナーシップが確立されることにもなる。

　第二に,提供者における問題点の緩和である。

　提供者は,競争を通じて購入者に対してサービスを提供する。それは人間に対して行われる,測定困難なケアである。準市場の原理では,消費者のニーズに対して応答的であることが求められているが,アセスメントやケアマネジメントとの関係は不明瞭である。それが実践レベルでの矛盾を生み出す原因になっている。さらに,行われる「競争」の性格が,コストとの乖離をめぐる競争や利用者の確保をめぐる競争であり,質そのものの競争を行うには至っていない。したがって,質の確保とその競争の促進策として,より一層の第三者評価と査察を行う必要があるものと考える。これにより,市場に生き残るための競争ではなく,質の向上をめざした競争が可能になると思われる。

　2002年よりイギリスでは,地方自治体が購入し,利用者に提供するサービスの効果を,独立機関である「社会サービス査察部」(SSI: Social Service Inspectorate)が,各自治体に対して「格づけ」(performance ratings:「星」の数で示される)を始めている。[38]この目的は,サービスの向上へむけた取り組みの精査と計画策定を行う「出発点」[39]であるとされている。わが国の場合,サービス提供者に対する評価は未発達であるが,このような手法の導入も検討の価値があるように思われる。

　第三に,購入者における問題点の緩和である。

　準市場のもとでは,購入者と利用者が一致している場合には,特に「消費者」として位置づけられ,その傾向は,わが国における福祉サービスにおいて顕著である。しかし,その位置づけの主体性には限界がある。そこで,その主体性の回復には,利用者を「消費者」としてではなく,「当事者」として措定しなおすことが有効であるように思われる。市場主義的福祉サービスの特徴は,利用者が契約の一方の「当事者」となる点にある。この位置づけを,契約的観

237

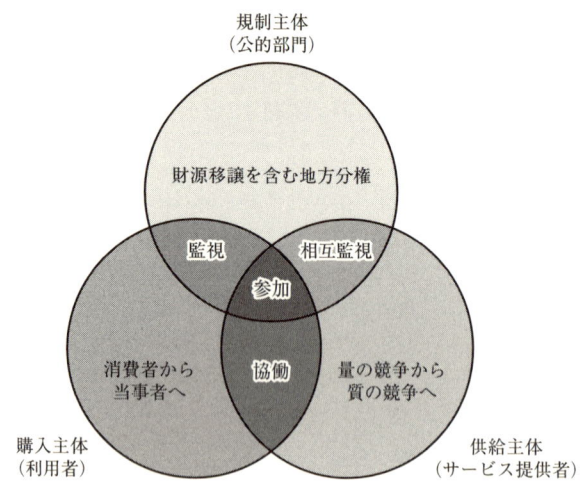

図5-1 準市場における「社会福祉サービス」提供体制

ベン図:
- 規制主体（公的部門）
- 購入主体（利用者）
- 供給主体（サービス提供者）
- 規制主体のみ: 財源移譲を含む地方分権
- 規制主体×購入主体: 監視
- 規制主体×供給主体: 相互監視
- 購入主体のみ: 消費者から当事者へ
- 供給主体のみ: 量の競争から質の競争へ
- 購入主体×供給主体: 協働
- 三者の中央: 参加

点からのものだけにとどめず，実際の利用にあたっての「当事者」の位置づけをより明確に打ち出すべきである。

　さて，準市場を形成する各主体が以上のような変化を遂げた場合，新たに構築しなおされる準市場の特徴は，次のようになる。

　すなわち，第一に，購入者（家族等を含めた利用者）から規制主体に対して，民主的統制を通じた「監視」が行われるようになる。規制主体としての公的部門は権力を持ち，市民の負託を受けて，それを行使する。したがって，規制のあり方に関して監視を行うことが求められる。

　第二に，提供者と規制主体の関係には，相互監視作用が機能することになる。提供者は，規制主体の規制のあり方や水準についての監視を，規制主体は，提供者のサービスの水準や質に関する監視を行うことになり，相互に牽制しあう。

　第三に購入者と提供者の関係は，購入者が「消費者」ではなく「当事者」となることで，その主体性の確保が容易になる一方で，提供者は質の向上を目指して利用者と協働することになる。そして，これらの関係を統合するのが，「参加」である。規制主体と購入者と提供者の間で，福祉サービスについてのコンセンサスを形成することが，その社会にとって望ましい福祉サービスのあ

り方を決定することになる。これを模式的に表すと，**図5-1**のようになろう。

　以上のように，市場主義的福祉サービスの限界を緩和し，「社会福祉サービス」として再構成すると，その中核には「参加」というキーワードが据えられる。

　基本的には，準市場を形成する各アクターの「緊張関係」が——特に，購入者と規制主体との間において——維持される点でも異なるが，市場主義的福祉サービスで最も欠如していた要素は，サービスのあり方について共通の土俵で検討するという「参加」の概念であったといえよう。規制者，購入者，提供者が互いに牽制しあいつつ，合意形成を通じて始めて「社会」という文脈から「福祉サービス」を捉えなおすことが可能になるのである。

　今までみてきたように，わが国に限らず，国民国家の近年における「社会」は大きく変容を遂げている。特に現在のわが国におけるその変容に対する無批判性，緊張感の表明やその機会の乏しさは，甚だ危険なものに映る。

　酒井隆史は，「小泉純一郎現象」が，「〈社会〉の衰退，あるいは解体の兆候」の象徴であると捉え，わが国におけるその衰退を分析している。彼は，社会権を闘争の末に獲得された，そしてそれゆえに安易に放棄してはならない「既得権益」であると位置づけ，その役割を「当該社会において周縁に追いやられる人びとを包摂し，統合しようという指向性を有していた」とする。それは「指向性」を有するがゆえに，いわば，社会的なるものと他の領域との間に，絶えざる緊張感を生み出していたはずであった。しかし，小泉首相に対する90％以上を記録した異常ともいえる支持率は，そのカウンターパワーを消滅させ，「調停すべき異質な力」の存在を構造的に希薄化したと指摘する。そして「改革なくして成長なし」，「痛みに耐えてよく頑張った」という小泉政権で語られるようになった「普遍的な装いをもって語られる数々の命題に対して，『誰が，誰の利益を代弁して語っているのか』」が問い返されなければならないと述べ，「社会」の様相の変化を，公共空間の変容から次のように分析する。

　すなわち，1990年代後半のニューヨークでみられた街頭における取締りの強化を「公共空間の私有化」，あるいは階層別の空間的「隔離」を，自発的公共

空間をつぶし，囲い込む「現代都市の要塞化のプロセス」と位置づける。この公共的空間の消滅，空間の分断化が，人々の水平的な交流を阻害するだけでなく，残余とみなされたものにはきわめて不寛容であるとし，排除の論理がもたらされつつあることを示唆する。そして，この社会における「殺菌」は人間の居場所を失わせ，「底なしの同調主義」へと導くことは，民主主義の存立根拠に動揺をもたらすと主張している。

同様の指摘は，齋藤純一によってもなされている。彼はネオリベラリズムによる社会国家の変容を，社会的連帯の空洞化と，人々の社会的，空間的分断化とみる。このような社会での「生命の保障」には，社会的連帯を「ナショナリズムのセメントで固める」か，「人々のニーズに対応する空間を国家から市民社会に戻す」か，という選択肢があるという。彼はこの選択肢のうち，いくつかの条件をつけ，後者に可能性を見出す。その条件とは，市民社会によるニーズの対応が，家父長制とインフォーマル資源の「下請け化」，そしてその活動の「非政治性」を強調した「日本型福祉社会論」のような「福祉社会」を回避する工夫を行うということである。

その工夫とは，国家統治への本質的な依存性が，人々の政治的力量の喪失を意味したことを念頭に，単なるシステムの変更ではなく，「政治的な脱―集権化」を指向する「多元的・分権的な自己統治＝自治」への移行の可能性を模索することであるという。ただし，この場合でも，従来型の強制的連帯を要求する社会国家のメリットが保持され，弱者の棄民化を回避するために，労働市場での競争に個人の能動性を要求しないことが必要であるという。

そのうえで，彼は社会連帯に必要な根本的な見方を提起する。すなわち，ナショナリズムの復興などではなく，生の自然的・社会的偶然性を認識すべきだと。確かに，自分「が」生きている，あるいは自分「で」生きていることは，生の一側面であるが，そこのみへの注目では，社会連帯の維持は困難であるというのである。

この「生」の偶然性を人間の関係性から捉えたのが，大川正彦である。彼は，人間の生が「互いの意図や善意を超えて，何らかの仕方でつながり，この共に

生きて在る場に巻き込まれている[53]」ところを出発点とする。しかし，それが現代においては「"私事化"」されているがゆえに，自己の運命を「不運」として受け入れざるを得ないか，それに抵抗するものは国家や市場から「余計者」とされ，関係性が剥奪されていくとする。しかし，生の「私事化」が幸運—不運を決め，関係性を規定することは本来政治的なものに由来するので，そこに生き難さや苦難が「聴き届けられる余地」[54]が生まれると指摘する。そして，このような「余地」は，初めて人間の関係性（〈〈あいだ〉〉）を認める社会の形成によって可能になると主張するのである[55]。

本書における「社会」の構想，あるいは社会的文脈からの福祉サービスの再構成は，以上のような視点を含むものである。相互の緊張感や牽制を通じた合意形成は，「私―あなた」の関係にとどまらず，「私―われわれ」の関係を構想するものである。そして「参加」を中核に据える場の設定は，「聴き届けられる余地」を保障するための装置である。つまり，「社会」が経済の論理で解釈されるのではなく，そこで生きる人間存在に注目し，その解釈が一定の「冗長性」（redundancy）[57]のもとに行われるものである。

フロム（Fromm, E.）は，その著書『生きるということ』（1976年）の中で，現代を「人間を不健康にして初めて健康な経済が可能になる」時代であるといった[58]。彼の指摘が，今でも実感をもって受け止められるならば，ほぼ30年のあいだ，われわれは何をなしえてきたのだろうか。今こそ，「社会」の本質を見極め，新しい時代の「社会福祉サービス」のあり方が模索される時ではないだろうか。

(1) 古川孝順『社会福祉のパラダイム転換　政策と理論』有斐閣，1997年，89～90頁。
(2) 堀要『日本政治の実証分析　政治改革・行政改革の視点』東海大学出版会，1996年，184頁。
(3) 同上書，186頁。
(4) 同上書，190頁。
(5) 公正取引委員会・政府規制等と競争政策に関する研究会報告書『「社会的規制分野における競争促進のあり方」について』公正取引委員会事務総局，2002年11月20日。

(6) 同上，1頁。
(7) 同上，2頁。
(8) 同上。
(9) 同上，3頁。
(10) 同上，4～7頁。
(11) 同上，5頁。
(12) 同上，7頁。
(13) 宮澤健一「消費者自立の経済学――"保護"から"自立"へ，法制と経済システム」『国民生活研究』第42巻第3号，国民生活センター，2002年，10頁。
(14) 金泰昌・佐々木剛『公共哲学6 経済から見た公私問題』東京大学出版会，2003年，107頁。
(15) Bornat, J., Johnson, J., Pereira, C., Pilgrim, D. & Williams, F., *Community Care: A Reader*, Palgrave, UK, 1997, p.284.
(16) Clark, C. & Lapsley, J., *Planning and Costing Community Care*, Jessica, UK, 1996, p.158.
(17) *Ibid.*, p.159.
(18) *Ibid.*, p.158.
(19) Cochrane, A., Clarke, J. & Gewirtz, S., *Comparing Welfare States*, Sage, UK, 2001, p.103.
(20) 堀要，前掲書，187頁。
(21) Mandeville, B., *The Fable of the Bees: or, Private Vices, Publick Benefits, Part II*, J. Roberts, 1729, 泉谷治訳『蜂の寓話』法政大学出版局，1985年。
(22) 桂木隆夫『市場経済の哲学』創文社，1995年，64頁。
(23) Cotta, A., *Le Capitalisme dans tous ses états, Librairie Artheme*, Fayard, 1991, 斉藤日出治訳『狼狽する資本主義』法政大学出版局，1993年，108頁。
(24) 萱野三平「全体主義的縮減」『現代思想』第30巻第15号，青土社，2002年，100頁。
(25) 同上論文，100～101頁。
(26) 宮澤健一，前掲論文，2頁。
(27) 安田憲司「消費者問題アプローチの可能性に関する一考察」『国民生活研究』第41巻第3号，国民生活センター，2001年，29頁。
(28) 同上論文，30頁。
(29) 同上論文，31頁。
(30) Gilliatt, S., Fenwick, J. & Alford, D., "Public services and the consumer: Empowerment or control?", *Social policy and administration*, 34-3, 2000, p.333.
(31) ガルブレイス／鈴木哲太郎・都留重人訳「ゆたかな社会」『ガルブレイス著作集』2，TBSブリタニカ，1980年，157頁。
(32) Samuelson, P., *Economics 10th edition*, McGraw-Hill, 1976, 都留重人編『サムエ

ルソン経済学(上)　原書第10版』岩波書店，1979年，72頁。
(33)　同上書，73頁。
(34)　飯田経夫『経済学の終わり　「豊かさ」のあとに来るもの』PHP 新書，1999年，112頁。
(35)　金子勝『反グローバリズム　市場改革の戦略的思考』岩波書店，2000年，125頁。
(36)　金子勝「自己決定権と社会的共同性」『現代日本のパブリック・フィロソフィ』新世社，1998年，186頁。
(37)　所得税の基礎税率部分の地方への移し変え，税率操作権の付与と，同額の補助金の削減などを提案している。同上論文。
(38)　Social Services Inspectorate, *Performance Ratings for Social Services in England*, Department of Health, 2003.
(39)　*Ibid.*, p.2.
(40)　酒井隆史「失われゆく『社会』ネオリベラリズム改革が踏みつぶすもの」『世界』第693号，岩波書店，2001年，59頁。
(41)　同上論文，60頁。
(42)　同上論文，61頁。
(43)　同上論文，63〜64頁。
(44)　同上論文，65〜66頁。
(45)　同上論文，65頁。
(46)　同上論文，66頁。
(47)　齋藤純一『思考のフロンティア　公共性』岩波書店，2000年，83頁。
(48)　同上書，84〜85頁。
(49)　同上書，85〜86頁。
(50)　同上書，86〜87頁。
(51)　同上書，87頁。
(52)　同上書，88頁。
(53)　大川正彦『思考のフロンティア　正義』岩波書店，1999年，98頁。
(54)　同上書，99頁。
(55)　同上。
(56)　同上書，104頁。
(57)　航空機の安全設計の一つ。同一機能を持つ装置を複数備えることによって，問題が生じても安全性を確保できる。ここでは，他者との関係性，「聴き届けられる余地」の確保が，根本的な人間存在を照射することになるという意味で用いた。
　　　全日空広報室編『エアラインハンドブック Q&A100――航空界の基礎知識』ぎょうせい，2000年，179頁。
(58)　Fromm, E., *To Have or To Be?*, Harper & Row, 1976, 佐野哲郎訳『生きるということ』紀伊国屋書店，1977年，235頁。

終 章
「社会福祉サービス」の構築にむけて

本書では，わが国における福祉サービスの位置づけの変化を踏まえたうえで，1990年代以降の「構造改革期」における福祉サービスの準市場化について考察してきた。

　そこで明らかになったことの一つには，対象領域による差異はみられるものの，基本的には「共助と自助」の関係への焦点化と，「公助」の残余化がみられることであった。市場原理への一面的な信頼が行政機能の変質をもたらし，社会の中で生きる人間の関係性が「経済的なるもの」の文脈から翻訳される点に，わが国の福祉サービスの市場化の問題がある。

　昨今のわが国における市場原理に対する信頼は，政治的には新自由主義の先鋭化とみることができる。その始祖ともいうべきフリードマン（Friedman, M.）は，「自由社会における政府の役割」（"The Role of Government in a Free Society"）という論文の中で，政府の役割は「市場」が行えない「ゲーム」における裁定，調停，ルールの強制にとどめられるべきだとした。[1]「国家の政策介入は失敗するのが常だから市場経済の活力に任せ」[2]，国家や行政の役割は最小限にとどめるべきだという新自由主義の「信念」は，わが国において「構造改革」と命名された。そして，その一環として進められている福祉サービスの準市場化には，本質的に市場原理の暴力性が内包されていることを忘れるべきではない。市場メカニズムの自律性に信頼を寄せ依存する，わが国における規制の不十分な準市場の形成は，一般的市場の形成と大差がない。

　わが国の社会福祉は「国家福祉」を中心として展開されてきた。それは主導的，一方的な福祉提供体制であり，限界や問題を持つものであった。しかし，積極的側面に目を転ずれば「国家」対「国民」という図式が成立する余地があり，「社会的なるもの」と「政治的なるもの」との間に緊張関係が生まれる特徴があった。しかし，「政治的なるもの」が「社会的なるもの」との対峙を止め，「経済的なるもの」に双方が取り込まれていく構造改革期のわが国「社会」は，その関係を「経済」対「生活」の次元へと追いやることになる。このような動きは，階層分化を通じて連帯感を喪失させることになる。「政治的なるもの」の姿が希薄化されればされるほど，「その成員が共有する国家像」は

終　章　「社会福祉サービス」の構築にむけて

消滅し,「われわれ」の「〈あいだ〉」にある国家の存続を危うくする。さらに,人間生活を根本で支える福祉サービスでの「国家像」の消滅は,公権力と対峙する人権という図式も希薄化させ,基本的人権の保障という福祉の根本的理念との間に矛盾をもたらすことになる。

　日常生活や福祉サービスの提供における個別的,場面的人権侵害は,問題として取り上げられることが多くなった。例えば,新聞を開き,ワイドショーを見れば,毎日のように高齢者虐待や児童虐待のニュースが目に飛び込んでくる。これらへの社会的関心の高まりや法整備は喜ばしいことであり,苦言を呈するつもりは毛頭ない。しかし,その一方で,国家と国民の間で保障される人権の存在から目を逸らさせてはいないだろうか。つまり,昨今のわが国における市場主義的福祉サービスの展開は,「国民」の枠組みから「個人」への枠組みへと,その対象を変化させることで,公権力と対峙する集合的な人権を希薄化するという帰結をもたらしている。

　以上のような問題点を持つ「福祉サービス」への対抗戦略として,本書では,「参加」というキーワードを中核に据える「社会福祉サービス」の構想を提示した。これは準市場を形成する各主体間で緊張関係を維持しながらも,「参加」による共同作業を通じてそのあり方についてコンセンサスを形成していくねらいを持つ。その具体的な方策には,以下が考えられる。

　第一に,購入主体から規制主体に対する「監視」のあり方である。現在のところ,わが国では規制主体に対する監視は制度化されていない状況である。海野八尋も指摘するように,改革には,法的・行政的措置に国民を組む込むことが必要であり,官に対する官の行政監察制度ではなく,国民による行政監察制度を設けることも一考に値する。ただし,監察には専門的知識が必要とされることが多く,一定の限界は生じることになろう。そこで,第二に,政策への意思表明の手段として,施策への投票によって意思表示を行うプレビシット（Plebiscit）,採択された法案の可否の投票を行うレファレンダム（Referendum）,国民による発案を可能にするポピュラー・イニシアティヴ（Popular Initiative）などの導入も必要となるだろう。

第二に，提供者と規制主体との相互監視である。提供者から規制主体への監視には，サービス提供に関する規制が，不合理で硬直的なものになっていないかを，個々の事業者という立場ではなく，当事者の立場から吟味する仕組みが必要である。例えば，業界の横断的組織化による圧力団体の形成が，当面有効になると思われる。また，規制主体から提供者への監視は，地方分権の推進とあいまって，各自治体にイギリスのような「査察部」を設け，サービスの提供方法や質に関する査察を行うべきである。現在の苦情解決システムは，当事者の一方であるサービス提供者や，自治体以外の社会福祉協議会などが中心的な役割を果たしているが，これを直接的に行政が受理し，行政の中立性，責任性を生かして査察するシステムへ転換すべきである。

　第三に，購入者と提供者の間における「協働」の方策である。サービス提供者の量から質をめぐる競争への転換は，購入者（利用者）の，よりよいサービスを利用したいという利害と一致し，協働の余地が生まれる。質をめぐる競争を促進するためには，まず，サービスに関するミニマム・スタンダードを必要とする。そのうえで，契約段階における「消費者」から，サービスの「当事者」への変化によって，その利用に関して法的な意味のみならず，現実世界において「対等な立場」に立つことが可能になる。「苦情」の発生に「耳を貸す」だけでもなく，あるいは苦情に敏感になるだけでもなく，常に自らの提供したサービスに関する評価のフィードバック・システムを構築する必要がある。これはいうまでもなく，専門職倫理とも一致するものであるが，[7]対等性を兼備したシステムとして構築するところに意義があるものと思われる。サービスの利用者と提供者とが共同作業によって，より望ましいあり方を追求することが強く求められているのである。

　在原理恵は，利用者とサービス提供者の関係が，自己決定や選択と呼ばれることを通じて「点数化できる機能としてしか対面できない」場合，双方ともに疎外されかねないとして，「応答しあう中に生じる権利」の大切さを訴える。[8]この「権利」の実現には，双方が「当事者」となることによって，在原のいう「応答しあう」ことへの突破口を開くことが可能になるものと思われる。

終　章　「社会福祉サービス」の構築にむけて

　さらに，各主体間の関係の再構築は，最終的に三者が共通の土俵にのぼり，サービスのあり方を検討する「参加」の場を必要とする。ここでいう「参加」とは，その本来的意味である「政治参加としての住民参加」の要素をも含むものである。この場は，物理的な場でなくともかまわない。全般的状況や，発生した問題に対する意見や苦情，対応について三者がその情報を共有し，それについて意見を交換できる場ということである。

　以上，本書では，市場主義的「福祉サービス」の問題点を把握したうえで，「参加」をキーワードとした「社会福祉サービス」への止揚を試みたが，今後の課題を二点述べて，結びとしたい。

　その第一は，制度の動向に関する追跡的研究である。特に，支援費制度の展開に関する実証的分析が必要である。本書では限られたデータからの分析となったが，費用徴収の方法や財源，マネジメントのあり方など，介護保険制度と異なる点が多い。障害者自立支援法をめぐる動向にも注目しつつ，これらについての検討がさらに必要である。今後も，より具体的なデータや実態の分析から，新たな問題点の提起を行いたい。第二に，「社会福祉サービス」における「参加」の問題である。消費者主権から当事者参加への転換の必要性を述べたが，その質的・方法的差異の整理・分析までには至らなかった。今後は，消費者主権論の登場と背景，福祉サービスに関する当事者運動の系譜やそのメカニズムの分析から，具体的な差異を明らかにし，「社会福祉サービス」における「当事者参加」の概念の緻密化という課題が残された。これらについては，他日に稿を改めて論じることとしたい。

(1) Phelps, E., *Private Wants and Public Needs: An introduction to a current issue of public policy*, Norton, USA, 1965, p.108.
(2) 岩田年浩『資本主義経済の不安定性と分配問題――理論と実証』学文社，2003年，130頁。
(3) 関曠野「近代租税国家の欺瞞」『現代思想』第30巻第15号，青土社，2002年，134頁。
(4) 芦部信喜『憲法』岩波書店，2001年，79頁。
(5) 海野八尋「規制緩和，構造転換論では答えは書けない」『世界』第646号，岩波書

店，1998年，122頁。
(6)　落合忠士『民主政治の理論と展開』博文社，1975年，224頁。これらの方策は「間接民主制の欠点を補完する」ものである。
(7)　例えば，「日本社会福祉士会倫理綱領」には，専門職としての責務の一つに「援助方法の改善向上」が，「日本介護福祉士会」の倫理綱領には，サービス提供にかかわる「専門職としての責任」が，それぞれ明記されている。
(8)　在原理恵「『自己決定』概念の再検討――変革期にある社会福祉への一視角」『社会福祉』第41号，日本女子大学社会福祉学科，2000年，174頁。
(9)　児島亜紀子「社会福祉学における参加論の系譜と利用者参加概念の発展(I)」『長野大学紀要』第20巻第2号，1998年，7～8頁では，「参加」の意味合いの変質と背景について整理されている。最近の「ボランティア」の流行をみるにつけ，筆者も氏と同様の思いを抱かざるを得ない。

あ と が き

　新世紀の到来が夢をもって語られ，期待と不安が交錯する中で迎えた幕開けは，まぶしい光に包まれていただろうか。
　21世紀，バブルの絶頂から一転してどん底に叩き込まれたわが国では，「痛み」がもたらされることのない立場の人間が，「痛み」に耐えることを要求している。「規制緩和」や「構造改革」という言葉が飛び交い，度重なる「リストラ」は，はじめのうちは深刻に受け止められていたが，いつしかなんとも思わなくなっている。都会では巨大なビルが林立し，相も変わらずブランドショップがオープンするとなれば，怪しげな人々の行列ができる。街を歩けば，携帯電話を片手に人々は闊歩し，店を覗けば「犬用おせち　2万円」などと展示している。
　一方，自殺者は増え続け，「ネット心中」が頻発し，「ホームレス」は，生活の場をさらに失う。腰の治療を受けるにもかかわらず，病院代を捻出するために，タクシー代がもったいないといって徒歩で病院に行く高齢者。
　これが，夢見た21世紀の姿なのだろうか。どこか倒錯していると思うのは，筆者一人だけではあるまい。
　そして，福祉サービスの領域でも，同様の「倒錯」が起こりつつある。本書では，わが国で1990年代後半から加速度的に進行した福祉サービスの市場化の問題を中心に考察を進めてきた。その問題の根本には平板な人間観と，彌縫策でよしとする考えがある。これらは，多様な人間の多様な生活を寛容に認め，支えていくという福祉の考え方とは，本来的に相容れないはずである。
　ところで，その寛容さは，他者を「信頼」し，「安心」するところから出てくるものであろう。アメリカで起こった少年による銃乱射事件を扱った映画『ボウリング・フォー・コロンバイン』（監督：マイケル・ムーア，2002年公開）

では，人々が不安や不信を「植え付けられて」いることに，事件の本質的背景があるとした。不安や不信が増幅「させられる」社会は，ますます分断化の一途を辿り，「福祉」の存在意義を遠ざけていく。

21世紀の福祉サービスなどといえば聞こえはいいが，冷静にみれば，むしろ反動的ですらある。しかし，われわれは悲観する必要はない。先達の努力を思い起こせば，ゆり戻せる可能性がある。本書ではその一つの方策として，多様な人間の多様な生き方を表明する装置を持つ「社会福祉サービス」の構想を提示した。まだ詰め切れていない部分や，誤りもあるかもしれないが，それはひとえに筆者の責任であり，忌憚のないご指摘とご批判をいただければ幸いである。今後も引き続き研究を重ね，より実効性のある「社会福祉サービス」の構築に向けて取り組む所存である。

なお本書は2004年9月に北星学園大学から学位授与された博士学位論文『福祉サービスにおける準市場化の考察』に加筆・修正を加えたものであるが，本研究を進めていくにあたって，実に多くの方々にお世話になった。以下にそのお名前を記して，感謝のしるしとしたい。

まず，学部のゼミ以来，一貫してご指導をいただいた松井二郎教授には，学問や研究，教育に対する真摯な姿勢や，お人柄からも，多大な影響を受けた。出会いが人を左右するというが，よき師に出会えたことは，一生の宝である。心から御礼申し上げたい。

さらに，博士課程在学中に在職していた帯広大谷短期大学の同僚諸氏および現在の職場である北星学園大学社会福祉学部の同僚諸氏にはご批判，ご助言，そして励ましをいただき，感謝にたえない。

また，実習巡回を通じてお会いすることのできた現場の方々からは，現場ならではの苦悩や苦労を伝えていただいただけでなく，「熱い胸」を持ち続けるエネルギーをもいただいた。現場を知り，実感をもって制度・政策を理解することの大切さを教えられた。

そして，筆者の「周り」にいる家族にも御礼を言いたい。2001年の夏に亡くなった祖父は，生前，「小泉が厚生大臣のときからおかしくなった，今度，総

　　　　　　　　　　　　　　　　　　　　　　　　　　　　あとがき

理大臣になったら何が起こるか分からない」と言っていた。生活実感から喝破されたこの言葉は，研究を進めていくうえでの大きな原動力となった。妻の朝子は筆者の進学についても，本書の執筆についても，迷うことなく受け入れ，励ましてくれた。本当にありがとう。加えて，わが家の飼い猫〈チルチル〉は，執筆中にノートやキーボードの上に乗り，進捗に当たって多大な影響を与えたが，同時に癒しも与えてくれた。猫の手は借りられなかったが，その「存在」には，ほっとさせられた。

　さらに，本書執筆中に長女の希和子がこの世に生を受けた。筆者にとって新たな，そして大切な「〈あいだ〉」の始まりであり，その健やかな成長を願わずにはいられない。

　こうした人々の「〈あいだ〉」の中で生きられたことは，忘れられない。出会えた方々に，もう一度，深く感謝を捧げたい。

　最後になるが，本書の刊行に当たって多大なるご尽力をいただいたミネルヴァ書房の小室まどか氏，戸田隆之氏にも深謝申し上げる次第である。

　幼い頃には遠い未来のことのように思えた「21世紀」に，今，われわれは生きている。そして，まだその大部分は，残されている。人間の進歩と発展の可能性を信じつつ，ひとまずこれでペンを擱くこととしたい。

2006年3月

　　　　　　　　　　　　　　　　　　　　　　　　　　　佐橋　克彦

索　引

ア　行

相澤與一　*14*
浅井春夫　*219*
在原理恵　*248*
飯田経夫　*236*
イコール・フッティング　*90*
石山眞男　*191*
依存効果(dependence effect)　*234*
市川一宏　*11*
糸賀一夫　*225*
イネーブラー(enabler)　→条件整備主体
ウェイン(Waine, B.)　*88*
ウォーカー(Walker, A.)　*69*
鵜崎明日香　*190*
内橋克人　*43*
馬渡尚憲　*73*
英国病　*64, 65*
エストリン(Estrin, S.)　*73*
X効率　*84*
NHS及びコミュニティケア法　*67*
NPM(New Public Management)　*67*
円高不況論　*28*
「エントリー戦略」　*192*
応能負担方式　*118, 173*
大川正彦　*240*
岡崎祐司　*91*
長田浩　*214*

カ　行

介護認定審査会　*133*
介護報酬単価　*120, 121, 167*
介護保険制度　*211*

「改定3カ年計画」　*50*
皆保険・皆年金体制　*20*
垣内国光　*115*
樫原朗　*90*
勝又壽良　*28*
「活力ある福祉社会」　*29*
　　　　——の建設　*32*
カトラー(Cutler, T.)　*88*
金子勝　*236*
萱野三平　*233*
ガルブレイス(Garbraith, J.)　*234*
官製市場　*50*
管理主義化　*232*
官僚制　*186*
機関委任事務　*16*
擬似市場　*89*
岸田孝史　*145*
「規制改革推進3カ年計画」　*48-50*
「規制改革推進3カ年計画(再改定)」　*51*
「規制改革の推進に関する第1次答申」　*49*
「規制改革の推進に関する第2次答申」　*49, 50*
逆選択　*122*
キャッチアップ路線　*22*
「救済ならびに福祉計画の件」　*16*
「95年勧告」　→「社会保障体制の再構築」
居宅生活支援費　*152*
クラーク(Clark, C.)　*232*
クラーク(Clarke, J.)　*197*
「グリフィス報告」　*67*
ケアマネジャーの非中立性　*126*
「経済財政運営と構造改革に関する基本方針」
　(「骨太の方針」)　*48, 52*
経済財政諮問会議　*48*

254

索　引

「経済」対「生活」　246
契約入所方式　101, 102
ケンドール(Kendall, J.)　78
減免三原則　135
公助　246
「厚生行政の長期構想」　23
構造改革的福祉ミックス　222
購入と提供の分離　165
高齢化社会＝危機論　35
「高齢者保健福祉推進十カ年戦略(ゴールドプラン)」　38
「声」(voice)　79
顧客満足度　199
小島廣光　191
「50年勧告」→「社会保障制度に関する勧告」
「国家」対「国民」　246
国家福祉　246
国庫補助金制度　187
コッタ(Cotta, A.)　233
駒村康平　89, 126
『コミュニティケア白書』　68
小室豊允　198
「これからの社会福祉──低成長下におけるそのあり方」　34
「今後の社会福祉のあり方について」　37

　　　　　サ　行

サービス　214
財政危機宣言　30
財政健全化目標　46
財政構造改革　2, 210
財政構造改革会議　47
『財政構造改革白書』　56
在宅福祉サービスの戦略　222
齋藤純一　240
酒井隆史　239
サッチャー(Thatcher, M.)　64, 65
サッチャリズム　38

佐藤進　148
参加　238, 249
「3カ年計画」→「規制改革推進3カ年計画」
産業の空洞化　44
「三割自治」　187
私悪すなわち公益　233
「シーボーム報告」　222
支援費基準単価　166
支援費制度　144, 145
支援費制度運用向上委員会　159, 177
支援費単価　151, 152
自己責任　56, 211, 226
自己責任原理　211
市場主義的福祉サービス　230, 236
市場の失敗　85
市場メカニズムの活用　210
施設訓練等支援費　152
児童居宅支援　147
児童デイサービス支援費　152
「市民憲章」(Citizen's Charter)　66, 80
「社会救済の件」　16
社会サービス査察部　237
「社会福祉改革の基本構想」　37
社会福祉基礎構造改革　118, 212
「社会福祉基礎構造改革について(中間まとめ)」　212, 213
社会福祉サービス　226
「社会福祉施設緊急整備5ヵ年計画」　23
社会福祉実践　200
「社会福祉の基礎構造改革について」　212
「社会福祉の基礎構造改革について(主要な論点)」　57, 213
社会福祉法人　188
社会保障構造改革　61, 210
「社会保障構造改革の方向(中間まとめ)」　3, 55
社会保障推進の原則　54
「社会保障制度に関する勧告(50年勧告)」　17
「社会保障制度の総合調整に関する基本方策に

255

ついての答申および社会保障制度の推進に関する勧告(62年勧告)」 21
「社会保障体制の再構築(95年勧告)」 2, 54
「社会保障の理念等の見直しについて」 54
「重点6分野に関する中間とりまとめ」 49-51
準市場(Quasi-Market(s)) 4, 8, 67, 73-75, 231
　——の原理 93
　——の成功条件(conditions for success) 75
「障害者ケアガイドライン」 158
障害者ケアマネジメント 159, 161
消極的クリームスキム 115
条件整備主体 68, 90
冗長性(redundancy) 241
消費者契約法 234
ジリアット(Gilliatt, S.) 219
自立した個人 218, 219
「新経済社会7ヵ年計画」 36
身体障害者居宅支援 146
身体障害者施設支援 146
新藤宗幸 19
Super-purchaser 77
杉山隆一 145
スピッカー(Spicker, P.) 218
スミス(Smith, A.) 233
「生活困窮者緊急生活援護要綱」 16
生活保護法(旧) 16
生活保護法(新) 18
生産性効率 79, 157
精神薄弱者福祉法 20
成長戦略 193
制度からのクリームスキム 157, 161, 168, 179
『政府規制等と競争政策に関する研究会報告書』 231
世代間の不公平 45
専門職支配 200
総合規制改革推進会議 48
「増税なき財政再建」 31, 32, 36

ソーシャルワークにおける価値 205
措置＝生存権パラダイム 19
措置制度 3, 19, 117, 147, 148

タ 行

「第1次答申」→「規制改革の推進に関する第1次答申」
大競争時代 43, 44, 46
大衆資本主義(Popular Capitalism) 65
高澤武司 11
竹内健蔵 91
武智秀之 190
田多英範 17
田中亮治 189
田邉泰美 90
短時間勤務保育士 101
小さな政府 31, 35
知的障害者居宅支援 146
知的障害者施設支援 146
知的障害者地域生活援助支援費 153
「中間とりまとめ」→「重点6分野に関する中間とりまとめ」
直行直帰方式 137
通達行政 187
DIY(Do It Yourself)精神 65
提供者と購入者の分離 68, 75
定着戦略 192
テイラー－グッビー(Taylor-Gooby, P.) 72
定率応益負担方式 172
「出口」(exit) 79
デジタル・デバイド(情報格差) 134, 160
遠山嘉博 64
ドミネリ(Dominelli, L.) 226
ドラッカー(Drucker, P.) 192
トリクルダウン(trickle-down) 66
取引費用 77, 122

ナ 行

生の自然的・社会的偶然性　240
ニーズ論　223
2002年の「骨太の方針」　52
2003年の「骨太の方針」　53
日本型福祉社会論　31, 33, 35, 36, 60, 240
日本列島改造論　20
人間の関係性(〈あいだ〉)　241

ハ 行

バートレット(Bartlett, W.)　4, 68, 72, 122
バブル景気　28
林博幸　224
バラマキ福祉　33, 60
PFI(Private Finance Initiative)　104
PDV(Positive Discriminatory Voucher)　84
非営利組織　191, 192
非貨幣的ニード(ズ)　34, 223
非「自立した個人」　220
平岡公一　68
ビルト・イン・スタビライザー　21
広井良典　89
廣末利弥　202
複合不況　43
福祉元年　23, 60
福祉サービス　10, 11, 215
福祉サービスの概念　217
福祉サービスの市場化　3, 62
福祉三法体制　17
福祉市場　216
「福祉社会憲章(私案)」　29, 35
福祉の(一般的市場における)サービス化　225, 230
福祉の中流階層化　86
福祉ミックス論　220
福祉見直し論　34
福祉六法体制　22

福田素生　103
ブトゥリム(Butrym, T.)　205
フリードマン(Friedman, M.)　246
フリン(Flynn, R.)　78
古川孝順　14, 16, 148, 189, 230
ブレア(Blair, T.)　67
プレビシット(Plebiscit)　247
フロム(Fromm, E.)　241
ペイン(Payne, M.)　232
保育所運営費　108
保育料　108
ホイズ(Hoyes, L.)　88
報酬単価　120, 121, 124
ホームヘルプサービス　134
(ホームヘルプサービスの)「不適正事例」　134, 137
星野信也　11
母子福祉法　22
ホテルコスト　125
「骨太の方針」→「経済財政運営と構造改革に関する基本方針」
ポピュラー・イニシアティヴ(Popular Initiative)　247

マ 行

前田繁一　187
松井二郎　220
マンデヴィル(Mandeville, B.)　233
ミーンズ(Means, R.)　88
水野博達　124
ミッション　193
宮田和明　14
民営化　64
民間営利組織　193
ムーア(Moore, S.)　221
ムラード(Mullard, M.)　218
メイジャー(Major, J.)　66
モラルハザード　122

ヤ 行

安田憲司　*234*
山口泰弘　*190*
要介護認定　*119, 120*
予算志向的(budget-led)サービス提供　*233*

ラ 行

利用者補助　*150, 158*
利用者補助方式　*165, 171*
臨時行政調査会(臨調)　*31*

ルグラン(LeGrand, J.)　*4, 68, 72, 73, 75, 77, 80, 91, 94, 122, 183*
レーガノミクス　*38*
レファレンダム(Referendum)　*247*
老人医療費支給制度　*23*
老人医療費(の)無料化　*30, 31*
老人福祉法　*22*
老人保健法　*37*
ローカル・オプティマム　*236*
ローズ(Rose, R.)　*220*
「6項目要求」　*18*

〈著者紹介〉

佐橋　克彦（さはし・かつひこ）

1974年　生まれ
2003年　北星学園大学大学院社会福祉学研究科社会福祉学専攻博士（後期）
　　　　課程単位取得満期退学
2004年　北星学園大学大学院社会福祉学研究科博士（社会福祉学）
　　　　北星学園大学社会福祉学部福祉計画学科専任講師を経て
現　在　北星学園大学社会福祉学部福祉計画学科准教授
専　門　社会福祉理論，社会福祉政策
主著・論文　「『準市場』の介護・障害者福祉サービスへの適用」『季刊社会保障研究』第44巻第1号，国立社会保障・人口問題研究所，2008年
「変容する福祉サービスと『新しい公共』」『社会政策』第5巻第1号，ミネルヴァ書房，2013年
「福祉サービスの契約化・多元化時代における社会福祉法人の役割」『月刊福祉』第97巻第13号，全国社会福祉協議会，2014年

MINERVA社会福祉叢書⑰ 福祉サービスの準市場化 ——保育・介護・支援費制度の比較から——	
2006年3月30日　初版第1刷発行 2016年3月30日　初版第3刷発行	検印省略
	定価はカバーに 表示しています
著　者　佐　橋　克　彦 発行者　杉　田　啓　三 印刷者　中　村　勝　弘	
発行所　株式会社　ミネルヴァ書房 607-8494 京都市山科区日ノ岡堤谷町1 電話代表（075）581-5191番 振替口座01020-0-8076番	
ⓒ 佐橋克彦，2006	中村印刷・新生製本
ISBN978-4-623-04545-7 Printed in Japan	

MINERVA 社会福祉叢書

㊻ **中国の社会福祉改革は何を目指そうとしているのか**
● 社会主義・資本主義の調和
沈 潔著
三二〇頁・本体六五〇〇円

㊼ **社会福祉実践における主体性を尊重した対等な関わりは可能か**
● 利用者——援助者関係を考える
児島亜紀子編著
二八八頁・本体五〇〇〇円

㊽ **準市場の成立は高齢者ケアサービスを変えられるか**
● 日韓の比較実証分析
李 宣英著
三〇〇頁・本体七五〇〇円

㊾ **ケースマネジメントによる子育て支援コーディネート**
● 効果的なサービス提供のために
平田祐子著
二五二頁・本体六五〇〇円

㊿ **ソーシャルワークにおける「価値」と「原理」**
● 「実践の科学化」とその論理構造
衣笠一茂著
二九〇頁・本体八〇〇〇円

ミネルヴァ書房
http://www.minervashobo.co.jp/